JN071988

協働と参加

コミュニティづくりの
しくみと実践

金川幸司・後 房雄
森 裕亮・洪 性旭 編著

晃 洋 書 房

ま え が き

　平成の合併が収束してから，すでに 10 年の歳月が経過している．平成の合併は，行政の効率化の流れの中で，それと軌を一にした国の政策である．それは，右肩上がりの社会を前提とした明治の合併とも昭和の合併ともその性格が異なる．昭和の合併前の基礎自治体は，江戸期からの自然村の連合体といった色彩を持っていたが，昭和の合併はそういった構造を変えるものであり，それ故，現在においても，昭和の合併前の自治体の単位に地縁組織（自治会町内会）やその連合組織が存在することが多い．昭和の合併は，戦後の中学校の運営ができることが 1 つの目標として目指されたが，1000 件を超える紛争が生じ，首長の自殺問題まで発展し，大きな禍根を残した．自治省では，昭和の合併は一種のトラウマとなった．しかし，年月が経ち，次第に，市町村の行財政能力について強調する考えが現れてくるようになる．まさに，規範が変容していったのである．

　そして，平成の合併は，地方分権の担い手の基礎となるにふさわしい行財政規模を確立することが強く求められ，そのための規模拡大がなされた．このため，全く地域性の異なる中山間地域から，都市部に至る広大な面積を持つ自治体も誕生した．合併に際しては，合併特例法による合併特例区，地域審議会，地域自治区などの制度が導入されたが，それらの制度は，期限付きのものであり，合併を促進するための経過的な措置であった．

　自治体内の分権は，大きくは総合支所の設置などの行政の分散化と，住民自治の確保を伴う分権化の 2 つに分かれる．住民の身近なところに行政サービスや住民の意見を集約する単位を持つことは，住民自治の観点からはもちろん，きめ細かなサービスの提供といった点からも必要である．

　一方，2004 年の地方自治法の改正に基づく恒久制度である地域自治区制度は，あまり広がりをみせておらず，むしろ小学校区レベルを中心にした条例や要綱にもとづく地域自治組織の形成が全国的に進んでいる．これらは，平成の合併を経験していない自治体にも広がっているのが特徴である．これらの組織は，自治会町内会を中心とした従来のシステムから NPO や他の地域組織を交えた多様な組織によって構成されることを想定している点，さらには，一括交付金

などの使途が自由な交付金制度が導入されているといった点が特徴であろう．

　本書では，さまざまな地域の事例を調査し，また全国の全ての基礎自治体に対してアンケート調査を行った．その結果，自治体の内部構造や住民の参加構造をどのように設定するかという点に関しては，想像以上に差異があることが再認識できた．

　戦後において法律は，自治体の内部構造を特に規定しておらず，戦後の占領下で解散させられた自治会町内会の復活に関して，各自治体はそれぞれの対応をとってきたこと．また，1970年代のモデルコミュニティづくりなどを例外として，比較的近年に至るまで国は，自治体内部のコミュニティ政策に関して静観の態度を取っていたということも影響していると考えられる．また，行政主導で地域自治組織を設置したとしてもそれが十分に機能するとは限らない．先進的といわれる自治体においても，そのしくみが機能するに至るまでに長い年月がかかっていることを，各種先行研究は示している．

　他方，1990年代以降の財政削減の圧力の中で，自治体は厳しい行政運営を求められており，一層の効率性の重視が求められているのが現状である．しかしながら，合併によって広域化した自治体は人員が削減される中で，従来のような，きめ細かなサービスの提供ができにくくなっているという課題を抱えていることも事実である．また，平成の合併が基礎自治体に自治の受け皿としての規模拡大に力点が置かれ，住民自治の側面が取り残された面がある．このため，効率性に加えて住民の要望をどのように反映させるのかという参加民主主義に対する対応も喫緊の課題となっていると言えよう．

　また，平成の合併後，小規模多機能自治推進ネットワーク会議の動きに見られるように，住民がコミュニティで事業活動をするにあたってのふさわしい法人格を求める動きも見られる．

　この間，2014年から始まった地方創生政策においては，「地域運営組織」という概念が導入された．国の定義によると，これは，少なくとも協議のみの組織を想定していないということは明らかであるが，各自治体は，条例上の地域自治組織を地域運営組織として地方創生戦略の重点指標（KPI）に規定している面もあり，また，この中には，住民が任意に作っている協議会が含まれている場合も多い．このため，本書では，地方創生政策の地域運営組織のうち，自治体が関与しているものも含めた地方自治法上の地域自治区，自治体が条例や要綱もしくは予算措置等で，その地域内に設置している協議会を中心に「地域自

治組織」と見なして考察を進めた.

　小学校区は一般的には，徒歩圏の範囲であり，見守り活動や防災活動を行うには，それ以上の地理的範囲はふさわしくないと言うことがいえる．ただし，都市部と農村部，また，過去からの歴史的経緯によって，コミュニティの成り立ちは異なっており，地域自治組織の範囲をどのように設定するのかに関しては，さまざまな議論があり得る.

　自治会町内会に関しては，従来，社会学を中心としてさまざまな議論が展開されてきた．近年は，SNS 等の情報通信ツールの発達，対個人サービスを中心とする民間サービスの発達によって，住民にとってはそれがなければ，直ちに生活に不自由する存在ではなくなってきている．このためもあって，近年，自治会町内会の加入率は低下の一途をたどっている．その意味では，従来の自治会町内会をそのままの形で復活させようとするのは必ずしも現実的ではないと思われる.

　近年増加している在留外国人も含めた地域のさまざまなアクターが連携を取りながら，ややもすると，少数の同じ人で運営されがちな自治会町内会を，NPO 等も含めた，さらに開かれた組織に脱皮していく点が問われている.

　住民と直接向き合う基礎自治体にあっては，財政難，人員削減，少子高齢化の中で発生する諸問題に対して，待ったなしの対応を迫られており，それが，地域自治組織の形成につながっているというのは1つの大きな現実的要因であろう．そして，その試みが，日本にとっての住民自治を含んだ今後の新しいコミュニティづくりのモデルとなるものなのか，あるいは，一過性のブームで終わってしまうのかは，今後の運用の方法にもかかっているといえよう．本書は，以上のような問題意識に立ちながら，現在確実にその数を増やしている自治体主導型の地域自治組織に焦点を当て，その有り様を議論したものである.

　本書は，三部構成となっている．第Ⅰ部では，日本の地域コミュニティが置かれている現状，これまでのコミュニティ政策，地域自治組織の発生とその組織ガバナンス，全国自治体へのアンケート調査について紹介した．第Ⅱ部では，地域自治組織の事例に関してさまざまな形態の自治体における試みを紹介した．また，本書の定義とは若干外れるが，実際には住民が主導で校区レベルで協議会を持っている例も全国には多く存在しており，そういった事例も比較の視点から取り上げた．また，地域自治組織等が地域活性化に寄与するための事業化について，コミュニティビジネス等の事例を取り上げた．さらに，地域自治組

織の運営に関して，中間支援的な組織が必要であり，その実態に関する自治体の事例も取り上げた．最後に第Ⅲ部では，今後の地域自治組織の在り方について，組織の性格，民主的正統性，Society 5.0 などの e-ガバメントとの関係，活性化の要因などを総括しながら今後の方向について検討を行った．

　本書では，各分野の研究者に実務家を加えて考察を行った．コミュニティ政策のあり方，地域活動の現場で悩みを抱えている自治体や地域住民の方々，さらに，住民参加や自治に関心を抱く，学生，研究者に何らかの含意を提供することができれば幸いである．

　なお，本書は，日本学術振興会（JSPS）科学研究費補助金基盤研究（C），課題番号：18K01439「地域運営組織を中心としたガバナンス・ネットワークの実証分析」(研究代表者：金川幸司：2018〜2020 年度) による研究助成を活用した成果である．

　　2021 年 3 月

　　　　　　　　　　　　　　　　　　　　　金 川 幸 司

目　次

第IV部　今後の展望と課題

第 **I** 部

コミュニティづくりのための組織論

第1章 | 日本の地域社会を取り巻く状況と
　　　　地域自治組織

はじめに

　少子高齢化，1人世帯の増加，対個人サービスの増加，SNS の発達，平成の
合併，NPM 改革や小さな政府への転換など，1990 年代後半から日本を取り巻
く状況は大きく変化している．その中で，特に平成の合併以降，自治体が条例
や要綱でその内部の地区に新しい住民組織を設置する動きが加速し，現在に至
るまでその状況は続いている．平成の合併では，自治体の広域化に伴い，周辺
部が廃れる，サービスが行き届かないなどの課題が明らかになり，それを補完
するために自治体の内部に自治会町内会，各種住民団体，NPO などを構成員
とする，地域自治組織が作られてきた．また，合併を経験していない自治体に
おいても地域自治組織は同様に増加している．本章では，このような自治体内
の新しい組織形成の状況について，主として戦後からのコミュニティ政策を振
り返りながら，なぜ地域自治組織が求められているのかについて，述べていく
こととする．

1. | 地域自治組織とは

　自治体内の一定の地理的範囲で包括的な活動する組織やしくみには，さまざ
まな用語が用いられている．地域自治組織という用語が始めて登場したのは，
第 27 次地方制度調査会答申（2003 年 11 月）であった．当時，合併を推進する中
で，規模が大きくなる自治体の団体自治ばかりでなく，住民自治の実現を図る
ことも必要とされ，2004 年の地方自治法改正による「地域自治区制度」の導入
につながった．このため，「地域自治組織」という用語には，地方自治体に類似
した公的性格が付着していたといえる．ただし，「地域自治区制度」法制化後は，
この用語はフリーな用語となり，様々な使われ方をしてきた［名和田 2017：90］．
　その後，総務省の，「暮らしを支える地域運営組織に関する研究会（2015 年）」

において，「地域運営組織」という概念が登場し，「地域の生活と暮らしを守るため地域で暮らす人々が中心となって形成され，地域課題の解決に向けて持続的に実践する組織」と定義した．このため，当該地域の総意を形成する「地域自治組織」と，住民による民間組織であり，当該地区の公共サービスを担う「地域運営組織」とは概念区分されるものと意識された［名和田 2017：91］．

　その後，地域運営組織が地方創生政策の中で位置づけられるなかで，地域運営組織が民間側の私的組織である限り，旧来からの，まちづくり条例などの停滞状況に加え，（1）フリーライド問題，（2）「一括交付金」の使途の決定，（3）地域内の各種団体の総合調整，という問題が残り，これらの問題に対し，小規模多機能自治推進ネットワーク会議から，スーパーコミュニティ法人などの要望が出された．これに対し，総務省は 2017 年に「地域自治組織のあり方に関する研究会」を設置し，上記のフリーライドに焦点を絞った検討がなされた．その中では，地域運営組織＝私法人，地域自治組織＝地域の公共空間を担う公法人（またはその一組織）という位置づけをとっている［同研究会報告書 2017：1］（第 3 章，第 19 章参照）．また，都市内分権を調査した日本都市センターでは，旧来の自治会等を地縁型住民自治組織，多様な組織からなる新しい組織を協議体型住民自治組織と呼称している［日本都市センター 2014］．さらに，それより先に行われた地域活性化センター調査［2011］では住民自治組織（地域自治組織）の用語を使っている．

　このように概念と定義が非常に混乱しやすいのが地域自治組織だが，本書では地域自治組織として，次のとおり定義した．すなわち，「小学校区，中学校区，旧町村など，基礎自治体の内部の一定の区域（指定都市の区の単位を除く）を単位として，住民，自治会等の地縁団体，住民活動団体，PTA，NPO，地元企業などを構成員として，地域課題の解決やまちづくりなどを行っている組織・体制を指し，自治体が何らかの関与（条例等での制度化，資金交付，認証など）を行っているものを指す」である[1]．本書では，主として 1999 年からの平成の合併後に設置された組織に焦点を当てて事例およびアンケート調査をもとにその実態や課題を考察した．また，第 11 章，第 14 章で，比較の意味で事例として取り上げてはいるが，住民が自主的に作った任意型の団体で行政が関与していないものは基本的には除いて考えている．これは，本書が基礎的自治体のコミュニティ政策に主眼を置いて考察しているためである．なお，本書では，地域自治組織が果たすべき機能を協議機能と実施機能を先行研究等から以下のとおり定義

した．前者は「地域自治組織が設置される区域を対象に，計画の策定，一括交付金の使途決定，また自治体への意見具申や提案などの意思決定を行う機能」，後者は「地域自治組織が設置される区域を対象に，具体的に地域課題の解決やまちづくりの事業を実践する機能」とした．このため，国が地域運営組織の定義で使う「協議」機能とは若干異なり，意思決定への関与全般として協議の用語を用いる．

2. 　参加の段階と事業実施の観点から見た地域自治組織

　地域自治組織の概念を考えるにあたっては，本書では，参加・自治の観点と協働の観点からその組織をとらえた．

　地域自治組織の性格をここで考えるため，都市内の分権組織あるいは参加組織を，参加度と実施（具体的事業）の2軸から説明してみたい．参加軸は，アーンスタインによる「市民参加の8階梯」[Arnstein 1969]にみるように，参加の度合いを示したものである．もっとも上位に来るのは自主管理（citizen control）や権限移譲であり，「近隣政府」に近いものになる．近隣政府とは，市町村の内部に設置された公選の議会を備えた小規模な政府組織を指す（第19章参照）．日本の地域自治組織は，議会を持った近隣政府型ではないため，彼女の定義から

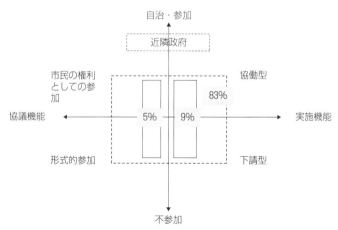

図 1-1　参加，事業実施の視点から見た地域自治組織の領域図
出所）アーンスタインの「市民参加のはしご」[Arnstein 1969] を基に筆者作成．

すると「パートナーシップ」に近いものになるだろう．

図1-1では，地域自治組織は，筆者らが行ったアンケート調査によると，協議機能のみの組織は5％，実施のみの組織は9％，両方備えた組織が83％となっている．

実施機能に関しては参加度の高い協働型と，下請けないしアウトソーシング型が想定できる．協議機能に関しても，実質的参加度の強い組織から，形式的な参加しかない組織に分かれると考えられる．

本書で扱う地域自治組織は，上述したように，自治体条例等を根拠とした，自治体内部の小学校区などに，その地域内の多様な組織から構成される協議と実施機能を備えた組織を指す．ただし，ここで我々がいう協議は，行政計画策定など，行政の決定への関与（参加）機能を指している．国の地方創生政策における地域運営組織の「協議」の定義があいまいなため［日高 2021：144］，やや混乱が発生しているきらいはあるが（第19章参照），自治体も条例設置の地域自治組織を地方版地方創生戦略で，地域運営組織として，KPIにカウントしているところが多く，本書で典型的にとらえている地域自治組織は，国の政策上の地域運営組織と結果的には重複するところが大きい．

また，地方自治法上の地域自治区は，自治体独自の役割を付加してカスタマイズして運用している自治体もあり［宗野ほか 2020：38-39］，本書では，協議機能のみの組織である地方自治法上の地域自治区も範疇に入れて考えることとした．

さらに，住民が任意に設置し，行政制度上の特別な設置根拠のない協議会に関しては，国の地域運営組織の中にカウントされているものも多いが，上述したように，本書の地域自治組織の定義からは外した．また，日本都市センター［2014：226］等で一般的に使われている協議体型住民自治組織という用語は，本書の地域自治組織とほぼ同義であるが，このうち住民が任意に設置し，行政が直接関与していないものを本書では対象から基本的に除いている（ただし，前述のとおり，第11章，14章では取り上げた）．

このような視点を前提としながら，日本における地域自治組織を具体的組織を見ながら分類した．それを示したのが表1-1であり，網掛け部分がそれに該当する．要するに日本の現状に即し，現在特に都市自治体が条例等で標準装備している多様な主体からなる小学校区等で活動する組織を広義の地域自治組織ととらえて，この用語を用いることとしたのである．

表 1-1　本書での地域自治組織の範囲

政策主体	協　議	協議 + 実施	実　施
国 （地方自治法） （地方創生政策による交付金の交付）	地域自治区	地域運営組織 ⇕ （実質的重複）	地域運営組織
自治体 （条例，規則，要綱）	地域自治組織 （地域協議会校区委員会等）	◎地域自治組織	地域自治組織
行政の関与なし （住民による任意の組織）			地域運営組織

出所）筆者作成.

　また，上記の定義をもとに，全国の基礎自治体に対して，地域自治組織に関するアンケート調査を行った．その内容は，第4章と巻末に示しているが，地域自治組織が存在すると回答した自治体は約40％である．自治会町内会に関しては，アンケート調査の中でも，依然としてコミュニティの主要な役割を果たしていることが再確認されており，地域自治組織未設置の自治体の回答からは，「自治会町内会活動が充実」していたり，「それと行政との関係性が円滑にいっているから」と回答した割合も多い．

　また，地域自治組織の運営に当たっても自治会町内会は主要な役割を果たしている．日本においては，自治会町内会を全く抜きにして，地域自治組織を考えることは困難であるのが現状である．また，高齢化に伴う地区社協などの地縁型福祉団体の役割も大きく，地域自治組織のメンバーシップを考える上で重要なアクターである．これらを踏まえながら，本章の残りの部分では，主として戦後のコミュニティ政策を振り返りながら，地域自治組織の形成過程について考察する．

3.　自治会町内会体制とその歴史

　少子高齢化，人口減少の中で，長らく日本のコミュニティを支えてきた自治会町内会がその活動量の低下と存続の危機に直面しているといわれる．これは，都市化に伴う人間関係の希薄化，マンションなどの集合住宅の増加，さらには，

SNS 等による情報交換の発達，高齢化と活動の担い手不足，世帯の構造変化，小規模自治体における高齢化・過疎化に伴う集落機能の低下［中田 2016；総務省 2014；辻中ほか 2009；日高 2018：125］などが原因としてあげられる．また，自治会町内会への加入を執拗に求めた事案に対して，不法行為による慰謝料請求を認める判例（福岡高裁，2014 年）などが出されている［釼持 2016：144-145；森 2018：153-155］．自治会への加入拒否も頻発しているが，自治会町内会は強制加入団体ではないことが判例上示されている（最高裁，2005 年）．

　自治会町内会の形成過程は，農村部と都市部では異なる．農村部においては，明治の合併前の自然村が母体となって合併の反射的役割として部落が形成され，それが今日の自治会町内会等に名前を変えているケースが多い［荒木 2017：91］．都市部においては，村落共同体のようなものがなく，都市化の問題に対応する衛生組合が母体となったり，関東大震災などの災害，日清・日露の戦争等のたびに町会の数が増えていったといわれる［玉野 2017：94］．

　戦間期には，自治会町内会は内務省令により部落会町内会として制度化され，戦争遂行のための総動員体制に組み込まれた．第二次世界大戦後，GHQ は，ポツダム政令により，戦争遂行の末端組織であった，部落会町内会を廃止したが，独立を果たした 1951 年には政令は廃止され，それらが復活することになる．政府は，この間，静観の態度を取り[2)]，各自治体によって自治会町内会は異なって発展した．

　また，自治体として自治会町内会をどのように位置づけるかは実にさまざまである．これに対する法律に関しても，地方自治法上の認可地縁団体の制度が 1991 年に創設された．ただし，地域住民の全員の参加が求められるため，財産の管理を目的として設立される当該制度は，共有財産から派生する利益の配分の問題があり，共有財産があったとしても，新住民の加入を拒否できないため制度移行が容易でない面もある．このように，認可地縁団体が自治会町内会の法人格であるとは自動的にはいえない．また，米軍の占領が長期にわたって続いた沖縄県では，本土の事例を参考にしながら，社会教育施設である公民館を自治会類似の組織として発展させるなどの方向が見られた［島袋ほか 2010］．さらに，自治会加入促進条例を作っている自治体がある一方［釼持 2016］[3)]，あくまで任意の住民組織として見なし，加入率や活動内容を把握していない自治体，戦前の自治会町内会が復権しなかった東京都武蔵野市などの例（第 5 章参照），さらに東京都多摩地区で全般的に加入率が低い傾向も見られる［高田 2016：

40：日高 2019：47].

　基礎自治体は，明治の合併により，自然村の連合体の形をとり，それが昭和の合併まで存続した．昭和の合併により，長年続いた基礎自治体の自然村の連合体としての色彩は崩れ［佐藤 2017：103］，自治体の規模はさらに拡大し，この時点で自治会町内会の連合化が進む．それは，多くの場合，合併前の旧自治体単位に形成されることが多かった［日高 2018］．

4. ｜ 戦後のコミュニティ政策の変遷

(1) 国のモデルコミュニティづくり

　戦後の政府の政策は，1960 年代にモデルコミュニティづくりを提唱した時期に端を発するといえよう．すなわち，この時期，公害問題などの高度経済成長の歪みが発生し，それに対する異議申し立てとしての住民運動，消費者運動が発生していた．さらに，昭和の大合併によって，地方自治の基礎である地域社会が失われつつある状況を改善する必要があるという認識があった［三浦 2007：153］．

　これに対する中央政府からの対応は，経済企画庁の国民生活審議会調査部会，コミュニティ小委員会報告『コミュニティ――生活の場における人間性の回復――』（1969 年）及び，自治省の『コミュニティ（近隣社会）に関する対策要綱』（1971 年）であった．モデル・コミュニティは自治会町内会とは別に，地区の各種団体を包括した「協議会方式」がイメージされ，数度にわたりモデルコミュニティ地区が指定されたものの，これらは，多くは自治会館の建設など箱物づくりに終わったケースが多いと評価される［岡田 1985：57；金谷 2019：81］．少なくともコミュニティ組織の制度化には向かわなかったこと，さらに，国の役割を非常に限定的に規定し［砂子田 1973：13］，国が自治会町内会に介入することに対する強い拒否反応が見られた［原 2012：31］．また，武蔵野市などでは，この時期に自治体独自のコミュニティ政策の展開が始まっている（第 2 章参照）．

(2) 自治体のコミュニティ政策の流れ

　一方，自治体においては，公害反対運動を中心として，1960 年代後半から 70 年代前半にかけて，住民運動が活発化，革新自治体が多く誕生した．これらは，社会資本整備，低成長への移行等に伴い鎮静化していったが，この時の住

民運動はその後の自治体政策に少なからず影響を与え，市民会議，住民協議会，
情報公開制度などの市民参加のシステム化が図られた［佐藤 2005：4］．同時に，
1970 年代後半から，教育，文化，福祉，消費などの領域でのボランティア団体
が組織化されていった．また，1980 年代に入ると，テーマ型コミュニティに重
点が移り始め，例えば，まちづくり協議会が神戸市を嚆矢として，条例化・制
度化されていった［増原 2005：254］．また，宝塚市（第 5 章参照）における地域ま
ちづくり協議会，中野区における住区協議会［増原 2005：260］，藤沢市の「くら
し・まちづくり会議」など，今日の地域自治組織の原型ともいえる活動が 1970
年代から 90 年代にかけて全国的に始まっている．筆者らのアンケート調査でも，
1970 代あたりから，地域自治組織の形成が見られることが確認されている[5]．こ
れらの中には，停滞，中止，変更を余儀なくされた事例も含まれるが，1 つの
要因として，条例等で担保しておかないと，首長の交代による政策の変更を受
けるということが指摘されている［増原 2005：267］．その後，1990 年代後半に
は NPO の台頭が見られ，協働条例などが作られるようになっていく．

　住民参加の拡大には時間がかかった半面，協働という概念は行政に短期間に
受容された［高橋 2005：30］．佐藤［2005：25］は，アーンスタインの参加のはし
ごを引用し，自治を最上位の参加とし，協働（パートナーシップ）は，パブリック
コメントなどの行政主導型参加との間に位置するとみる．さらに，NPO 法の
制定によって，当初は行政と NPO との対等な関係性を主眼とする用語として
使われた協働概念であるが，2000 年代に入ると，総務省の『地方公共団体にお
ける行政改革の推進のための新たな指針（新地方行革指針）』（2005 年）において，
「地域協働」が謳われており，企業，NPO だけではなく，地域組織としての自
治会も協働の対象とし，協働の相手先が広義のものに広がっていった［白井
2010］．さらに，今日においては，多くの自治体の政策文書には，単なるアウト
ソーシングも含めた広義の協働概念が使われている面もある．

(3) 平成の合併と都市内分権の動き

　これに対して，1999 年から平成の合併が行われ，基礎自治体の中には，山間
部，漁村部から都市部を含む広大な面積を持つものも誕生した．

　政府は，合併を促進するために，2004 年の改正合併特例法によって，地域審
議会，合併特例区，地域自治区の制度を設けた．合併特例法によるものは，年
限を切ったものであり，合併のための誘因を図るための制度であったといえる．

また，2004 年の地方自治法改正による恒久的な制度としての地域自治区が導入された．それは，住民自治の観点から区を設け，住民の意見をとりまとめる地域協議会と住民の身近な事務を処理する事務所をおく．法人格はなく，市町村の全域への設置を要する．設置期限はなく，条例で定める区域に係る重要事項等について首長が意見聴取，首長に対する意見具申権を有する．その構成員は，区域内に住所を有する者のうちから首長が選任し，多様な意見が反映されるよう配慮するという内容である．この地方自治法上の制度を採用している自治体は 2020 年 4 月 1 日現在，全国で 13 自治体 128 地域自治区にとどまっている．制度上の課題としては，例えば，横須賀市の検討事例を見ると，組織の自主性を重んじた制度設計が行いにくい点があげられている[6]．さらに，採用している自治体では，自治体が独自にさまざまなカスタマイズをして運用に工夫を凝らしていること，導入しながら廃止した自治体は，制度ありきで導入され，運用に課題があったことが観察されている［三浦 2009：2014］（第 3 章も参照）．

(4) 2000 年代以降の国のコミュニティ政策と地域運営組織

　また，2000 年代後半になると，国の積極的なコミュニティ政策に関する方針が出されるようになった．すなわち，総務省は，2007 年に「コミュニティ研究会」を発足させ，自治会町内会等の地縁団体の重要性を再評価している．これは，政府の従来のコミュニティ政策の大きな方向転換ともとらえられている［原 2012：25］．また，「新しいコミュニティのあり方に関する研究会」では，「地域における多様な公共サービス提供の核となり，地域コミュニティ組織等など地域の多様な主体による公共サービスの提供を総合的，包括的にマネジメントする組織」としての地域協働体の概念も提言されている．その後，総務省等は，コミュニティに関する研究会を数度にわたって開き，この流れは，地方創生政策［総務省 2014］の中の，地域運営組織の流れとして現在まで続いている．

　総務省によると，地域運営組織とは，「地域の暮らしを守るため，地域で暮らす人々が中心となって形成され，地域内の様々な関係主体が参加する協議組織が定めた地域経営の指針に基づき，地域課題の解決に向けた取組を持続的に実践する組織」と定義している．本書での地域自治組織とは概念的に共通する部分もあるが，ここでの協議機能が限定的に示されているのに対して，本書での地域自治組織の協議機能は行政の意思決定への参加全般を指している．

　ただし，日本では，地域自治組織が協議機能のみを有するケースが少なく

（本書アンケートでは5％），国の定義する地域運営組織と本書の地域自治組織とは実体的に重なっている部分が多い．なお，地方創生政策と地域運営組織に関しては，第3章で詳述している．

5.　地域自治組織の形成形態

（1）形成の要因と母体

　平成の合併により，自治体が広域化し，住民の声が行政に届きにくくなったといった課題が指摘されている［全国町村会 2008：日本都市センター 2014］[7]．自治体内部の小学校区や昭和の合併前の旧町村を単位とした範囲に地域自治組織を作る動きは，合併を契機としているケースが多い．ただ，合併を行わなかった自治体でも地域自治組織を設置しており，背景としては，上述したように，高齢化の進行，過疎化の進行などによる自治会町内会の担い手の不足と加入率の低下，自治体における財政難のなかで，自治体が地域の協働相手を再構築する必要性が発生したことなどがあげられよう．

　一方，2000年施行の地方分権一括法により，国，県，市町村は対等な関係になり，基礎自治体では，自治基本条例が各地で作られる．そして，自治基本条例，さらには，自治基本条例を根拠とした協働条例や地域づくり組織条例等に基づいた自治体独自の地域自治組織の設立が相次いでいるのが現状である．

　筆者らが行ったアンケート調査（以下，アンケート調査とする）では，2020年7月現在，全国の市区町村の40％の自治体が条例等による地域自治組織を設置している．また，その活動範囲は，小学校区レベルが圧倒的に多い（46％）．一部「小学校区未満の集落」が18％を占めているが，過疎化に伴って小学校が合併した中山間地域の自治体に多いと見られる．また，これらの範囲は，昭和・明治の合併前の基礎自治体の単位と重なりあう部分が多い．

　また，地域自治組織の設置年度は，2003年度から増え始めており，近年に至っても設置が続いている．また，過去10年間における自治会町内会の加入率は55％の自治体で低下傾向を示している．他方で行政職員の減少，財政不足により，自治体にとってのアウトソーシング先・協働先としてのコミュニティへの期待は大きく，自治会町内会の行政への協力業務はきわめて多岐にわたっている．これらの要因は，住民自治や参加といった民主主義の問題と，NPMによる行政改革の中でのサービス水準の維持といった2点に集約することができ

るだろう［口高 2019：45-48］.

　さらに，地域自治組織の設置は，狭域自治に対する機運が高まっているためとみるか，人員削減と小泉政権下の三位一体の改革によって，事務の増加に見合うほどの財源が確保できなかった自治体側からの地区自治会町内会連合会レベルに対する事務のアウトソーシング先の再編成と見るかは両義的な側面があると考えられる［大杉 2016：5］.

(2) 地域自治組織の必要要素と政策参照

　中川［2017：131］は，新しいコミュニティ組織としての住民自治協議会（地域自治組織：筆者）の条件整備として，①条例等による権限の明確化，②基本構想等での位置づけ，③協議会単位での地域計画の策定，④組織の執行部構成における，代表性における地域別，世代別等のバランスの確保，⑤地域予算制度の確立，⑥支所，支援センター機能の確立，⑦地域担当職員制度の導入，⑧常設事務局機能の保障をあげている．第Ⅱ部で事例紹介する地域自治組織もおおむねこのような条件が形式上は整っているといえる.

　アンケート調査では，地域自治組織形成の直接の要因について，「他の先進自治体の動向の影響を受けたから」といった割合がかなり高い（やや当てはまるまで入れると35%）．また，筆者の事例調査の中でも，小規模多機能自治推進ネットワーク会議加盟団体の先進事例を中心に，政策参照［伊藤 2002：21］が行われていることがわかった．自治体が条例で設置する地域自治組織は，そのモデルが国から示されるわけではない．このため，上記で示した，①条例の枠組み，②組織のガバナンス構造，③一括交付金制度，④事務局と拠点施設，⑤コミュニティ支援員制度，などに関して手探りの状況であることがわかる．また，制度作りに当たっては，住民の合意が必要であり，そのためのワークショップ手法などに関しても，先進事例の政策参照が行われていることがわかった．最後に，地域自治組織は国のイニシアチブである地域運営組織と重複する部分が多いことは上述したが，地方創生事業による交付金が地域自治組織形成の直接の要因になっているわけではないにしても，プラスに働いていることがアンケートでは明らかになっている．地域自治組織の形成に関して，国のイニシアチブを自治体なりにカスタマイズして活用している側面もあるといえよう.

おわりに

　本章では，地域自治組織の概要に関して述べた．少子高齢化と人口減少，世帯構成の変化，財政や人員の削減，合併による広域化の中で，自治体としては，特に防災や一人暮らしの高齢者の孤立に対応するために，身近なレベルでの住民の互助活動を求めている．さらに，自治会町内会の加入率の低下と人口減少の中で，コミュニティ組織の再編が必要ととらえているといえるだろう．地域自治組織の今後の可能性に関しては，第Ⅳ部で改めて述べることとしたい．

付記
　　本章は，金川幸司［2020］「地域づくり組織の組織構造とその動態的分析——都市内分権機能に焦点を当てて——」（『経営情報イノベーション研究』9）の一部を加筆修正したものである．

注
1 ）総務省［2019］，全国町村会［2017］ほかの，国の政策としての「地域運営組織」に関する調査を除くと，地域自治組織についての全国調査は，日高［2015］（実施は2008年），地域活性化センター［2011］，JC総研［坂本ほか 2013：28-33］，市のみを対象としたものとして，日本都市センター［2013］，三浦［2016］などがあるだけで，全基礎自治体を対象としたものは近年行われていない．
2 ）昭和30年代の終わり（1965年）くらいまでは，自治庁，自治省では，自治会町内会やそれに対応する小学校区などの議論をするのは，タブーとされていたという［木村 2007：93］．
3 ）当該条例はさまざまな名称があるが，自治会町内会の加入促進を狙っているという点では共通点がある．この条例は，東日本大震災後急速に制定数が増えている．
4 ）この動きは，1980年に身近なレベルの街の姿をきめ細かく規制・誘導できる都市計画手法として，都市計画法等において「地区計画」制度が創設され，その手続き条例を併せ持っているケースもある．
5 ）第4章では，設置数が急激に増加した2000年以降を掲載しているが，1960年代後半からこのような動きが見られる．
6 ）横須賀市ウェブページ（https://www.city.yokosuka.kanagawa.jp/2410/chiunkyou/kentouiinkai2/documents/1jitihoutiikijitiku.pdf，2021年4月15日閲覧）．
7 ）平成の合併では，その結果として，役場が遠くなり不便になる（68.5%），中心部と周辺部の格差が広がる（54.1%）などの課題が挙がっている［日本都市センター 2008］．

参考文献

荒木田岳［2017］「明治期の町村合併と部落」，伊藤守・小泉秀樹・三本松政之ほか編『コミュニティ事典』春風社.

伊藤修一郎［2002］『自治体政策過程の動態――政策イノベーションと波及――』慶應義塾大学出版会.

大杉覚［2016］「都市内分権の現状と今後の可能性」，日本都市センター編『都市内分権の未来を創る』日本都市センター.

岡田彰［1985］「町内会・自治会とコミュニティ――隣保共助と地域的連帯――」『月刊自治研』27(1).

春日雅司［1997］「地区組織（町内会・部落会）研究の系譜と現状特に地区組織の政治的役割をめぐって」『経営情報研究』5(1).

金谷信子［2019］「コミュニティは失われた楽園か――"地域コミュニティ"の実態と政策の再考――」『コミュニティ政策』17.

木村仁［2007］「広域市町村圏とコミュニティ――広域自治と狭域自治のあり方を提起して体裁統一のため――」『都市問題』98(4).

釼持麻衣［2016］「自治会加入促進条例の法的考察」『都市とガバナンス』26.

坂本誠ほか［2013］「全市区町村アンケートによる地域運営組織の設置・運営状況に関する全国的傾向の把握」『JC総研レポート』27.

佐藤徹［2005］「市民参加の基礎概念」，佐藤徹・高橋秀行・増原直樹・森賢三編『新説市民参加――その理論と実際――』公人社.

佐藤俊一［2017］「昭和の大合併と旧町村問題」，伊藤守・小泉秀樹・三本松政之ほか編『コミュニティ事典』春風社.

砂子田隆［1973］「コミュニティ対策――疑問に答えて――」『地方自治』308.

島袋純・前城充・大城武秀［2010］「序章沖縄の地域自治組織の成り立ちと今」，『2009年度 自治講座：私たちが創る，沖縄の自治』報告書，琉球大学国際研究所.

白井絵里子［2010］「地域福祉の推進に向けて市民・NPOと自治体との『協働』において自治体に求められるもの――中央省庁の行政文書において『協働』が用いられる変遷を踏まえての考察――」『21世紀社会デザイン研究学会誌』2.

全国町村会［2008］『「平成の合併」を巡る実態と評価』.

―――［2017］『町村における地域運営組織』.

宗野隆俊・三浦哲司・役重慎喜子・牧田実・佐藤則子・荒木千晴［2020］「『参加』と『協働』の地域自治区制度――長野県飯田市を事例に――」『コミュニティ政策』18.

総務省［2014］『今後の都市部におけるコミュニティのあり方に関する研究会報告書』.

地域自治組織のあり方に関する研究会［2017］『地域自治組織のあり方に関する研究会報告書』.

総務省［2019］『地域運営組織の形成及び持続的な運営に関する調査研究事業報告書』.

高橋秀行［2005］「参加と協働」，佐藤徹・高橋秀行・増原直樹・森賢三編『新説市民参加

──その理論と実際──』公人社.

玉野和志［2017］「大都市における町内会の成立と発展」，伊藤守・小泉秀樹・三本松政之ほか編『コミュニティ事典』春風社.

高田昭彦［2016］『政策としてのコミュニティ──武蔵野市にみる市民と行政のパートナーシップ──』風間書房.

地域活性化センター［2011］『「地域自治組織」の現状と課題──住民主体のまちづくり──調査報告書』

辻中豊・ロバート・ペッカネン・山本英弘［2009］『現代日本の自治会・町内会──第1回全国調査にみる自治力・ネットワーク・ガバナンス（現代市民社会叢書1）──』木鐸社.

地域自治組織のあり方に関する研究会［2017］『地域自治組織のあり方に関する研究会報告書』.

名和田是彦［2017］「「地域運営組織」「地域自治組織」と地域代表性」『都市問題』108(10).

日本都市センター［2008］『平成の大合併都市要覧』.

日本都市センター編［2014］『地域コミュニティと行政の新しい関係づくり』日本都市センター.

中田実［2016］「町内会・自治会の特質と現代的課題」『住民と自治』633.

原知章［2012］「『コミュニティ』とは何か── 地域 SNS をめぐる政策から考える──」『国立民族学博物館調査報告』106.

日高昭夫［2015］「資料 基礎自治体と自治会・町内会等との関係に関する全国自治体調査結果」『研究年報 社会科学研究』35.

────［2018］『基礎的自治体と町内会自治会──「行政協力制度」の歴史・現状・行方──』春風社.

────［2019］「都市自治体における地域コミュニティ政策の今後」『都市とガバナンス』32.

────［2021］「自治体コミュニティ政策の行方──町内会自治会の関係を中心に──」『法学論集』87.

増原直樹［2005］「コミュニティへの市民参加」，佐藤徹・高橋秀行・増原直樹・森賢三編『新説市民参加──その理論と実際──』公人社.

三浦哲司［2007］「日本のコミュニティ政策の萌芽」『同志社政策科学研究』9(2).

────［2009］「自治体内分権のしくみを導入する際の留意点──甲州市の地域自治区制度廃止を事例として──」『同志社政策科学研究』11(2).

────［2014］「新たな地域自治区制度の導入過程」『人間文化研究』22.

森裕亮［2018］「既存自治組織としての自治会町内会の役割とその変容」，金川幸司編『公共ガバナンス論』晃洋書房.

Arnstein, Sherry R.［1969］"A Ladder of Citizen Participation," *Journal of the American Planning Association*, 35(4).

第2章 日本の地域自治を支える組織の形態と類型

はじめに

　この章は，日本の地域自治の支え手となる組織を俯瞰的総合的に，その構成や特徴などを解説することが目的である．地域自治の支え手は，自治体がまず考えられるが，それだけではない．むしろ，自治体単体では地域自治の実践はなしえなくなっている．地域社会には，企業や住民団体など多彩なアクターが存在しており，それぞれの機能や特徴がある．本章はどんな組織や団体が地域には存在しており，それらが各々どのような機能を発揮し，自治に関わるのかという点をまとめておこう．

1. 統治を担う

(1) ペストフの三角形

　世の中の問題解消や生活の質の向上は誰しもの希望だが，それを叶えるためには誰が何をすれば良いか．特定の誰かが力を発揮すれば済むのか．近代社会の社会秩序のために誰が何をするのかを90年代に明快に提示したのが，グスタフ・ペストフが描いた三角形である [Pestoff 1998]（図2-1）．ペストフは，福祉分野の専門家なので，"福祉"の修飾語を用いるが，この三角形はいろいろな国のさまざまな領域に適用できる．"公式・非公式"，"営利・非営利"，"公共・民間"という軸でもって，「国家」，「市場」，「コミュニティ」，そして「サード（第三）セクター」という4つのタイプの部門（セクター）を明らかにする．

　「国家」（公的機関，ファースト（第一）セクター）は，政府部門である．ここには国レベルの機関と地方レベルの機関が含まれる．国であれば，国会と各省庁等である．地方は，都道府県と市区町村があり，それぞれ議会と首長・行政機関がある．「市場」（民間企業，セカンド（第二）セクター）は，民間営利企業，個人事業主が当てはまる．モノやサービスの生産販売を通じた利潤最大化が主たる目

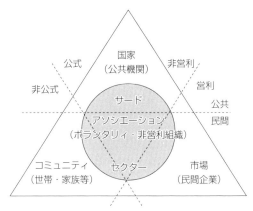

図 2-1　ペストフの三角形
出所) Pestoff [1998：邦訳 48] 邦訳の図を基に筆者一部改変.

的である. そして,「コミュニティ」(フォース(第四)セクター)は, ペストフの
用法では世帯と家族等とされ, 非公式の社会的なネットワークを言う. 最後に,
「サード(第三)セクター」は, いわゆる非政府かつ非営利団体の部門である.
民間ではあるが, 営利を追求しない部門である. ペストフの図で, 第三セクタ
ーの円が他の部門に覆いかぶさるように描かれているのは, この部門が混合的
な性質を持つからである [Pestoff 1998].

(2) 実際の例

　これら各々の部門は構成原理, 権限, 役割がそれぞれ異なる. 異なっている
からこそ, それぞれ世の中の住みよさを補完的に実現するわけである. 例えば,
買い物難民問題を考えてみる. 買い物で困りがちなのは過疎地の高齢者である.
高齢者は足腰が悪くなってしまうと, 家族がいれば買い物を気軽に頼むことが
できる. とはいえ, 一人暮らし高齢者は, そうはいかない. 近所の人が代わり
に買い物には行けるならそれは地域の助け合いが機能していることで歓迎され
るべきだ. ところが, 近隣の人々の努力だけではそれは続かない. そこで, ス
ーパー自身が経営のために移動販売や宅配事業を始めるかもしれないが, 第
12 章に登場する地域団体が廃校の校舎を活用したコミュニティ店舗を開設す
るようなまちおこし事業も重要だろう. こうした枠組みを促していくのが, 政
府部門の仕事である. 買い物支援では地方自治体の役割は大きい. 例えば, ス

ーパーとの協議で買い物支援事業を展開することも可能だし，また，バスやタクシー会社と協議して乗合運行を実現したり，それが難しい場合は，自家用車有償運送を実現したり，また登録なしの助け合い型無償運送も昔から行われてきた．ここに NPO が参画することも可能だ．

　これは一例に過ぎないが，いろいろな組織と人間が異なる立場から異なる資源を出し合い，全体として利益を実現しようとする．20 世紀終盤ごろから顕著になった社会の変化，複雑で解決困難な問題噴出に対しては，どうもこれまでそうした変化や諸問題への対処を引き受けてきた政府部門の能力では太刀打ちできなくなっている［Bevir 2012：3-13］．複雑化して簡単に処置が効かない諸問題に対処し，制御するということを「統治」と呼ぶなら，さまざまな組織と人間が統治に関与することで，それが成功する［森 2018：208］．買い物支援はそれほど複雑な問題ではないかもしれないが，政府部門の取り組みだけでは解決しにくい問題であることは明らかだろう．政府だけでなく，企業も家庭も，また非営利団体も統治を担ってこそより住み良さの程度は格段に上昇する．

2. 地域社会の組織類型

(1) サードセクター

　サードセクターに属する組織は，多種多様である．ペストフによると，「政府から独立しており，またそれらが，第一義的には商業的利潤追求の目的をもたないということだけではなく，それらが自ら自己統治の手続きをもち，何らかの公共目的に役立っていること」が共通する特徴だという．具体的には，「保育所，大学，交響楽団や劇場，障がい者介護，養子縁組機関，診療所や病院，さらには業界団体や労働組合，政党，町内会，自助グループ，そして多様な原因に対して権利主張するグループ，環境保護団体から市民権擁護組織」［Pestoff 1998：邦訳50，筆者が一部改変］などである．日本の視点からは聞きなれないものもあるが，上述した部門を分け隔てる軸から，「公式的，非政府的，非営利的」な団体・組織がこの部門に属する．一見して明確だが，等しく公式的，非政府的，非営利的なのではなく，図 2-1 の円の中の他の部門にかかる部分は，それぞれの部門にその特徴が似てくる．日本の事情に基づいて，表 2-1 のように整理してみよう［坂本 2017：2-3］．

表 2-1　地域社会のサードセクター組織

政府部門寄りとされる団体	政治団体，行政の外郭団体，社会福祉法人，学校法人
市場部門寄りとされる団体	業界団体，労働組合，農協，医療法人
コミュニティ部門寄りとされる団体	自治会町内会，各種住民活動団体（地区社協含む）
純粋なサードセクター団体	一般社団・公益社団，一般財団・公益財団，特定非営利活動法人，生協，宗教法人，任意団体，社会運動・市民運動の運動体

出所）坂本［2017：2］の図を基に筆者一部改変.

(2) 地縁型組織とテーマ・目的型活動組織

　さて，このうち，本書で登場する重要な組織・集団を取り上げていこう．それは，「自治会町内会，各種住民団体」，そして純粋なサードセクター団体のいくつかである．以下では「機能の違い」という観点から，組織の特性を明らかにしていこう[1]．

　第 1 に，自治会町内会と各種住民活動団体（以下，各種団体）である．これは，「地縁型組織」とまとめておこう．自治会町内会の設立と歴史は第 1 章などに詳しいので，そちらを参照してほしいが，第 2 次世界大戦の戦後復興期に立ち上がったとする事例は多い［辻中・山本・ペッカネン 2009］．最も特徴的であるのは，地区割拠性，または地域独占性［倉沢 1998］を持つことである．つまり，組織の範囲が特定地区に限定されるとともに，その区域には別の自治会町内会はないという特徴である．そして，もう 1 つの大きな特徴は，地域の全世帯が網羅的に参加するという点である．構成員の同質性が活力の原点にあり，地域の互助的役割は勿論のこと，ごみ集積所の管理とか回覧板の回付など行政協力・補完を担う［森 2014］．地域全世帯参加に基づくという点は，言い換えれば，自治会町内会は，相互監視を通じた社会的制裁，自主規制による一種の強制力が行動原理であることの裏返しである．その意味で，異質的な人を排除しやすく，偏狭主義に陥りやすいという点もある［日高 2008：59-62］．

　他方，各種団体とは，例えば婦人会，老人会，青年団，子供会，消防団，体育振興会，民生児童委員協議会などの団体である．これらは，基本的に自治会町内会と同じ地理範囲に設立されることが多く，自治会町内会から資金提供を得て密接なつながりを持つ傾向が強い．そもそも構成員が重複することもかなりある．確かに，自治会町内会と異なる点もある．それは，全住民が網羅されるものではないということである．例えば消防団員は地域住民全員ではないし，

老人会や婦人会は高齢者と女性に特定されたものである．ただ，各種住民団体は，自治会町内会と同じコミュニティに人材と資金の供給源を求めるものであることから，地縁型の一種として考えるべきである．ちなみに，各種団体も全国的によく似た団体が存在すること，また自治体エリア，地区エリアの連合会が組織されることも多い点も自治会町内会とよく似ている．

　加えて，実は厳密に言えば，**表2-1**の社会福祉法人もここに関わる．具体的には社会福祉協議会（社協）である．しかし法人格を持つ社協は全市区町村レベルの団体であり，その下部団体として任意団体の「地区社協」が結成されていて，これらは第7，第8章で示されるように自治会町内会（の連合組織）とのつながりが深い．本書で主として登場するのはこの地区社協である．地区社協は，法人社会福祉協議会との関係を持ちつつ，実態としては各種団体としての性格を持つと言えるだろう．

　第2に，特定非営利活動法人（NPO）また法人格を持たない市民活動団体（任意団体）である．これらは，総じて「テーマ・目的型活動組織」としておこう．これらの団体は，必然的に，特定の課題やテーマあるいは目的ごとに作られる．だからこそ，地域コミュニティの範囲に拘らない（トランスコミュニティ）存在である．あくまで志ある人間が個人として参加することが原則である．だから，参加者は目的や関心を共有することがまずもってNPOのパワーの源である［山本 2004］．相互監視による忖度で行動するというより，その行動原理は共感だろう［日高 2008］．したがって，特定地域に特化してコミュニティビジネスなどの地域活性化事業に携わる団体もあるが，それに対して国際難民支援とか環境協力などのように地球規模で活躍する団体もある．そして，政治や行政に追従するというより，それらとは別の価値観を世の中に提示し，政府や企業，また住民自治組織が解決できない諸問題を処理するということも重要である．こうした面でテーマ・目的型活動組織は社会のためのサービスを直接実施するのだが，同時にアドボカシー（政策提言，提案）を社会に訴え問題解決を促進させるという機能も期待される．本書第Ⅱ部の後半でいくつかの事例が登場するが，既存の団体，やる気がある人々に対するインキュベーション（事業創出の支援）等にも活躍する余地が大きい［山本 2004］．

　なお，第4章や第6章に登場する一般社団法人は，法人格としてNPO法人とは別に徐々に注目されている．ただ，純粋なサードセクター団体ではあるがNPOのように特定のテーマ・目的に限定した活動を想定していないものである．

(3) 地域自治組織

　さて，本書が題材とする地域自治組織は，どうだろうか．**表 2-1** には登場し
なかったが，それは，実はこの表は地域自治組織のとある特質を理由に，地域
自治組織を捕捉しきれなかったのである．なぜ捕捉できなかったか．それは，
地域自治組織が，この表に登場する複数の組織・団体が集まって作った「協議
体」だからである．

　地域自治組織をカテゴリーとして「協議会方式組織」とここでは名付けてお
こう．いわば地区や校区に「○○協議会」を設置するという方式は，1970 年代
に国や自治体が進めたコミュニティ政策で採用され全国に浸透した．その当時
は，コミュニティセンターの管理を主目的とするなどテーマが限定的ではあっ
たが，2000 年以降は特定テーマというより，近隣地区の諸課題を包括的に取り
扱う方向で地域自治組織が結成されるようになった．第 1 章でも触れたが，こ
こには個別地域が任意で始めたもの，自治体が条例等で設立に関わるもの，そ
して法律を根拠とする地域自治区（の地域協議会）という異なるタイプが属する．
ただ，以下のようにこれらは一定に共通する性質を帯びる．まずは地域限定的
であること（地域割拠性）が前提であり，お互いに重ならない．自治体の行政区
域を網羅しているケースは多いが，一部地区のみのケースもある．会員の考え
方は，全住民とするケースや，参加意思がある人と団体が構成員というケース
など，バリエーションはある．収入源は，地域自治区と自治体条例等に基づく
組織，任意設立の組織とで異なるが，自治体からの補助金や交付金，会費とい
った収入が多い．地域自治組織の構成団体としてメインを陣取るのは自治会町
内会である．だから，この種の組織は，自治会町内会と似通った特質を持つ．
ところが，当該タイプが地縁型組織と異なるのは，単に互助的役割や行政補完
を期待されるというよりむしろ，地域の計画策定や行政施策に意見を提出した
り，それに基づいて地域独自の事業の立案・実施機能が公認される点である．
その意味では，この協議会は，「自治体内分権」あるいは「都市内分権」の受け
皿として位置付けられている．なお，ここでいう地域自治組織とは厳密には異
なるが，都市計画法において地区計画制度の誕生とともに，各自治体のまちづ
くり条例で設置された「まちづくり協議会」も同種の組織として定義づけるこ
とができる．本来は建築規制や土地利用の方針などの面がまちづくり協議会に
は期待されていたが，プランター設置などの緑化活動や違法駐車対策，防災活
動，住民交流イベントなどのソフト分野にも進出していた事例もある〔秋

表 2-2　コミュニティ組織の比較

	地縁型組織	協議会方式組織		テーマ・目的型活動組織
具体的名称	自治会町内会，各種住民活動団体	コミュニティ協議会，住区協議会，自治協議会，または地域自治区の地域協議会等の地域自治組織．都市計画のまちづくり協議会等	リサイクル推進協議会，ふれあい推進協議会，自主防災会等	NPO 法人，ボランティアグループ等
設立	歴史的な組織もあるが，第 2 次大戦直後が最多	1970 年代のコミュニティセンター整備から．2000 年代以降に発展．また，都市計画法の地区計画等	法規等さまざまな根拠，政策的理由でその都度設定	1970 年代から現在に至るまで多岐にわたる．NPO 法人は，1998 年の特定非営利活動促進法
地域の限定	地域を限定するとともに，重なりはなく，行政区域全体を網羅している．	地域を限定し，重なりはないが，行政区域全体を網羅しているケースと一部地区のみのケースがある．		限定は可能だが，一般的には，地域を限定しない．
会員・収入源	自治会町内会は，地域の全世帯が会員で，全員参加が原則．会費収入等がある．各種住民団体は，全世帯が対象だが特定層の住民によるもので，会費収入等．	地域の住民すべてが会員というケース，参加する意思のある人または団体が構成員となるケースなど．収入源は，会費，自治体の交付金，事業収益等事例による．		個人の自由意志によって参加．会費・寄付金等の収入．
役割・機能など	地域の互助的役割から行政事務の補完機能まで多種多様．連合会等，自治体内における重層的組織がある．	コミュニティセンター等館管理，ハード面・ソフト面のまちづくりを包括化．2000 年代以降は自治体内分権を担う．	特定のテーマに基づいて，自治体と個別組織との連携，調整，事業実施の役割．	特定のテーマに特化した事業を立案実施．

出所）卯月［2004：137］の表に基いて，筆者が改変・作成．

田 2010].

　加えて，協議会方式組織は，他にも存在する．各個別政策領域の必要性から地域に作られるものである，リサイクル，防災福祉などに特化した事例がある．具体的には，自主防災組織として自治会町内会や PTA など各種団体が集まり結成する兵庫県神戸市の防災福祉コミュニティがある．

　表 2-2 は以上の議論のポイントを整理したものである．この類型は，地域自治を支える組織の機能に焦点を当てたものである．自治会町内会に適用される「認可地縁団体」を除き，どの類型でもいずれかの法人格を取得することが可能である．

3. ┃ 地域自治組織が抱える特徴──「協議体」の使命──

　さて，自治会町内会と NPO は現在の日本の地域自治の担い手として，非常に大きな存在感を持っているが，両者は比べてみるとまるで水と油のようである［山本 2004].

　この水と油をどう考えるべきだろうか．確かに，実態としては第 4 章で見るように，自治会町内会，民生委員や社会福祉協議会などの各種住民団体が往々にして地域自治組織のメンバーとなるが，対して，NPO はメンバーとなりにくい傾向があるようだ．仮に，地域自治組織に自治会町内会と NPO が一堂に会するとなった時，それらの考え方，作業の仕方など大きなギャップが生じる．こうした場合に，お互いの立場を理解し，傾聴し，利害を調整しなければならない．「新しさの不利益」[Stinchcomb 1965] という観点に立てば，現実には地域自治組織の歴史はまだ浅く，歴史ある地域の各種団体の方が存在感がある状況も根強いのだろう．場合によっては，NPO 団体の方が地域自治組織よりも古くから存在することもあるだろう．歴史も重要だが，各々の組織は自身の活動や事業に自負心を持っていることも多いだろう．だからこそ，地域自治組織の取り組みにおいては，さまざまな異質な構成団体間の事業のあり方や運営方法などの日々の調整にエネルギーを注ぐ必要がある．

　一方，水と油の集合によって大きな力を得るチャンスでもある．本書にも登場するが地域自治組織は自治会町内会の互助機能を超えてさまざまな課題解決のパワー発揮を期待される．本書第 II 部の例のように，独自に事業組織として NPO 法人を立ち上げる事例がいくつも存在するようになった．また地域自治

組織は外部のNPO法人を始め性格の異なる団体・組織と協力関係を作って地縁型組織のパワーアップを図ったり，地域づくり事業を展開したりすることも可能となる．こうした新たな取り組みと，外部との接点を作り出し調整してさらに地域自治を刷新することも地域自治組織の役割なのである．

おわりに

本章は，地域自治の支え手となる組織を，その部門別に機能や活動の特徴を検討してきた．政府，市場，コミュニティ，そしてサードセクターが地域社会にはあり，そのうちサードセクターの力が重要であることがわかった．地域自治組織は，サードセクターの組織の一種ともいえるが，協議体としての特質は課題と可能性を両方孕むということが確認できた．しかし，可能性はあくまで可能性である．地域自治組織の構造特質を改めて理解し，運営に取り組んでいく主体性が住民にも行政にも常に問われるのである．

注
1）以下の議論の大枠は，卯月［2004］に依拠しているが，本書の目的に応じ大幅に改変している．

参考文献
秋田典子［2010］「まちづくり条例に基づく地区レベルのまちづくり制度の運用実態に関する研究——神戸市まちづくり条例に基づくまちづくり協議会を事例として——」『日本都市計画学会都市計画論文集』45(3).
卯月盛夫［2004］「住民参画で職員・住民を鍛える」，大森弥ほか『まちづくり読本』ぎょうせい.
倉沢進［1998］『コミュニティ論』放送大学教育振興会.
坂本治也［2017］「市民社会論の現在——なぜ市民社会が重要なのか——」，坂本治也編『市民社会論——理論と実証の最前線——』法律文化社.
辻中豊・ロバート・ペッカネン・山本英弘［2009］『現代日本の自治会・町内会——第1回全国調査にみる自治力・ネットワーク・ガバナンス——』木鐸社.
日高昭夫［2008］「市町村政府のガバナンス——「協働型行政運営」の前提条件の検討を中心に——」武智秀之編『都市政府とガバナンス』中央大学出版部.
森裕亮［2014］『地方政府と自治会間のパートナーシップ形成における課題』渓水社.
————［2018］「マルチレベル・ガバナンスの中の市民自治の方法——コミュニティ・

ガバナンスとは――」，金川幸司編『公共ガバナンス論――サードセクター・住民自治・コミュニティ――』晃洋書房．

山本啓［2004］「市民活動とコミュニティ行政の改革課題」，今井照編『自治体政策のイノベーション』ぎょうせい．

Bevir, M.［2012］*Governance: A Very Short Introduction*, Oxford: Oxford University Press（野田牧人訳『ガバナンスとは何か』NTT出版，2013年）．

Pestoff, V. A.［1998］*Beyond the Market and State: Social Enterprises and Civil Democracy in a Welfare Society*, Aldershot: Ashgate（藤田暁男ほか訳『福祉社会と市民民主主義――協同組合と社会的企業の役割――』日本経済評論社，2000年）．

Stinchcombe, A. L.［2013］"Social Structure and Organizations," in J. G. March ed., *Handbook of Organizations*, Abington, UK: Routledge.

第3章 | 国による地域自治組織及び地域運営組織の政策的展開

はじめに

　前章では，日本で地域自治を担うさまざまな組織を取り上げるとともに，その概要を示した．これらのうち近年，そのスキームや取り組み内容等に注目が集まるのが「地域運営組織」であり，本章では国による定義や推進方策等を整理する．加えて，いわゆる"平成の合併"に伴う地域の動態に着目し，"地域自治組織"の経過を踏まえつつ，"地域運営組織"へとつながる政策的展開を論じたい．

1. | 平成の合併と"地域自治組織"の法制化

　日本では，1999年から2010年までの間，人口減少・少子高齢化等の社会経済情勢の変化，そして地方分権の担い手となる基礎自治体における行財政基盤の確立を目的に，国を挙げて，基礎自治体の合併を積極的に促進した．その結果，1999年3月31日時点で3232の団体が存在した基礎自治体は，2010年3月31日には1727まで統合が進んだ．この間，2002年に地方制度調査会専門小委員会は，今後の基礎自治体のあり方を「西尾私案」として示した．西尾私案では，合併に伴い基礎自治体の規模が拡大することによって，"住民自治"が希薄化する傾向にあることを前提に，その確保に向けて，必要に応じて「内部団体（法人格を持つものとするかどうかについては要検討）としての性格」をもつ"自治組織"の設置に向けた必要性を提示していた．

　それでは，実際に合併を行った基礎自治体はその結果をどのように評価していたか．総務省［2010］によれば，合併を行った基礎自治体は，その成果として「適正な職員の配置や公共施設の統廃合など行財政の効率化」だけでなく，「専門職員の配置など住民サービス提供体制の充実強化」や「広域的なまちづくりの形成」等，住民サービスに対しても肯定的に評価した．しかし一方で，**表**

表 3-1　合併の問題点（合併した基礎自治体のうち 416 市が回答）

No	合併による問題点	回答率
1	役場が遠くなり不便になる	68.5%
2	中心部と周辺部の格差が増大する	54.1%
3	人口が増えるため住民の声が届きにくくなる	52.2%
4	広域化に伴い，サービス水準が低下する	28.8%
5	各地域の歴史，文化，伝統が失われる	26.4%
6	先行的な政策や条例等を新市に引き継げるとは限らない	6.7%
7	関係市町村のうち財政状況のよい市町村に不利になる	5.3%
8	その他	10.3%
9	問題なし	7.9%

注）表 3-1 の設問では，合併自治体に問題点を 3 つ求めている.
出所）日本都市センター［2008］.

表 3-2　「人口が増えるため住民の声が届きにくくなる」への解決策

No	回答のあった解決策	回答率
1	自治組織の設置（地域自治区，合併特例区，地域審議会，地域協議会等の設置）	54.8%
2	地域の自治組織・住民との協働関係の構築（市政懇談会，主体的な街づくり支援など）	38.2%
3	広聴業務の充実（市民ミーティング・相談，苦情の受付窓口設置など）	31.3%
4	議員特例の適用など	7.4%
5	オンライン（IT 活用）整備など	5.1%

注）表 3-1 のうち「3. 人口が増えるため住民の声が届きにくくなる」を回答した 217 市
　　が対象.
出所）日本都市センター［2008］.

3-1 のように住民からの否定的な評価も認識する[3]．中でも，「役場が遠くなり不便になる」「中心部と周辺部の格差が増大する」「人口が増えるため，住民の声が届きにくくなる」の 3 つの住民意見は 5 割を超える自治体が認識していた．このうち，「人口が増えるため，住民の声が届きにくくなる」の課題に対し，**表3-2** で示すように合併自治体は解決策として「自治組織の設置」を数多く回答するなど，組織的な対応に取り組む方向性を示していた．

　総務省［2010］調査における "自治組織" とは，地方自治法に基づく地域自治

区や合併特例法による地域自治区や地域審議会が該当する．いわゆる"法制度"に基づく地域自治組織である．これらの組織は，"自治会や町内会等の地縁型組織"と"自治体行政及び議会"の中間に位置づけられ，当該地域における基礎自治体の施策に公的に関与するものの，結果としてその設置は進まなかった（第1章参照）．また，合併特例法に基づく地域自治区も，大半があらかじめ定めた期間満了後に廃止となり，地方自治法による地域自治区へ移行した事例は限られる．当時，坂口 [2008] は，自治体では財源縮小に伴う事業や職員の削減等もあって，地域自治区を設置したものの，その活用と社会的価値の創出に戸惑う自治体が多いことを分析している．近年では，内海 [2016] が全国で唯一，地域自治区の協議会委員の公募公選制を採用した新潟県上越市の現状を整理している．上越市は試行錯誤の中で 10 年以上に渡って地域住民のアドボカシー機能を確保してきたものの，2005 年以降，協議会委員の応募者数が定数を下回り，充足率が低下傾向であること，また旧町村と旧上越市の間で充足率に差が出ていること，若年層及び女性の応募が少ないこと等を課題として挙げる．さらに，審議事項においては，諮問件数が非常に多い一方で，定型的な内容が多く，また市行政の事務に関する議論が中心となる結果，自主的審議事項に充てる時間が少なくなる傾向等の課題を挙げる．また，行政の現場では，こうした組織の設置と運用にあたって，一定の予算や職員，そして日常的に煩雑な調整を要することから，多くの基礎自治体や地域住民は法に基づく地域自治組織ではなく，自らが自治基本条例や要綱等を策定し，柔軟な体制のもとで運用できる自治体任意の地域自治組織が選択されたと考えられる．

2. "地域運営組織"の構想と方針

(1) 地域運営組織の定義

"地域運営組織"は，2013 年度に総務省の有識者研究会でそのワードが示されて以降，さまざまな定義づけが行われてきた．そもそも総務省による有識者研究会では，特に中山間地や過疎地を念頭に，地域での暮らしや生活機能の面で不自由を強いる状況を作り出していることを課題としてとらえ，"地域の暮らしを守ること"を目指し，着目した経緯がある．内閣府も同様の視点をもつ．内閣府 [2018] によれば，中山間地域等の集落生活圏における"小さな拠点"づくりを担う住民主体の組織の1つとして"地域運営組織"を位置づけた上で，

小さな拠点のみならず「都市部を含めて幅広く活動している」ことに触れる．また，国だけでなく自治体にも積極的な動きが見られる．2015 年に島根県雲南市を事務局とする"小規模多機能自治推進ネットワーク会議"が設置され"小規模多機能自治"の名称で展開の必要性を提唱する．2020 年 5 月 15 日時点で全国自治体を中心に 326 の会員が参画し，情報共有や施策の提言等を行うなど，そのプレゼンスを強めている．これまでに示されたさまざまな定義のうち主要なものを**表3-3**で整理した．

　これらの定義に共通するのは，4 点である．はじめに，その主体を"① 地域

表 3-3　地域運営組織の定義

定義者	公表時点	定義
総務省『RMO（地域運営組織）による総合生活支援サービスに関する調査研究報告書』	2014 年 3 月	地域の暮らしを守るため，地域で暮らす人々が中心となって形成するコミュニティ組織により生活機能を支える事業（総合生活支援サービス）が展開されるようになってきている．（略）この生活支援機能を支える事業主体を「RMO（地域運営組織）— Region Management Organization —」（以下，「地域運営組織」）と呼び（略）
総務省『暮らしを支える地域運営組織に関する調査研究事業報告書』	2015 年 3 月	地域の生活や暮らしを守るため，地域で暮らす人々が中心となって形成され，地域内のさまざまな関係主体が参加する協議組織が定めた地域経営の指針に基づき，地域課題の解決に向けた取り組みを持続的に実践する組織
内閣府『ひと・まち・しごと創生総合戦略（2015 改訂版）』	2015 年 12 月	「小さな拠点」の形成などにより持続可能な地域をつくるため，「地域デザイン」に基づき，地域住民自らが主体となって，地域住民や元事業体の話し合いの下，それぞれの役割分担を明確にしながら，生活サービスの提供や域外からの収入確保などの地域課題の解決に向けた事業等について，多機能型の取り組みを持続的に行うための組織
〈参考〉小規模多機能自治推進ネットワーク会議会則（「小規模多機能自治」の定義）	2015 年 2 月	自治会，町内会，区などの基礎的コミュニティの範域より広範囲の概ね小学校区などの範域において，その区域内に住み，又は活動する個人，地縁型・属性型・目的型などのあらゆる団体等により構成された地域共同体が，地域実情及び地域課題に応じて住民の福祉を増進するための取り組みを行うことをいう．

出所）筆者作成．

で暮らす人々"とする点，そして 2 つ目に，主に中山間地や過疎地域を念頭に，生活等の機能を支えるためのサービス事業を想定した"② 事業性と実践"を手段とする点である．さらに 3 つ目に，サービス提供にあたって，"③ 多様な主体が参画"し，各々が役割を果たすことを期待する点である．最後にこれらを通じ，"④ 地域課題を解決すること"を目標とする点である．なお，これまでに国はその定義の中で，"活動エリア"を示していないが，小規模多機能自治推進ネットワーク会議は，「基礎的コミュニティの範域より広範囲の概ね小学校区」として明示する．

　ここまで整理したように，法制度に基づく"自治組織"が有する機能は，あくまでも住民による意思決定プロセスの 1 つであって，行政側からの問いに応える，いわば"受け身"による行政参画となる実態がみられてきた．さらに自治体側も，この設置と運用に多くの資源を投ずる必要がある一方，2005 年に国が全国自治体に対し"集中改革プラン"の策定を通じた職員定数の削減を積極的に求めたこともあって，これらの両立は容易でなかった．こうした背景があり，自治体としても，住民自身が地域のニーズや実態に合わせ，国の法制度に基づくことなく自治体自身のルールで，住民の意思を直接"実行"する機能を有する自治体任意による地域運営組織の形成を選択したと考えられる．図 3-1 は国の定義に準じた地域運営組織の設立時期を示したものであるが，2004 年から年間設立数の増加がはじまり，2011 年以降になって一層の増加が見られる．そして，単年度設立件数としては 2013 年の 490 件が最も多い．これらの要因として，総務省 [2017] も，2001 年から 2012 年の間，行財政基盤確立に向け，いわゆる"平成の合併"が行われたことで，全国的に市町村合併が進んだことを要因として挙げ，基礎自治体の広域化に伴って地域運営組織の必要性が高まったとする．このことは，全国町村会 [2017] が全国の町村を対象に行った調査も同様であり，「特に"平成の合併"以降増加」し，「合併町村では，非合併町村のほぼ 2 倍弱の割合で地域運営組織が設置されている」とする．ただし，合併した町村でも自治会町内会の活動が充実している地域や，行政と自治会町内会の協力が円滑に行われているところでは，地域運営組織を設置していないことについても言及する．

(2) 地域運営組織の実態
　国は，地域運営組織の形成推進のために，有識者会議を重ねるとともに，各

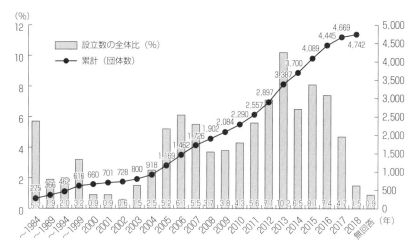

図 3-1　地域運営組織の設立年別の件数及び累計団体数（N＝4787）
出所）総務省［2019］.

地域の取り組みを調査し，報告書等で示してきた．ここでは，総務省が自治体や地域の関係者に向け，"組織形成のポイント"及び"持続的運営のポイント"を詳述した「事例集」［総務省 2017］からその実態を考察したい．具体的には，同事例集に示された7つの基礎自治体を対象に"合併の影響"と"自治体の関与"の2つを視座として整理する．"形成の経緯"として最も多く示されたのは，"平成の合併（及びその後の都市内における自治機能の低下[5]）"であり，同時に，自治体自身が地域組織の再編やコミュニティ計画の策定等の手法で任意に関与し，地域運営組織を形成する事例が数多く示される．広島市安芸高田市，大分県宇佐市，兵庫県豊岡市・朝来市，和歌山県田辺市の5つが該当する．また，沖縄県糸満市は，平成期に合併を行っていないが，コミュニティ活動が衰退の傾向にあることを踏まえ，任意で市が関与し，国や県の助成事業を活用しつつ，関係団体との連携を通じた組織形成を行ってきた．一方，兵庫県たつの市は，平成の合併を直接の契機とせず，かつ自治体の関与もみられない．あくまでも地域自身の取り組みとして，関係者の連携を通じ，農作物の直売所の経営等を行う事例が示されている．また，内閣府［2018］が"地域運営組織"として事例紹介し，本書第11章でも取り上げた，静岡市丸子まちづくり協議会も，自治体の関与なく，地域自身で展開が進む取り組みとしてあげられよう．

本章では，国が推進する"地域運営組織"の定義が幅広いことを示してきたが，このことは総務省が示す事例集でも同様であった．しかしながら，国が掲げる事例としては，平成の合併を契機として，その必要性を認識した自治体が任意で組織を形成・持続するものが数多くみられた．このことから，本書が定義する"地域自治組織"についても，国が示す"地域運営組織"と多くの局面で重なるものである．

(3) 『まち・ひと・しごと創生総合戦略』の KPI としての位置づけ

こうした"地域運営組織"拡大に向けた自治体の動きに対し，総務省は 2013 年以降，有識者研究会や調査を重ねながら，その成果を自治体等に向けて発信してきたが，特にその名を広めたのは，内閣府が 2015 年 12 月に閣議決定した『まち・ひと・しごと創生総合戦略 (2015 改訂版)』への掲載であろう．その KPI (重要業績評価指標) の 1 つに地域運営組織の「形成数」を設定したのである．

内閣府が『まち・ひと・しごと創生総合戦略 (2015 改訂版)』で，KPI の 1 つに地域運営組織の「形成数」を設定したことで，自治体間にそのスキームや取り組み内容等が知られるきっかけとなった．内閣府ではそれ以降，目標値を上方修正しながら，国全体でその実現に向けた取り組みを進めてきたとする (表3-4 参照)．その結果，2019 年度時点で目標値の 5000 団体を達成したことから『第 2 期 まち・ひと・しごと創生総合戦略』では，KPI として「形成数」をさらに上乗せしただけでなく，「小さな拠点における地域運営組織の形成比率」及び「自主事業による収入の確保に取り組む地域運営組織の割合」を追加した．これは，地域運営組織の"量"と併せて"質"の充実を図ったものである．

表 3-4 『まち・ひと・しごと創生総合戦略』で設定された KPI

策定時期	該当の戦略	KPI の設定とその進捗
2015 年 12 月	2015 改訂版	• 地域運営組織の形成数：2020 年までに 3,000 団体
2017 年 12 月	2017 改訂版	• 地域運営組織の形成数：2020 年までに 5,000 団体【上方修正】
2019 年 12 月	第 2 期	• 「小さな拠点」の形成数に対する地域運営組織が形成されている比率：2024 年までに 90%
		• 地域運営組織の形成数：2024 年までに 7,000 団体
		• 生活支援などの自主事業の実施等による収入の確保に取り組む地域運営組織の割合：2024 年までに 60%

出所) 内閣府 [2015；2019] を基に筆者作成.

表 3-5　総務省調査による地域運営組織の形成数の推移

年度	2014 年	2015 年	2016 年	2017 年	2018 年	2019 年
形成数	1,656	1,680	3,071	4,177	4,787	5,236

出所）総務省 [2020] 等を基に筆者作成.

　また，地域運営組織の形成数の根拠となる総務省調査は，都道府県を経由し，基礎自治体に対して対象団体の計上を求め，それを集計した結果である（これまでの形成数については，表 3-5 を参照）．計上の要件は「地域の生活や暮らしを守るため，地域で暮らす人々が中心となって形成され，地域課題の解決に向けた取組を持続的に実践する組織．具体的には，従来の自治・相互扶助活動から一歩踏み出し，次のような活動を行っている組織（例：行政代行活動，生活支援活動，地域資源活用・保全活動）」とするが，その形成数は十分な精査が行われたものとは考えづらい．第 1 章，第 2 章で示したように，これらは自治体の条例や要綱上の地域自治組織，任意のまちづくり協議会等の地域組織も含んだ幅広い数値であると考えられる．

　さらに，国の『まち・ひと・しごと創生総合戦略』を勘案し，各自治体が策定に努めることとされる，いわゆる“地方版総合戦略”では，基礎自治体単位が KPI に地域運営組織の「形成数」を設定する例が見られるものの，都道府県単位では富山県と福井県の 2 県にとどまるなど，極めて限定的である（2020 年11 月時点施行分）．このため，広域行政の視点では，都道府県の支援を得て一体的な取り組みが推進されているとは言い難い実態も見られる．

（4）国による地域運営組織の推進方策

　こうした量と質の面から KPI を設定した地域運営組織に対し，2019 年 12 月に示された『第 2 期　まち・ひと・しごと創生総合戦略』では，地域運営組織の形成・持続的な運営に向けた支援の方向性を示す．具体的には，事業の立ち上げや拡充の促進など組織の運営体制強化に向けた環境整備のほか，地域の実情やニーズに対応した地域運営組織の法人化促進に向けた各種法人制度の理解・周知，さらに地縁型法人制度の課題に対し，引き続き具体的な検討を進めることが示されている．

　しかしながら，こうした国による支援策はあくまでも“側面的”な内容にとどまるものであり，また都道府県の大半が地方版総合戦略に地域運営組織に関

する KPI を設けていないなど，十分な支援も期待できない中，個別具体的な支援への取り組みは基礎自治体に委ねられていると言ってもいいだろう．

お わ り に

　本章では，"平成の合併"を背景に，国による法制度での"地域自治組織"から，自治体が条例等を根拠に取り組む地域自治組織への政策的な展開を踏まえつつ，国が推進する地域運営組織の定義や形成状況について詳細な整理を行った．

　さらに総務省は，2018 年に新たな自治体行政の基本的方向性として『自治体戦略 2040 構想研究会　第二次報告』を策定し，人口減少と高齢化が進む中，「新たな公共私の協力関係の構築」に向け，「共」の１つとして，既存の地縁組織を含む地域運営組織が暮らしを支える担い手となることを求めるなど，「公」たる自治体職員が関係者を巻き込み，まとめる「プロジェクトマネージャー」となる必要性を示す．

　本書が後述する事例でも示すように，"地域自治組織"が地域に形成され，持続的に発展することで，基礎自治体の将来的な住民の暮らしに大きな効果が期待される．国の支援が側面的なものにとどまる中にあって，意欲ある自治体職員が"プロジェクトマネージャー"となって活動を展開できるよう，各地域に適したスキームの形成が求められよう．

注

1）その名称は，総務省が 2013 年度に開催した有識者研究会とそのとりまとめ結果である『RMO（地域運営組織）による総合生活支援サービスに関する調査研究報告書』が初出と見られる．同報告書では "RMO（Region Management Organization）" の略称も見られる．ただし，総務省［2016］では，「「地域自治組織」や「地域自主組織」など，地域によって呼称は異なる場合があります．」とし，実態はさまざまな名称が存在することも示す．

2）市町村合併が相当程度進捗したこと等を踏まえ，国や都道府県の積極的関与を廃止し，自主的な合併の円滑化に向け，2010 年に合併特例法を改正した．

3）日本都市センター［2008］．同センターが 1999 年 4 月から 2008 年 3 月の間に合併した 421 市を対象に，2003 年 12 月から 2006 年 11 月まで調査を実施し，416 市が回答（回答率 98.8％）．総務省［2010］「『平成の合併』について」もこれを引用する．

4）2020 年 4 月 1 日時点で，9 自治体，18 地域自治区が残る.

5）ただし，これらの事例の中でも，合併以前から一部地域で地域運営組織が存在した自
治体も見られる.

6）2020 年公表分は『令和元年度地域運営組織の活動状況におけるアンケート調査結果』，
2017 から 2019 年公表分は『地域運営組織の形成及び持続的な運営に関する調査研究事
業報告書』.

7）ただし，同調査は，一般の経済活動の一環として行われている以下を対象外とする.

- 民間事業者による交通事業
- 生活協同組合，農業協同組合等による店舗運営，配達・移動販売等
- 主として介護保険の適用を受ける事業を行っている事業者による介護事業等
- 学校法人，医療法人，社会福祉法人等による事業（学校・保育所，病院，介護施設
等）やそれに付帯する送迎等

8）その他に，岡山県は "おかやま元気！集落の数"，長崎県は "地域運営組織等と連携し
た活動を行う団体数" を KPI に設定している．これらの 4 県以外に，岩手県，山形県，
鳥取県，島根県，山口県，香川県，愛媛県，沖縄県の 8 県は，地方版総合戦略の中で
KPI は設定しないものの，地域運営組織を推進する方向性を言及している.

参考文献

内海巌［2016］「上越市における地域自治区の取組み」，日本都市センター編『都市内分権
の未来を創る──全国市区アンケート・事例調査を踏まえた多角的考察──』日本都
市センター.

坂田正治［2008］「ローカル・ガバナンスと自治体内分権」，山本啓編『ローカル・ガバメ
ントとローカル・ガバナンス』法政大学出版局.

全国町村会［2017］『町村における地域運営組織』全国町村会.

総務省［2010］『「『平成の合併』について」の公表』総務省自治行政局.

──────［2014］『RMO（地域運営組織）による総合生活支援サービスに関する調査研究
報告書』総務省地域力創造グループ地域振興室.

──────［2015］『暮らしを支える地域運営組織に関する調査研究事業報告書』総務省地
域力創造グループ地域振興室.

──────［2016］『集落ネットワーク圏の形成に向けた地域運営組織の取扱マニュアル』
総務省地域力創造グループ過疎対策室.

──────［2017］『平成 28 年度 地域運営組織の形成及び持続的な運営に関する調査研究
事業 事例集』総務省地域力創造グループ地域振興室.

──────［2018］『自治体戦略 2040 構想研究会 第二次報告』自治体戦略 2040 構想研究
会.

──────［2017-19］『地域運営組織の形成及び持続的な運営に関する調査研究事業報告
書』総務省地域力創造グループ地域振興室.

────［2020］『令和元年度 地域運営組織の活動状況におけるアンケート調査結果』総務省自治行政局地域振興室.

内閣府［2015］『ひと・まち・しごと創生総合戦略（2015 改訂版）』.

────［2018］『地域の課題解決を目指す地域運営組織の法人化──進め方と事例──』内閣官房まち・ひと・しごと創生本部事務局.

────［2019］『第2期 ひと・まち・しごと創生総合戦略』.

日本都市センター［2008］『平成の大合併 都市要覧』.

<table>
<tr><td></td><td></td></tr>
</table>

第 **4** 章	地域自治組織の現状 ——全国アンケート調査から——

1. 調査概要

　この章では，「基礎的自治体における地域自治組織に関するウェブアンケート調査」の結果を紹介している．本章に掲載されている図表はすべて，アンケート調査結果にもとづくものである．この調査は，自治基本条例等を根拠に増加している地域自治組織に焦点を当て，市区町村行政並びに既存の地縁組織（自治会町内会等）との協働がどのように変動しつつあるかを予測することを目的に実施している．なお，本調査における「地域自治組織」とは，「小学校区，中学校区，旧町村など，基礎自治体の内部の一定の区域（指定都市の区の単位を除く）を単位として，住民，自治会等の地縁団体，住民活動団体，PTA，NPO，地元企業などを構成員として，地域課題の解決やまちづくりなどを行っている組織・体制を指し，自治体が何らかの関与（条例等での制度化，資金交付，認証など）を行っているもの」としている．調査は，総務省の「全国地方公共団体コード」に基づき，全国の 1741 市区町村の地域自治組織担当課宛にアンケート案内文を発送し，事前に構築したウェブページ上でアンケートに回答していただく形で行っている．2020 年 8 月 7 日から 9 月 11 日までに集まった回答をいったん回収し，ウェブ上で「回答中」状態になっている自治体宛に回答再督促の案内状を再度発送し，10 月 15 日までに集まった追加回答を回収した．回答率は 53.9%（939 件）である．

調査対象	全国の市区町村
調査期間	2020 年 8 月 7 日～10 月 15 日
配布・回収	各市区町村の地域自治組織担当課宛に案内文及び調査票サンプルを郵送にて送付 Web アンケートを通じて回答を回収
送付・回収数	送付数：1,741 市区町村 回収数：939 件 有効回答率：53.9%（指定都市 80.0%，中核市 80.0%，施行時特例市 84.0%，一般市 65.2%，町 45.1%，村 33.3%，特別区（東京都 23 区）43.5%）

2. | 地域自治組織の現状——集計結果のまとめ——

回答のあった939件のうち，地域自治組織を設置している自治体は39.6%（372件），設置していない自治体は60.4%（567件）だった．

地域自治組織を設置している自治体を都市分類別に見ると，政令指定都市の62.5%（10件），中核市及び施行時特例市の66.7%（それぞれ，32件，14件），一般市の45.8%（205件），町の28.7%（96件），村の19.7%（12件），特別区（東京都23区）の30%（3件）となった．

人口規模別に見ると，50万人以上の自治体のうち52%，20万人以上50万人未満のうち63.8%，5万人以上20万人未満のうち47.1%，5万人未満のうち

表 4-1　平成の合併の有無別の地域自治組織設置割合

平成の大合併の有無	回答数	比率	うち地域自治組織あり	比率
合併あり	378	40.3%	191	50.5%
合併なし	561	59.7%	181	32.3%

出所）筆者作成.

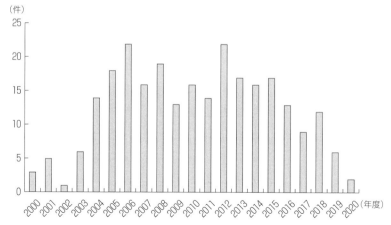

図 4-1　地域自治組織の年度別設立数の推移（2000〜2020）
出所）筆者作成.

32.4％となり，比較的人口規模の大きい自治体で地域自治組織を設置している割合が高い傾向が見られた．

　平成の合併（1999年4月1日以降の市町村合併）の有無との関連では，全回答のうち「合併あり」が40.3％（378件），「合併なし」が59.7％（561件）であり，地域自治組織を設置している割合は，「合併あり」のうち50.5％（191件），「合併なし」のうち32.3％（181件）となり，平成の合併を経験した自治体で地域自治組織を設置している割合が高いことが分かった（表4-1）．地域自治組織が初めて設立された年度においても，2000年度以降に設立された自治体が70.2％（261件）であり，大半を占めている（図4-1）．

　地域自治組織を「協議機能」（地域別計画の策定，一括交付金の使途決定，自治体への意見具申や提案などの意思決定機能）と「実施機能」（具体的に地域課題の解決やまちづくりの事業を実施する機能）に分けて見ると，「協議・実施両方の機能を持っている」と答えた自治体が82.5％（307件）で最も多く見られた（表4-2）．

　地域自治組織の設置単位（区域）では，小学校区（統合後の小学校区を含む）が46.0％（171件）で最多であり，続いて小学校区未満の集落（18.0％，67件）と中学校区（8.3％，31件），平成の合併前の旧自治体単位（5.9％，22件）が続いた．なお，地域自治組織が自治体内の「全ての区域に存在する」自治体（57.8％，215件）と「ほぼ全ての区域に存在する」自治体（18.0％，67件）が全体の約4分の3を占めている（表4-3）．

　「地域自治組織の設置根拠」（複数回答）については，地方自治法が5％（20件），条例が35％（129件）を占めており，次に要綱（23％，86件）や総合計画（20％，74件），予算措置（15％，57件）上で位置づけている自治体が多く見られた．

表 4-2　地域自治組織の機能 （n＝372）

	回答数	比率
協議・実施両方の機能	307	82.5%
協議機能のみ	18	4.8%
実施機能のみ	33	8.9%
協議機能・実施機能をそれぞれ設置，両者の連携を想定	5	1.3%
その他	9	2.4%

出所）筆者作成．

表 4-3　地域自治組織の存在する区域（n＝372）

	回答数	比率
1.　全ての区域に存在	215	57.8%
2.　ほぼ全ての区域に存在	67	18.0%
3.　半分程度の区域に存在	25	6.7%
4.　一部の区域に存在	58	15.6%
5.　その他	7	1.9%

出所）筆者作成.

　設置目的としては，「まちづくりにおける住民の主体性を確立すること」
（94.9%，353件），「集落機能の維持のみではなく，地域の活性化を積極的に展開
すること」（88.7%，330件），「1つの自治会等の地縁団体を超えて，他の地縁団
体，企業，NPOなど，多様化する地域ないし住民のニーズに応えること」
（80.6%，300件），「住民の意見を自治体行政に反映すること」（70.2%，261件）な
どがあげられた（図4-2）．一方で，「地域自治組織を設置した直接のきっかけ」
（複数回等）については，「他の先進自治体の動向の影響を受けたから」と回答し
た自治体が34.9%（130件）で最も多く，政策参照がかなり行われていることが
わかる[1]．
　「地域自治組織の構成員の選出方法」（複数回答）については，「特に定めてい

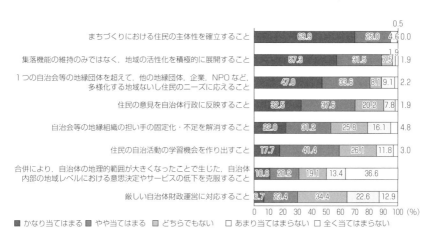

図 4-2　地域自治組織の設置目的（n＝372）

出所）筆者作成.

表 4-4　実質的な意思決定機関の構成メン
バーのうち「自治会等の地縁団体」
の割合（n＝329）

	回答数	比率
75〜100％程度	143	43.5％
50〜75％程度	60	18.2％
25〜50％程度	77	23.4％
1〜25％程度	49	14.9％
合計	329	100.0％

出所）筆者作成.

ない」と答えた自治体が 62％（232 件）で最も多い反面，条例や規則・要綱，ガ
イドライン等で定めている自治体は合計しても，30％未満であり，多くの自治
体で，地域自治組織の自主性に任せている可能性がうかがえる．なお，「地域
自治組織の実際の構成員・構成団体」（複数回答）を見ると，「自治会等の地縁団
体（連合組織を含む）」（88％，329 件），「地域民生委員・児童委員協議会または民生
委員」（62％，232 件），「老人クラブ」（59％，218 件），「PTA」（59％，217 件），「地
域婦人会・女性会等の女性団体」（53％，199 件）などの地縁団体が多くを占めて
おり，「ボランティア団体」（38％，142 件）や「NPO 法人」（32％，120 件），「学識
経験を持つ専門家」（13％，47 件）など地縁団体以外の主体を大きく上回ってい
る．地域自治組織における実質的な意思決定機関（理事会や役員会など）において
も，構成メンバ　のうち「自治会等の地縁団体」の割合が平均 75 〜 100％程度
を占めると回答した自治体が 43.5％と最多であり，平均 50 〜 75％程度を占め
る自治体まで合わせると 6 割を超えている（表 4-4）．現状として，地域自治組
織の多くは従来の地縁組織が母体となっており，地縁組織の役員がそのまま意
思決定機関を構成している可能性がある（第 19 章第 3 節参照）．
　地域自治組織の法人格取得の有無に関しては，どの組織も法人格を取得して
いない自治体が 72.3％（269 件）に上り，地域内の全ての組織が法人格を取得し
ているケースは 0.5％（2 件）に留まった．いずれかの組織が法人格を取得して
いる 103 件のうちでは，認可地縁団体（66％，68 件）が最も多く，NPO 法人
（28％，29 件），一般社団法人（12％，12 件）が続いて多く見られた．

　一方で，地域自治組織の内部で活動・課題ごとに部を形成し，構成団体等が

表 4-5 地域自治組織の活動は，設置してから活発になってきているか （n＝372）

	回答数	比率
1. 活動が全体的に活発になってきている	90	24.2%
2. 活動が全体的に低調になってきている	46	12.4%
3. 活動が活発になっている地域と低調になっている地域が混在している	179	48.1%
4. 活動に特に変化はない	55	14.8%
5. その他	2	0.5%

出所）筆者作成.

一堂に会して活動を行う「部会」等を採用している自治体は 81.7%（304 件）に上り，地域自治組織や「部会」等が母体となった活動団体・グループが存在する自治体も 47%（175 件）となった．なお，このような活動団体・グループのうち法人格を取得しているものは 22.9%（40 件）だった．

　地域自治組織で活発に行われている活動内容[2]を見ると，「協議機能」（n＝339）では，「自治体から配分された一定額予算の裁量的執行」が 67.3%（228 件）と最も多く，「地域を対象とする独自のまちづくり計画の策定」（50.4%，171 件），「地域に関する各種計画の策定への参加」（46%，156 件），「行政機関・議会に対する要望・陳情」（42.8%，145 件），「地域のまちづくりに関する政策提案」（42.5%，144 件）等が多く見られた．「実施機能」（n＝354）では，「盆踊り・お祭り等の親睦行事の開催」が 86.7%（307 件）で最も多く，「地域のまちづくりへの参加」（85.3%，302 件），「地域の環境美化・清掃活動」（83.9%，297 件），「地域の防災活動」（82.8%，293 件），「防犯活動」（79.1%，280 件），また，「スポーツ・レクリエーション活動」（78%，276 件），「高齢者福祉・介護に関する活動」（69.2%，245 件）などが多く見られた．また，「行政からの連絡事項の伝達（広報誌の回付等）」が 51.7%（183 件）と活発に行われている一方で，「自治体の窓口代行」は 11.9%（42 件）にとどまり，そもそも自治体の窓口代行を取り組みの対象としていないケースが多数見られた（42.9%，152 件）．

　なお，「コミュニティバスの運行，送迎サービス等の地域公共交通，移動支援に関する活動」（23.7%，84 件）や「観光事業（農泊，ガイドツアーなど）」（14.1%，50 件），「特産品の製造・加工・販売」（12.4%，44 件），「物品販売やレストランの運営」（9.9%，35 件）といった，いわゆる「コミュニティビジネス」に当たる活

動が活発に行われている地域は少数にとどまっており，取り組みの対象として
いないと回答した自治体が 2 ～ 3 割を占めている.

　地域自治組織を設置してから，「活動が全体的に活発になってきている」と
回答した自治体は 24.2%（90 件），「活発になっている地域と低調になっている
地域が混在している」と回答した自治体は 48.1%（179 件）となった（表 4-5）.
　地域自治組織の収入源（複数回答）では，「自治体からの助成金・一括交付金
等」（87.6%，326 件）が最も多く，「会費収入」（52.4%，195 件），「構成団体からの
分担金」（27.2%，101 件），「寄付金収入」（26.6%，99 件），「自治体からの業務委託
収入」（21%，78 件），「コミュニティビジネス等からの収入」（18%，67 件），「指
定管理者としての委託料収入」（16.1%，60 件）などが続いた.

　地域自治組織の拠点施設については，「組織ごとにある」と回答した自治体
が 66.7%（248 件）で最も多い反面，「特定の施設はない」と回答した自治体も
14.8%（33 件）存在した. 拠点施設の管理方法（複数回答）については，「自治体
による直営」（53.2%，198 件）や「自治体による委嘱員が管理」（7.3%，27 件）し
ていると回答した自治体が最も多い一方で，「指定管理制度」（29.8%，111 件）や
「そもそも地域自治組織の所有である」（19.4%，72 件）ケースも多数見られた.

　地域自治組織に対する行政からの人的支援（複数回答）は，「地区担当職員に
よって支援している」自治体が 53.5%（199 件）で最も多く，「集落支援員」（18%，
67 件），「地域外の人材（地域おこし協力隊等）」（10.8%，40 件）が続いた. 特に人的
支援を行っていない自治体は 25.3%（94 件）だった.

　地域自治組織の運営事務局については，「全ての地域で設置されている」
（64.2%，239 件）をはじめ，何らかの地域で設置されている自治体が 85.2%（317
件）であった. 運営事務局の設置場所（n＝317，複数回答）は「公民館，コミュニ
ティセンター等の拠点施設」（73.8%，234 件）が最も多い一方で，自治体の「本
庁内」及び「支所・出張所内」がそれぞれ 17.7%（56 件）となった. なお，「そ
の他」の記述回答として，地域自治組織の代表者，役員，または事務局関係者
の個人宅が運営事務局となっているという回答（6.3%，20 件）も一部見られた.

表 4-6 一括交付金を設けた理由（複数回答）(n=181)

	回答数	比率
1. 各区域の事情に柔軟に対応するため	171	94.5%
2. 縦割りの補助金をまとめて地域内の類似の活動をスリム化するため	50	27.6%
3. 歳出削減を行うため	8	4.4%
4. 地域内の話し合いにより，今まで取り組まれなかった課題に取り組むため	102	56.4%
5. その他	9	5.0%

出所）筆者作成.

表 4-7 一括交付金の財源の出所 (n=181)

	回答数	比率
1. 各種補助金を統合したのみ	20	11.0%
2. 各種補助金を統合し，追加的に裁量が効く予算を上乗せした	33	18.2%
3. 各種補助金を廃止して，新たな算定基準を設けて設定した	30	16.6%
4. 新たに一般予算を組んで交付した	82	45.3%
5. その他	16	8.8%

出所）筆者作成.

　地域自治組織への一括交付金を制度化している自治体は 48.7%（181 件）であった．一括交付金を設けた理由（n=181，複数回答）としては「各区域の事情に柔軟に対応するため」という回答（94.5%，171 件）が最も多く，「地域内の話し合いにより，今まで取り組まれなかった課題に取り組むため」（56.4%，102 件）「縦割りの補助金をまとめて地域内の類似の活動をスリム化するため」（27.6%，50件）が続いた（表 4-6）.

　一括交付金の財源（n=181）は，各種補助金を統廃合等して設けたとする回答を合計して 45.9%（83 件）見られた一方で，「新たに一般予算を組んだ」ケースは 45.3%（82 件）であった（表 4-7）．なお，各種補助金を統廃合したケース（n=83）のうち，旧各種補助金の事業に充当する予算額決定に関して何らかの基準を新たに設けている自治体は 45.8%（38 件）であった．新たな基準は，主に地域自治組織の区域別に均等額の基礎運営費，人口，世帯数，高齢者人口，自治

表 4-8　旧各種補助金の事業に充当する予算
額決定基準の設置の有無（n＝83）

	回答数	比率
1．はい	38	45.8%
2．いいえ	44	53.0%
3．その他	1	1.2%

出所）筆者作成.

表 4-9　地域自治組織が存在しない理由（複数回答）（n＝567）

	回答数	比率
1．自治会等の地縁団体の活動が充実しているから	281	49.6%
2．行政と自治会等の地縁団体の関係が円滑だから	293	51.7%
3．現状では設置に向けての合意形成が困難だから	107	18.9%
4．自治体として他に優先すべき課題があるから	32	5.6%
5．人口減少によって設置が困難だから	35	6.2%
6．自治体の人口規模が小さいため，設置の必要がないから	135	23.8%
7．その他	55	9.7%

出所）筆者作成.

　会数，面積割，防犯灯の数などの算定基準をベースに，自治体ごとにさまざまな組み合わせが見られる．その他，旧補助金の算定基準をそのまま継承しているケース（2件）も少数ながら見られた（表 4-8）．
　一括交付金の課題（複数回答，n＝181）としては，「イベント開催など，マンネリ化した使い方になる傾向がある」（64.6%，117件）が最も多く見られ，交付金使用の公平性・民主性に関わる課題（「一部の役員で決めてしまうなど」14.9%，27件，「公金の使途に関する透明性確保が難しい」17.7%，32件）も一定程度あげられた．また，「多額の繰越金が発生する」（15.5%，28件）一方で「交付額が少ないため，独自事業の実現が難しい」（9.9%，18件）と回答した自治体が混在している状況も確認できた．

　「地域自治組織が存在しない」と答えた自治体（567件）では，その理由（複数回答）について，自治会等の地縁団体と「行政との関係が円滑だから」（51.7%，

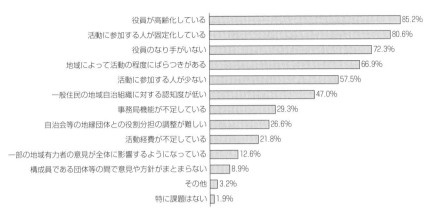

図 4-3 地域自治組織の課題（複数回答，n＝372）

出所）筆者作成.

293件），「地縁団体の活動が充実しているから」(49.6%，281件)，「自治体の人口
規模が小さく，設置の必要がないから」(23.8%，135件) などの回答が多く寄せ
られた．ちなみに，「その他」における記述回答では，現時点では地域自治組織
が存在しないが，設置について検討・準備段階に入っている，またはすでに順
次設置が予定されているという回答 (2.6%，15件) も一部見られた (表 4-9).

　最後に，地域自治組織の課題（複数回答，n＝372）としては，「役員の高齢化」
(85.2%，317件) 及び「活動参加者の固定化」(80.6%，300件)，「役員のなり手が
いない」(72.3%，269件)，「活動参加者が少ない」(57.5%，214件) という回答が
多数を占めており，多くの組織で人手不足が共通して見られた (図 4-3). 他に
も「地域によって活動の程度にばらつきがある」(66.9%，249件)，「一般住民の
地域自治組織に対する認知度が低い」(47%，175件)，「事務局機能が不足してい
る」(29.3%，109件) が多く見られ，「自治会等の地縁団体との役割分担の調整が
難しい」(26.6%，99件) も課題として指摘された.

注
1)「地域自治組織の設置目的」及び「設置の直接のきっかけ」については，5点尺度（か
　なり当てはまる・やや当てはまる・どちらでもない・あまり当てはまらない・全く当て
　はまらない）による測定を行っている．ここで紹介している回答は「かなり当てはま
　る」「やや当てはまる」の合計値から算出したものである．詳しくは巻末付表を参照.

2）「地域自治組織の活動内容」では，5点尺度（かなり活発・やや活発・どちらとも言えない・あまり活発でない・活発でない）に「取組の対象としていない」を加えた6つの選択肢から回答をいただいている．

第 **II** 部

実践に学ぶ地域自治①
──地域自治組織の最前線──

第5章 地域自治組織の取り組みと代表的事例からの示唆

はじめに

　第Ⅱ部は，地域自治組織をテーマとするが，この章ではいくつかの著名な事例から，地域自治組織の日本における取り組みの動向の基本的特徴を探ることが目的である．ただ，どの事例を取り上げるかが重要である．そこで，これまでのコミュニティ自治議論の画期を作った事例を3つに絞った．第1は，都市部でいち早く地域自治の取り組みを率先してきた兵庫県宝塚市．第2は，市町村合併のなかで湧き上がった地域自治組織構想の時代の事例として，全国的にも「小規模多機能自治推進ネットワーク会議」を主導した島根県雲南市，第3は，コミュニティセンター（略称は「コミセン」）管理を軸に協議会体制を80年代から全市的に整備してきた東京都武蔵野市である．これらの事例はすでに多くの研究者も注目しているものである．そこで，これまでの研究蓄積を参照しながら，それぞれの特徴について，どのようなしくみをどのように展開し，どんなパフォーマンスを生み出したのか，という点を見ていく．

　これらの事例から分かることは，その多彩さである．地域自治組織と一言で言っても，見かけは，何々協議会，何々部会の構成，また地域課題解決を目的とすることなど似ていても，その端緒，期待される役割と構成員，また辿ったストーリーは本当に多彩である．

1. 兵庫県宝塚市のまちづくり協議会[1]

　宝塚市のコミュニティ政策の端緒は，1990年に打ち出されたコミュニティセンター設置方針である［田中 2003：46］．それに呼応して，中山台地区に92年に自治会町内会（本節は，自治会）の支援のもとでコミュニティ協議会が立ち上がり，コミュニティセンターの完成とともに，地域福祉などの活発な活動が中山台で展開された．このモデルを全市的に広げるという機運が当時高まってい

た［田中 2003：48-49］．そしてこの方針を本格化させたのが，1991 年から 3 期に
わたって市長だった正司泰一郎氏である．自治会連合会はこの正司氏の政策方
針を 90 年代は後押ししていた［田中 2019：100-101］．

　宝塚では，昭和の合併前の旧町村が地域自治の基礎単位であり，そこには単
位自治会，7 地区の自治連合会，そして全市連合会が結成されていた．しかし，
1960 年代くらいから新しい居住者がどんどん増加していった．この変化に伴い，
自主的ボランティア活動の集団が増える傾向がみられ，伝統的な地域自治の方
法に閉そく感も広がって，より多くの人々が参加し，地域運営を実践するしく
みの準備が課題となった．そこで，宝塚はコミセン設置の単位だった中学校区
から，きめ細かな住民のコミュニケーションが実現しやすい小学校区をコミュ
ニティ単位に切り替え，活動施設は既存のものの併用を含め地域内に整備方針
として，まちづくり協議会の設立を始めていく．**図 5-1** は，まちづくり協議会
のイメージである［田中 2019：98］．この図では自治会は構成員の 1 つではある
が，実質的に自治会（連合会）はまちづくり協議会の中核としつつ，さまざまな
テーマごとの団体や個人が一緒に関与して横型連携を達成しながら，コミュニ

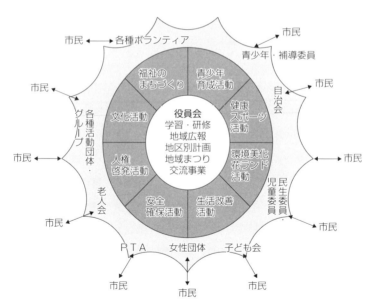

図 5-1　まちづくり協議会のイメージ
出所）田中［2019：98］．

ティレベルの地域自治を営んでいく方式である．まちづくり協議会の理念は，
誰でも平等に参加でき，コミュニティの抱える諸課題を解決する活動を進めな
がら，成熟段階に合わせて総合計画・都市計画・福祉計画等のプロセスに活か
して行くというものだった［田中 2011：78-79］．いわば，自治会を含めて水平的
な市民参加機構を建設し，自治体の意思決定と民主主義を新たにするという目
的を併せ持ったのであった．ただ，自治会がコアとなるというポイントは宝塚
の特質であり，その意味でまちづくり協議会は自治会と非常にタイトな関係に
ある．なお，1999 年には，すべての地区に協議会が設立された．

まちづくり協議会は，全地区住民，自治会その他団体等が構成員となる．部
会制を採用し，各種イベント，地域清掃，防災訓練，地域福祉活動などの諸事
業を実施してきた．多くの地区では，自治会・各種団体等は個別のアクターと
してまちづくり協議会に関与したが，先述の中山台地区では（ここではまちづく
り協議会は「中山台コミュニティ」と呼ばれる），コミュニティと自治会協議会（自治
連合会）が合体して統合的な組織体を結成することに成功した．中山台はまさ
に一体化戦略をとったのである．

10 年あまりの実践を経て，2002 年から市の第 4 次総合計画（後期計画）の地
域別計画（まちづくり計画）を策定するプロセスを開始した．ここでは，まちづ
くり協議会がアンケートを取ったりするなど，多種多様な方法で計画策定に取
り組んだ．2005 年にはすべての地区で計画案が決定されて，まちづくり協議会
代表と自治会連合会代表とが中心となったまちづくり計画検討会議の議論とな
り，まちづくり活動には，「市民が取り組む活動」と「市との協働」，「市が取り
組む事業」が示されて，最終案が取りまとめられた．これはまさに，宝塚市が，
まちづくり協議会を地域全体の代表性を持つ組織と位置付ける試みであること
を意味するものだった．

ところが，2006 年に阪上善秀氏が市長となると，これまでの方針を変えて，
まちづくり協議会よりむしろ自治連合会を地域の代表とする方針となった．こ
れでまちづくり協議会の取り組みは，一旦公的性格を失い任意的なものに退い
た．2009 年に次の新たな市長が就任後，自治会連合会主体の方針をしばらく保
持したが，その連合会運営の非民主性を方々から指摘する声が大きくなり，そ
の連合組織は分裂衰退した．そして 2017 年に市議会からの発案で「住民自治
組織のあり方に関する調査専門委員」が組織されることになった．その後，専
門委員の意見を受けて新たに市政方針が出され，翌年には，まちづくり協議会

の取り組み，まちづくり計画のしくみなどを再び軌道に乗せることが決められた．そして2020年，宝塚市はまちづくり協議会を条例上に位置づける，「協働のまちづくり推進条例」を議会の全会一致で制定し，まちづくり協議会による協働が推進されている．

2. | 島根県雲南市の地域自主組織[2]

　雲南の地域自治組織の制度づくりは，2004年の町村合併に遡る．合併協議会で新市建設において住民自治を実現する方策が検討された．合併協議会事務局と町村の職員とでコミュニティ・住民自治プロジェクトチームが発足し，自治会町内会（本節は，自治会）などの地縁組織，女性や高齢者の属性型組織，消防団や営農組織など目的型組織を集約する地域自主組織構想をまとめた．合併協議会の会長だった速水雄一氏は新市の市長に就任して，それ以来地域自主組織の導入と活性化を主導してきた．速水氏によれば，雲南のこの取り組みには，第1にもともと昭和の合併前の旧町村コミュニティが強かったので，その特徴を踏まえて新市の一体性を形成する必要があったこと，第2に，進んでいた高齢化と人口減少による地域崩壊を回避する点に意義があった［速水 2019：14-15］．

　雲南では，地域自治組織の通称を「地域自主組織」という．実際の名称はさまざまである．地域の自主性を重んじたために，出発点から条例を根拠とせず，現時点では市民活動団体の登録制を定めた規則に則っている．2005年から2007年にかけて，地域自主組織は基本的に小学校区単位に設置された．旧加茂町区域のみいったん自治連合会単位で14の組織を立ち上げたが，2015年に1つの組織に統合した．また他にも分合が生じた結果，現時点では30団体が結成されている．元来，公民館が小学校区ごとに作られており，当初は地域自主組織の活動拠点として利用された．しかし，社会教育施設としての公民館は地域づくりに必要な幅広い事業には限界があり，2010年から公民館を交流センターに変更し［十六総合研究所 2017：60-61］，地域自主組織が交流センターの指定管理者となった．交流センターには職員が配置され，2010年から2013年まではセンター職員（長と主事）が交流センター雇用協議会による雇用だったが，2013年からすべてのセンター職員を地域自主組織の直接雇用に切り替えた．名実ともに当該センターを地域自主組織と一体化することにしたのである［雲南市 2013：14-23］．このセンターは地域自主組織の事務局として機能する．

　地域自主組織は，理念として「1 世帯 1 票」という自治会の方式から，「1 人 1 票制」とし，構成員は地区住民個人である．地域自主組織の主たる収入源は，過疎債等が原資となった地域づくり活動交付金（一括交付金）と指定管理料，会費，そしてケースによるが事業収入である．前者の交付金は，過疎債の費目制限を除いて裁量が大きく，センター職員の人件費を含めて大体 1 組織当たり 850 万円が配分される［雲南市 2016：43；関谷 2018：68］．

　地域自主組織の名称は地区によってバリエーションがある．著名なのは，旧掛合町の波多コミュニティ協議会である．1982 年からすでに島根国体の選手たちをホストするために組織化され，2005 年以降はこれを母体として，協議会が再組織化された．地域づくり部，施設管理部，福祉部，生涯学習部の各部で構成されている．役員会は，会長，副会長を兼任するこれらの部長，事務局長，そしてセンター長・主事から構成される．幹事会は，上記の役員と 16 の自治会の代表と女性代表 2 名からなる．そして，地区内の諸団体・機関と住民が構成員となる (図 5-2)．この協議会が注目されたのは交流センター内に設置した「はたマーケット」というコミュニティの買い物支援事業である．協議会が開店資金調達を行い，融資も受けて，店舗を開設・運営し，喫茶サロンも設けている［関谷 2018：71-72］．他の地区も，コミュニティビジネスをはじめ，それぞれ特色のある独自事業を開発してきた．

　地域自主組織が結成される前に，地域コミュニティの自治を担ってきたのが自治会である．自治会の機構は，集落単位の自治会，地区（交流センター）単位の自治連合会，旧 6 町村レベルの連合会，そして全市レベルの連合会という 4 層構造だった．この最後のレベルの連合会は 2014 年までに解散している．この事情は次第に地域自主組織が機能発揮する一方で，自治連合会の存在意義が薄まっていったからだという［関谷 2018：68］．すでに校区連合会も解散したケースも散見される．

　そこで，2013 年に雲南市では，行政と協議を行う地域窓口を地域自主組織に統一することが確認された．それまでは，自治連合会が地域代表組織として多くの人々に認知されてきた．しかし，地域自主組織ができて以降，自治連合会と 2 種類の行政・市民関係の経路が重複してしまったことで，その整理が行われたのだった．2015 年には市と地域自主組織との間で，「地域と行政の協働のまちづくりに関する基本協定書」が結ばれ，市が地域自主組織に地域唯一の代表性を持つ正統性を付与したのである［雲南市 2016：44］．自治会は地域自主組

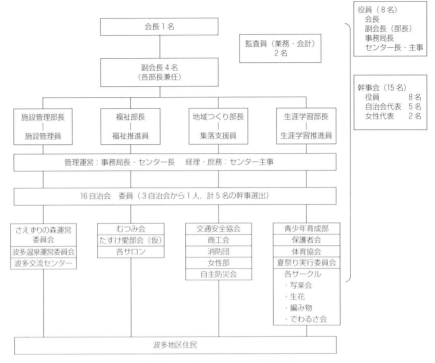

図 5-2　波多コミュニティ協議会
出所) 内閣府 [2020] を基に筆者が一部改変.

織の一構成員であり，コミュニティ活動の重要な資源提供者である．2018年の「地域と行政の今後のあり方報告書」によると，自治会と地域自主組織の関係の理想は，「自治会は地域自主組織の主たる構成団体」として，両者が「補完関係」に立つべきだとする一方，その現状は，地域で異なるが，「両者間で一体感がない」，「自治会は地域自主組織への動員と労力提供を担い，下に位置するという認識を持つ地区もある」ことが提示されている．そして，このままいけば自治会側の負担感の増大，そして，そもそも自主組織に関与しない自治会が増えて形骸化するという危険性が指摘されている［雲南市地域と行政の今後のあり方合同検討プロジェクトチーム 2018：18］．

3. | 東京都武蔵野市のコミュニティ協議会³⁾

　東京都武蔵野市は，全市的な自治会町内会のシステムがないことで有名である．戦後に市政として町内会依存からの脱却に努めた［渡戸 1998：23］ために，自治会町内会はほとんど発達しなかった．したがって，武蔵野の地域自治組織は，基本的には自治会町内会をベースにしていない．実は市内のいくつかの地域で住民が自発的に作った自治会町内会がある．しかし，市全体のシステムとして自治会町内会は存在しない．その意味で「自治会町内会なき世界」である．

　発端は，当時革新自治体のリーダー格だった後藤喜八郎市長の元で，1971 年の市第 1 期基本構想・長期計画の中に示された，「武蔵野市コミュニティ構想」である．この構想のポイントは，市民が開放的な都市空間としてのコミュニティを自治活動によって作っていくことを念頭に置いて，コミュニティづくりのための「市民施設」を計画的に建設するということである［高田 2016：63-66］．ここで想定されたコミュニティは小学校区などの厳密な地理的境界でなく，「地域生活単位」という大まかな区分を設定していた［高田 2016：68］．この構想の実現のために発足したコミュニティ市民委員会（第 1 期）で，市民施設（コミュニティセンター）建設の具体化が検討されていく．その委員会では，全市的展望に立った施設建設を行うこと，用地取得，設計から管理運営に至るまで市民参加で進める方針が 1974 年に提言された［高田 2016：80-81］．この方針に則って，各地区市民と地域各種団体の代表で構成した建設推進（促進）委員会が立ち上がり，これらが後のコミュニティ協議会としてコミュニティセンターの管理運営を担う団体となる［高田 2016：86］．1976 年には「コミュニティセンター条例」が制定され，コミセンの理念を始め，管理運営を地域団体に委ねること，その経費は市が補助することが定められた．1976 年 7 月に完成した境南コミセンを第 1 号として，各地のコミュニティセンターの本格的整備が進むこととなる．1983 年に保守系の土屋正忠市長が就任したが，彼のもとでもこの政策は一貫して維持された．その後も市政上コミュニティ政策は重視されていく［土屋 1994］．

　1992 年までコミセン建設は順次達成され，現在 19 のコミセンが整備されている［武蔵野市市民活動推進課 2013］．武蔵野のコミュニティ政策として，施設建設・運営からより広いコミュニティづくりを強化していくために，「コミュニ

ティ条例」（2002 年）が全面的に改正され，2005 年には地方自治法改正に伴いコ
ミュニティ協議会をコミセンの指定管理者とする制度変更が行われた．

　コミュニティ協議会は，上記の通りコミュニティセンターの管理運営の担い
手となる．現在は 16 の協議会があり，いくつかの協議会は複数のコミセンを
管理している．協議会は，コミセンの指定管理者となることができるが，その
際以下の基準が定められている．第 1 に，誰もが自由に参加でき，役員を民主
的手続きにより選出する，第 2 に，住民意思を広く反映したコミュニティづく
りを行う，第 3 に規約・役員氏名・活動内容等を公開する，第 4 に特定政党支
持，政治活動を行わない，第 5 に宗教活動を行わない（コミュニティ条例第 9 条第
2 項）．これは言い換えれば，コミュニティ協議会に求められるガバナンスの基
準である．

　コミュニティ協議会の構成員は各コミュニティ区域内の任意参加の住民であ
り，会費負担はない．組織の中身は，事業の企画，実施，コミュニティセンタ
ー運営を担う運営委員と随時それをサポートする協力員からなり，運営委員の
中から会長など役員が選ばれる．運営委員は 1 年 1 回住民から公募を行って，
住民総会で選出することにしている．任期は 1 年である．協議会は，施設管理
と地域のコミュニティづくりを一体的に取り組むことが期待されており，コミ
センを拠点としたイベントの企画実施を進めてきている［武蔵野市市民活動推進
課 2013：4-15］．協議会の収入源は，コミセンの指定管理委託費，活動補助金で
ある．協議会の役割と活動について，けやきコミュニティ協議会を見てみよう．
図 5-3 は，2018 年の事業一覧である．運営委員は貸し館業務に従事すると同時
に，こうした行事の企画を行う．運営委員は各団体の代表でなく，地区内外か
ら個人の希望者が応募する．現在，地区外から参加する運営委員がいるのは 12
協議会で，全運営委員のうち 1 割に当たる．市外や地区外に引っ越してからも
参加する人々など参加の事情はさまざまである．運営委員のリクルートは課題
とされており，2000 年中頃には住民総会は参加者が少ないという問題が指摘
されていた［武蔵野市 2006］．

　武蔵野のコミュニティ区域はそもそも緩やかに設定されていて，協議会に区
域外から参加することもある．そのために，協議会が地区境界ごとの計画策定
に関与することは想定されていない．武蔵野のコミュニティ協議会はけやきコ
ミュニティ協議会のように地区外の参加も可能なしくみで，特定地区の住民合
意を形成するという機能は制度として想定されているものではない［長野・杉

2018 年の活動を振り返って

4月21日（土）住民総会
　　 27日（金）新運営委員研修
5月20日（日）けやきまつり
　　　　　　（3大イベント）
　　 23日（水）第1回運営委員懇談会
6月18日（月）草むしり
7月25日（水）第1回窓口研修会

四中生徒会と一緒に落ち葉はきをしました

けやきまつり・5丁目町会のおだんご

　　　　　　 8月26日（日）けやき夏まつり
　　　　　　　　　　　　（3大イベント）
　　　　　 10月13日（土）まちづくりフェスタ
　　　　　 14, 15日（日, 月）川上村ライブツアー（文化企画）
　　　　　 20日（土）あったかまつり
　　　　　 28日（日）支え合いステーション訓練
　　　　　 31日（水）第2回運営委員懇談会
　　　　 11月21日（水）奥多摩バス研修
　　　　　 25日（日）落ち葉掃き
　　　　 12月19日（水）大掃除

けやき夏まつり・大野田の先生と一緒に焼きそば

1月12日（土）どんと焼きとむかしあそび
　　　　　　（3大イベント）
　　 30日（水）第2回窓口研修会
2月3日（日）ミニミニコンサート（文化企画）
　　 17日（日）コミセン対抗ピンポン大会
　　 20日（水）防災訓練
3月23日（土）候補者総会

どんと焼きとむかしあそび

図 5-3　けやきコミュニティ協議会の年間事業
出所）武蔵野市けやきコミュニティ協議会［2019：2］.

崎 2011：384］．なお，協議会によっては地域課題に応じて自主的に関係者の合意形成や意見調整の機能を果たしている例もある．

　この地区外居住者が参加できるしくみは，協議会の人材供給にとって有益である．協議会の中には，従来は運営委員の対象を地区内に限定していたが，担い手対策に地区外に広げたというケースもある．とはいえ，10年ほど前の事情を見ると，多くの協議会の課題として，住民総会出席者，また運営委員や協力員のリクルートに困っている協議会がとても多いようである．参加者の高齢化と固定化，そしてマンネリ化の課題が起きている．また，そもそも協議会が地域住民に認知されていない，意義が伝わっていないという協議会の正統性に関わる問題も幾つか指摘されていた［武蔵野市第三期コミュニティ評価委員会 2012］．

　こうした現状を踏まえつつ，コミュニティ協議会とテーマ別の諸活動とのネ

ットワーク構築や行政との協働によって課題解決を目指す「地域フォーラム」の開催を進めており，コミュニティ政策のあり方を刷新しようと試みている段階である．

お わ り に

　地域自治組織は，実はさまざまな課題を抱えつつ，しかし住民の地域活動または合意形成の拠点としての機能を発揮し続けてきた．こうした早くから取り組みを進めてきた自治体が参照例とされて，他の多くの自治体に波及して行った．最も大きな違いは，自治会町内会との関係である．宝塚と雲南は，自治会町内会を基盤としているが，宝塚では自治会町内会との「屋上屋」議論が起こり，雲南では高齢化による自治会弱体化に伴う地域自治組織への移行が見られた．それに対して武蔵野市の組織は自治会町内会を基盤としない．武蔵野の場合は宝塚のように公的な計画の単位として機能させるというより，緩やかなコミュニティづくりを基本としてきた．だから，地域外の市民も協議会に参加可能なのである．自治会町内会に頼れない分，ボランティアに依存するしくみだが，だんだんと高齢化とマンネリ化に見舞われている．

　この種の取り組みは，全国的にすでに流行の域を超え，今後の基礎自治体が有するべき標準装備と認識されつつあるかのような様相がある．しかし，その潜在的な力に期待もできれば，場合によっては限界も見え隠れする．第Ⅱ部はこの地域自治組織がどのように各地で展開され，定着を経ていったのか，その過程と成果をそれぞれの事例で詳細に見ていくことにする．

注
　1）本節は，2021年1月11日，元宝塚市まちづくり推進担当部長田中義岳氏から口頭及び文書で教示を得た内容を含んでいる．
　2）本節は，2020年11月26日雲南市地域振興課から文書・口頭で教示を得たことなどを踏まえている．
　3）本節は，2020年12月18日に武蔵野市市民活動推進課より文書で教示を得たことなどを踏まえている．

参考文献
雲南市［2013］『雲南市の小規模多機能自治「地域自主組織」』平成25年11月雲南ゼミ．

──── ［2016］「小規模多機能自治への挑戦」市町村アカデミー『アカデミア』118.

雲南市地域と行政の今後のあり方合同検討プロジェクトチーム ［2018］『地域と行政の今後のあり方報告書』.

十六総合研究所 ［2017］『暮らしを保つ地域運営──住民による地域運営組織の事例特集──』.

関谷龍子 ［2018］「雲南市の「地域自主組織」について」『仏教大学社会学部論集』67.

高田昭彦 ［2016］『政策としてのコミュニティ──武蔵野市にみる市民と行政のパートナーシップ──』風間書房.

田中義岳 ［2003］『市民自治のコミュニティをつくろう──宝塚市・市民の 10 年の取組みと未来──』ぎょうせい.

──── ［2011］「宝塚の自治的コミュニティの進展──地域民主性の醸成──」, 中川幾郎編『コミュニティ再生のための地域自治のしくみと実践』学芸出版社.

──── ［2019］『地域のガバナンスと自治──平等参加・伝統主義をめぐる宝塚市民活動の葛藤──』東信堂.

土屋正忠 ［1994］『コミュニティと行政のあり方（コミュニティ研究連絡会 15 周年特別講演会）』.

内閣府 ［2020］「小さな拠点情報サイト」(https://www.cao.go.jp/regional_management/case/pref/shimane/index.html, 2020 年 11 月 15 日閲覧).

長野基・杉崎和久 ［2011］「東京都区市自治体における住区協議会組織の制度設計と運用に関する比較研究」『日本建築学会計画系論文集』76(660).

速水雄一 ［2019］「30 の地域自主組織が小規模多機能自治の担い手として多彩な事業を展開」市町村アカデミー『アカデミア』130.

武蔵野市 ［2006］『第二期武蔵野市コミュニティ評価委員会報告書』.

武蔵野市けやきコミュニティ協議会 ［2019］『けやき 30th コミュニティニュース』132.

武蔵野市市民活動推進課 ［2013］『武蔵野市のコミュニティ施策』第 1 回武蔵野市これからの地域コミュニティ検討委員会資料.

武蔵野市第三期コミュニティ評価委員会 ［2012］『第三期武蔵野市コミュニティ評価委員会報告書』.

渡戸一郎 ［1998］「90 年代後期東京におけるコミュニティ施策の転換──「コミュニティ」と「市民活動」の交錯を超えて──」『都市問題』89(6).

第6章 │ 三重県名張市の地域自治システム

はじめに

　三重県名張市は，伊賀市，雲南市，朝来市などとともに小規模多機能自治推進ネットワーク会議の中心メンバーである．また，伊賀市とともに，地域自治組織条例を制定し，制度的に地域自治システムを構築した先駆的な地域としても知られ，そのシステムは，「伊賀・名張モデル」といわれることがある．とりわけ名張市の特徴として，① 伊賀市との合併協議がその形成の大きな契機であったこと，② 自治立法によってその根拠及び公共的性格を明確にしたこと（「自治基本条例」に大枠を定めた後，「地域づくり組織条例」で詳細に定義），③ 「ゆめづくり地域予算制度」という地域への包括交付金制度の先鞭を切っていること，④ 当初の地域自治システム形成から約5年を経て，大きな制度改革を行っていること［畠田・辻上 2011：93］が指摘されている．

　そこからさらに10年が経過した現在，名張市の地域自治システムはさらなる変化を遂げつつある．本章では，名張市の地域自治システムの経緯と現状を概観し，現時点での成果と課題を述べる．

1. │ 地域の概要

　三重県の北西端，大阪から近鉄で約1時間の距離に位置する名張市は，もともと農業と林業中心で人口は約3万人に過ぎなかった．しかし，1970年代後半から1980年代にかけて大規模な新興住宅地の開発が行われ，農山村とベッドタウンとしての性格を併せ持つようになった．1981年には人口増加率日本一を記録し，2000年のピーク時には人口が8万人を超え，新住民が旧住民の数を上回った（図6-1）．新住民世帯の多くの男性は会社一筋の生活を送ってきており，彼らが定年を迎える2000年代に入ってから，その一部が地域活動に積極的に参加している．

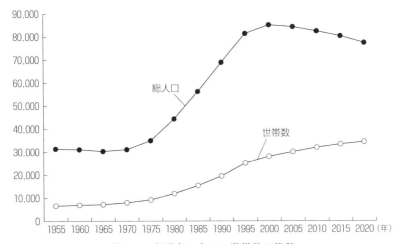

図 6-1　名張市の人口・世帯数の推移
出所）国勢調査，名張市「年次別人口統計票」を基に筆者作成.

　平成の合併に際しては，名張市は 2002 年に伊賀市との合併協議会に加わったが，現市長でもある亀井市長就任後の住民投票で合併反対が上回り，非合併の道を選んだ．名張市の財政は，借入金の問題などによってもともと厳しい状況であり，就任した現市長は，財政非常事態宣言（2002 年 9 月）を行い，一括交付金として「ゆめづくり地域交付金制度」を提案した．

　当交付金は，当初からの市長の施政方針の中で示されており，合併を選択しなかったことと直接の関係はない．住民自治に関しては，当初から積極的な姿勢の方向性を持っていたと言える．合併否決後，市は，財政面でのシミュレーションに関する住民説明会を何度も開き，財政の厳しさを示している．これは，「自分たちの地域のことはできるだけ自分たちで行う」必要があることを意味しており，地域一括交付金制度は，住民自治に加えて，地域に自由な予算を与える代わりにサービス提供を自分たちで行うことを要請しているとも解される．

2.　名張市の地域自治システム

(1) 名張市の地域づくり組織

　表6-1 は，名張市の地域づくり組織・都市内分権についての年表である.
　名張市は，「自治基本条例」を根拠に「地域づくり組織条例」を制定し，その

中で，地域づくり組織（第2条）および都市内分権（第1条）という用語を明示している．

　名張市には，従来から「区」や「自治会」と呼ばれる183の「基礎的コミュニティ」が存在する．2005年に制定された「自治基本条例」では，一定のまとまりのある単位として15地区を設定，その地区に「地域づくり組織」を作ることができると規定（第34条）し，2009年制定の「地域づくり組織条例」において，具体的な要件等を定めた．

　地域づくり組織の構成員は，居住者，その地域で事業を行う個人，法人，通勤者，通学者及びその地域で活動する各種団体などである（第6条）．また，地域づくり組織はまちづくり計画である「地域ビジョン」の策定に努め（第9条1

表6-1　名張市の都市内分権をめぐる動き

2002年4月	亀井利克市長（現市長）就任
2002年9月	財政非常事態宣言
2003年2月	住民投票で合併否決，単独市制を選択
2003年5月	名張市ゆめづくり地域交付金の交付に関する条例施行
2003年9月	全地区で地域づくり委員会結成
2005年6月	名張市自治基本条例制定
2005年10月	全14地区公民館の地域委託完了
2006年9月	地区公民館の管理委託を指定管理者制度に移行
2007年4月〜2008年3月	政策アドバイザー設置，都市内分権について調査報告
2008年4〜10月	市区長会，地域づくり組織代表者会議で地域組織の見直しを協議
2009年4月	地域づくり組織条例施行（区長設置規則の廃止）
2009年5月	地域担当職員制度実施（地域振興推進チーム制度の廃止） 1地区に管理職2名を配置，地域ビジョン策定支援にあたる
2010年5月	希央台地区で15番目の地域づくり組織設立
2011年3月	全15地区で「地域ビジョン」策定
2012年4月	地域担当職員を引き揚げ，「地域担当監」3名配置 ゆめづくり協働事業提案制度スタート
2015年12月	市民センター条例制定
2016年4月	地区公民館の市民センター化，地域づくり活動と生涯学習活動の融合
2019年4月	地域担当監から地域マネージャー3名によるチーム体制へ

出所）名張市資料を基に筆者作成．

項），法律上の責任の所在を明確にし，継続した活動の基盤を確立するため，法
人化するよう努める（第 10 条）ものとされる．地域づくり組織の拠点施設とし
て，2003 年度から 2005 年度にかけて，市が直営していた各地区の公民館（現
「市民センター」）の地域づくり組織への指定管理を完了している．

　事業内容は地区によって異なるが，高齢者への配食サービス，福祉バスの運
行（買い物等のお出かけ支援）等の生活支援，環境美化，防犯・防災活動，空き
屋・空き地の調査や管理，学校支援等を行っている．地区によっては，農産物
の製品化などのコミュニティビジネスを手がけているところもある²⁾．図 6-2 は，
訪問調査した協議会の 1 つの組織図であるが，部会を設けていること，理事会
に基礎的コミュニティの代表者（単位自治会長）が入っていること，市民センタ
ーに協議会の事務局員が常駐し，協議会が指定管理を行っていることは，各地
区とも共通である．

(2) 名張市の一括交付金「ゆめづくり地域予算制度」

　2003 年度の条例制定よりスタートした「ゆめづくり地域予算制度」は，既存
の縦割り補助金を一括交付金へ統廃合したものである．2009 年 3 月には，ゆめ
づくり地域予算制度の見直しを通じて区長制度を廃止し³⁾，各区長に配分してい
た予算を地域づくり組織へ交付するようになった．

　なお，2012 年度より，公民館（市民センター）に配置されている地域事務員
（地域づくり組織の職員）の人件費を地域交付金と指定管理料に振り分ける⁴⁾とともに，新たに「ゆめづくり協働事業交付金」制度を開始した．各地区の地域づく
り組織は，均等割額と人口割額，基礎的コミュニティ規模から算出される基本
額と，地域事務員への人件費を含む特別交付金，市民センター指定管理料から
なる一括交付金を財源に，自律的に運営していくことが求められるようになっ
た．

　そして，「ゆめづくり協働事業交付金」は，ゆめづくり地域予算に加え，各地
区の地域づくり組織がまちづくり事業案を提出し，一定額を支給される制度で
ある．金額は毎年変動し，地区によって均等割である年と異なる金額になる年
があるが，2018 年度以降は，15 地区に一律 100 万円ずつ交付されており，使
途は各地区の地域自治組織で決める．

一般社団法人青蓮寺・百合が丘地域づくり協議会組織図

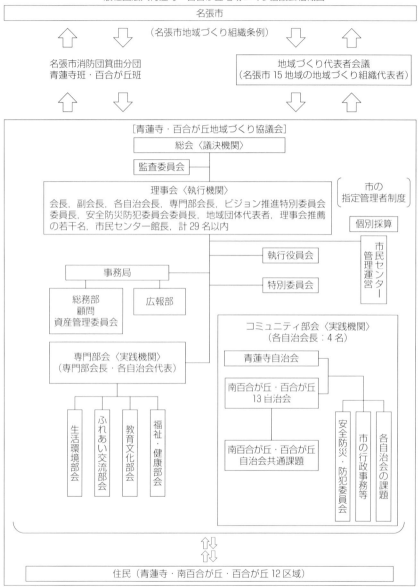

図 6-2　一般社団法人青蓮寺・百合が丘地域づくり協議会の組織図
出所）一般社団法人青蓮寺・百合が丘地域づくり協議会提供資料.

(3) 行政からの人的支援

名張市役所から地域づくり組織への支援は，組織結成初期には教育的支援を目的に職員を派遣する人的支援を中心に行われたが，地域づくり組織が市内全地区に設置され，組織体制が整備されていくにつれ，直接の人的支援を減らし，財政的支援へと重点が移動してきている（図6-3）.

地域づくり組織が制度化される前の1995年頃から，市内5地区において地域づくり組織を結成する任意の取り組みがなされ，2001年までに5つの「まちづくり計画」が市長に提出された．当時，名張市は「地域振興推進チーム」を組織し，これら5地区に職員を派遣してまちづくり計画策定の直接支援を行った．2003年に「ゆめづくり地域交付金条例」が制定され，その受け皿組織として2009年に「地域づくり組織条例」が制定されると，各地区において地域の現状と課題，これからの地域活動のあり方を整理するための「地域ビジョン」策定が必要となった．この「地域ビジョン」策定を直接支援するため，同年5月からは15地区に各2名の「地域担当職員」が兼務職員として派遣された.

2012年，全ての地区で「地域ビジョン」が策定されるとともに地域担当職員は廃止され，市は新たに「地域部」を設置し，5地区からなる「北部」「中部」「南部」をそれぞれ管轄する3名の「地域担当監」を任命した．地域担当監は，各地区における地域づくり活動・事業等の法律・制度面での相談，また，関係者を紹介しつなぐ役割を担った．2019年度から，地域担当監は「地域マネージャー」に変わり，地域環境部地域経営室所属のチーム体制になった．同じく3名がそれぞれ5つの地区を担当しながらも，管轄を超えて横断的に支援することが可能になっている.

名張市による人的支援が間接支援へと変化してきているという流れは，同市の地域づくり組織がそれぞれの地区に合ったまちづくり計画を策定し，それに基づいて地域活動を自律的に計画・遂行できる体制が整ってきた流れと連動している．そのため，現在の地域マネージャーは，地域づくり組織の運営のあり方に介入することはなく，その役割は縮小しているようにも見える．しかし，地域づくり組織同士の交流や情報交換が増えてきていることから，その中身を逐一把握し適切なサポートへつなぐこと，また，後述する地域づくり組織の法人化に関する支援は，依然として地域マネージャーの重要な役割となっている.

図6-3　名張市による地域づくり組織への人的支援の変遷

1. 1995～2001年
5つの地区で任意の取り組みが起きる
市役所から5名の地域振興推進チーム職
員を派遣（直接教育・支援）

2. 2009～2011年
15地区に2名ずつ地域担当職員を派遣
（直接教育・支援）

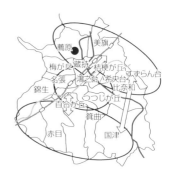

3. 2012～2018年
それぞれ5地区を担当する3名の地域担
当監を配置（間接支援）

4. 2019～現在
それぞれ5地区を担当する3名の地域マ
ネージャーを配置
管轄を超えた連携が可能に（間接支援）

出所）名張市提供資料を基に筆者作成.

おわりに

　名張市では，全国的に見ても進んだ地域づくり組織，一括交付金制度を作っ
ているが，そこには以下のような課題があると言える.

(1) 一括交付金の活用

　まず，地域づくり組織は条例によって地域を代表する組織として位置づけら

れており，民主的運営が確保できるしくみになっている．名張市においては，地域に自由度の高い一括交付金を交付するに当たり，組織及び交付金を条例化（1地区に1組織のみ認定）し，地域づくり組織の運営に基礎的コミュニティの代表者（単位自治会長）が理事などとして参画することや，地域ビジョンの策定を規定することにより，一定の正統性を担保しているといえよう．しかし，地域づくり組織は決定権を持つわけではなく，性格的には，市への諮問機関または地域内での事業実施機関としての役割を担っている．縦割りの個別補助金を包括し，地域組織の自由度を増すためのしくみとしての一括交付金制度は，地域住民が地域づくりに関わることに対するモチベーションを高めるには有効な手段の1つと考えられる．そして，それらの受け皿としてのある程度制度化された形の地域自治組織の意義は大きいと思われる．

　ただし，拠点施設の指定管理料を含む一括交付金によって各地域づくり組織が自主的な運営体制になった分，経営効率化や新たな活動の発案など，各組織の創意工夫もより強く求められている．この部分に関しては地区によって温度差があり，単発のイベント（祭りや運動会など）から地域の見守りや移動支援などの活動に予算をシフトしている事例も見られる一方，地域づくり組織は形式的な受け皿になっているのみで，実際の運営は従来の連合自治会からほぼ変わっていないという地区も見られる．

　この課題は，第2節で紹介した「ゆめづくり協働事業交付金」制度で顕著に現れる．一括交付金としてのゆめづくり地域予算は，その大部分が市民センターと地域づくり組織の維持運営に使われるが，協働事業交付金は，地域づくり組織及び傘下の単位自治会が新たな事業創造に特化して使える財源となっている．そのため，基本的に少なくとも3年以上の計画を基にした事業に充てることが前提となっている．しかし，現時点では，地区内の単位自治会に無条件に一律分配している地区も多く，その使途も，事業より手っ取り早くできる物品購入に偏る傾向が見られる[7]．

（2）法人化

　地域づくり組織の法人格に関しては，①NPO法人，②認可地縁団体，③一般社団法人の可能性があるが，①は地域外の人の加入を拒めないこと，②は財産要件が必要であり，地域に居住している人しか加入できず，代表者等の変更が頻繁に起きる組織の場合は毎回変更届が必要となること，③は複式簿記の知

識が必要であり，会長が短期で交代する場合，毎回数万円の変更登記代がかかるといった課題がある．現在，名張市で法人格を取得しているのは認可地縁団体が2組織，一般社団法人が1組織である．名張市も，地域づくり組織の法人化を促しており，実際に法人化を検討している組織も複数存在する．とりわけ，人口規模が相対的に小さな地区の場合，市長認可で，規約変更も市役所に届け出るのみの認可地縁団体が推奨されている．

　しかし，一方で，法人化には上述のようなジレンマが存在することも事実であり，現在は，全ての組織に一律に法人化を求めるのではなく，法人化を積極的に検討している組織を集中的に支援するという方針が検討されている．[8]

(3) 高齢化の進行と後任探し

　名張市に限らず，日本の地域組織は，高齢化，担い手不足などの課題を抱えており，リソース不足解消のため，事務局機能の強化が求められている．このような状況の中，市民センターに有給の地域事務員を配置できる体制は，事務局機能の継続性を担保する上で望ましいといえる．

　ただし，現状では，どの地区も役員の高齢化が進み，なり手不足が顕在化している．他地域を含む参与観察でも，活発に活動している多くの地域づくり組織において，創成期から代表者等の立場で組織体制を整備し，さまざまな活動を企画・実行してきた「キーパーソン」の存在が確認できる．2010年頃に地域づくり組織の支援に当たっていた名張市職員によると，10年が経過した現在も，多くの組織の代表者や主要役員を同じ人物が担い続けているということであり，[9]後任探しへの苦慮がうかがえる．制度化が精緻になされた地域でも，運用が不十分な組織も見られる．しかし，リーダーのパーソナリティ要因に焦点を当ててしまうことは，各地で行われている人材育成中心の施策に帰結してしまうことにもなりかねない．中小企業における事業承継の視点なども参照しながら，十分な時間をかけて後任の候補を探し，組織経営の視座から参画できる人材が育つ条件を整えることも必要であろう．

付記
　本章は，金川幸司［2020］「地域づくり組織の組織構造とその動態的分析――都市内分権機能に焦点を当てて――」（『経営情報イノベーション研究』9）の一部に加筆修正を加えたものである．

注

1）名張市の場合は，新興住宅街の人口が旧住民を上回るため，地域づくり組織の単位は，概ね小学校区を基本としている．また，旧来からの中心市街地，農村地帯は旧村のエリアがほぼそのまま，地域づくり組織の範囲となっている．

2）ここで言う「コミュニティビジネス」は，必ずしも高い収益性を持ち成長し続ける一般営利ビジネスを想定しているわけではなく，まちづくりに資する活動のうち一定の収入を見込めるものを事業化し，場合によっては有償ボランティアなど，住民たちの自発的参加をも含めて営まれる事業活動を指す．

3）区長とは各区（従来の基礎コミュニティ単位）の長で，農村部では「区長」，都市部では「自治会長」と呼ばれる．特に従来からの旧農村地域では区長の力が強く，制度廃止には抵抗が強かったといわれる（名張市役所での 2019 年 3 月 11 日のヒアリングによる）．

4）名張市の市民センターは，生涯学習と地域づくり両方の拠点施設として位置づけられており，地域事務員も両方の事務局機能を持っている．

5）中山間地域の国津地区における小学校の廃校が最初のきっかけとなっている．当時は，これらの任意に結成された組織は便宜上「まちづくり協議会」と称していた．

6）2016 年度からは，地区公民館の市民センター化に伴い，地域部と生活環境部を統合し「地域環境部」となった．

7）数少ない例として，つつじが丘・春日丘地区の場合，地区内の単位自治会を対象に 10 万円上限のゆめづくり協働事業の公募を行い，事業目的と実施体制等の審査を経て交付する体制を整えている．物品購入も，あくまで事業実施の中で必要となる備品に限定し，基本的には企画・実行のための人件費や会議費等に充てることが推奨されている．

8）2020 年 9 月 28 日の名張市役所におけるヒアリングによる．

9）注 8 と同じ．

参考文献

直田春夫・辻上浩司［2011］「伊賀市と名張市の地域自治システム」，中川幾郎編『コミュニティ再生のための地域自治のしくみと実践』学芸出版社．

名張市「平成 27 年国勢調査　名張市人口（確定値）について」(http://www.city.nabari.lg.jp/s008/110/000/040/201502053415.html, 2020 年 11 月 1 日閲覧).

───「年次別人口統計表」(http://www.city.nabari.lg.jp/s008/110/020/240/020/201502053387.html, 2020 年 11 月 1 日閲覧).

名張市地域環境部［2020］『名張市ゆめづくり地域予算制度　令和元年度版』．

第 7 章	静岡県の地域自治組織 ——掛川市の地区まちづくり協議会——

は じ め に[1)]

　静岡県は，東西に長く，地域的には浜松市を中心とする西部，静岡市を中心
とする中部，富士市・沼津市・伊豆半島を中心とする東部に区分できる．総人
口は 2015 年の国勢調査では，379 万 2377 人であり，東海道沿線部に人口が集
積している．一方，中山間部，伊豆半島などは過疎化が進行している．平成の
合併では，2003 年に 74 あった自治体が 2010 年には 35 にまで減少している．
県内自治体のうち，政令指定都市の静岡市，浜松市を除いて，東海道本線沿線
上を中心とする人口規模 10 万人前後の自治体に地域自治組織の設置が進んで
いる（図 7-1，西から，磐田市，袋井市，掛川市，菊川市，牧ノ原市，焼津市，富士市，三
島市，小山町，伊豆市）［牧田ほか 2016 も参照][2)]．設置年度も菊川市のように，合併後
すぐに設置したところもあるが，2014 年以降に設置が相次いでいる．本章では，

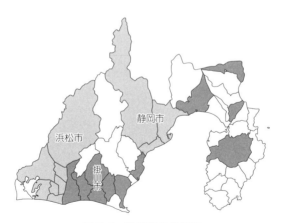

図 7-1　掛川市の位置図
注）黒の網掛け部分が地域自治組織を設置している自治体（薄い網掛
けは政令市の静岡市，浜松市）．
出所）筆者作成．

生涯学習のまちとして知られ，校区公民館制度をベースにしながら，協働によるまちづくり推進条例により小学校区単位に地域自治組織を設置している掛川市の事例を取り上げる．

1. 掛川市の概要

(1) 地域の概要

　総人口は，11 万 7726 人であり，高齢化率は 27％である（2020 年 2 月末現在）．江戸時代は，城下町，宿場町で栄えたが，農村復興運動や，幕府や藩の財政再建などの理論的支柱となった二宮尊徳が説いた経済学説で，全国に広まった報徳思想の中心地であり，その本部である（公益社団法人）大日本報徳社が所在している．

　また，旧掛川市で長年市長を務めた榛村氏が草稿し，1979 年に日本で初めて生涯学習都市宣言を行い，生涯学習をキーワードとしてさまざまな事業を有機的に結び付けたまちづくりを進めてきた．

　現掛川市形成の沿革としては，明治の合併時に周辺の数カ町村との合併により掛川町が誕生した．同時に，現在の掛川市の地区に当たるエリアに合併によりいくつかの村が誕生している．その後，大正，昭和の合併にかけて，周辺部の町村との合併が行われ，1954 年に周辺 2 村を併合して，市制を施行した．

　平成の合併により，2005 年に，旧掛川市，大東町，大須賀町が対等合併し，現在の新掛川市となった．茶業の産出は全国屈指であり，東名高速道路のインター，新幹線掛川駅の開業など交通インフラの整備によりヤマハ，スズキ等の主力工場が立地し，市の財政に貢献している．また，これらの事業所で働くブラジル人を中心とする在留外国人は，2020 年 3 月現在，4641 人であり，人口に占める割合は，約 4 ％となっている．

(2) 市の地域構造と地縁組織

　市内は，区域，地区，区に区分することができる．また，単位自治会（本章では「自治区」）の加入率の推移を見ると，平成の合併後の 92.5％（2005 年）から 83.9％（2019 年）にまで低下を続けている．

- 区（自治区）：205（その下に小区があるところもあり，その数は 81 である）．

- 地区：33（小学校区や概ね昭和の大合併前の旧村単位）
- 区域：3（平成の合併前の旧市町の範囲　掛川区域・大東区域・大須賀区域）

2. 自治基本条例に基づく協働によるまちづくり

(1) 制定経緯

　2013年施行の「自治基本条例」は，2009年に当選した現松井市長のマニフェストに基づく施策である．「協働のまちづくり条例」，「住民投票条例」を審議するため，議会において，2013年5月に協働のまちづくり推進特別委員会が立ち上がり，約1年間をかけて，掛川市「協働によるまちづくり推進条例」の検討を重ねた[3]．また，庁内委員会，市民委員会でも検討が進められた．

(2) 条例の内容

　2013年4月1日施行の自治基本条例の第5章に「協働によるまちづくり」をおき，自治区を「市内の一定の区域に住所を有する者の地縁に基づいて形成された団体で公共的活動を行うもの（第24条第1項）」，地区を「複数の自治区により組織される団体をいい，まちづくりに関する計画を策定し，その地区内における公共的な課題について調整を行い，解決を図る（第24条第2項）」と定義している．さらに，「市民活動」は，自治区，地区以外の営利を目的としない事業体と規定している．また，協働のまちづくりを推進するために，地域自治組織（自治区，区）と市民活動団体両方に対して，支援することを規定している（第26条1項）[4]．

　2015年4月に施行された「協働によるまちづくり推進条例」は，地区まちづくり協議会や市民活動団体が自らの意思と行動に基づき公共サービスを担うことのできるよう，地域主権の強化に努めるものとしている．

3. 地区まちづくり協議会

(1) 概 要

　市民主体による協働のまちづくりを進め，自治基本条例前文に謳われた市民等と市がともに支え合う「新しい公共社会」を創造するための地域のしくみとして協議会を位置付けた．成立要件は，地区及び地区の連合の範囲において，

地区を範囲として活動している地縁団体（自治区，区長会，地域生涯学習（地区）セ
ンター，地区社協等），市民活動団体を構成団体とするものである．さらに，まち
づくり協議会は地区まちづくり計画の策定義務があり，現在，全地区で協議会
が設置されている．

(2) ガバナンス構造

その運営が民主的に行われていること，すなわち，役員の選出や協議会の運
営，地区まちづくり計画の策定などが，総会などによって地域の総意に基づく
民主的な運営でなされている必要があることを「協働によるまちづくり推進条
例」で規定している．さらに，民主性と地域の総意に関しては，原理的には，
自治会に加入していない人にも開かれている．ただし，総会に関しては，総代
会制度，理事会を総会に読み替える方法も市では認めている．現実には，総代
会制度をとっているところ，理事会を総会に変えているところ，役員と運営委
員会メンバーに議決権を持たせている場合などさまざまである．協議会の会長
に関して，当初は，地区区長会長との兼務が望ましいというのが市の方針であ
ったが，現在は，業務負担の重さから，非兼務の協議会の方が多くなっている．
　協議会の構成団体に地域生涯学習（地区）センターが入っているため，実質
的には，地域生涯学習センターの単位にまちづくり協議会が作られたことにな
る．また，地域生涯学習センターが設置されていない場合は，公民館などを拠
点施設としている．また市は，『地区まちづくり協議会設立・運営手順書』［掛
川市 2019］を作成し，その中で，地区区長会，地域生涯学習センター，地区社
協の理解を得ることが必要としており，地縁組織の3者が核になることが想定
されている．また，役員の任期等に関しては，特に規定していないが，おおむ
ね2年となっている．
　また，平成の合併により合併した旧大須賀町，旧大東町では，小学校区学位
に地域生涯学習センターがなく，合併後，地区センターを設置した．このよう
な経緯から，各協議会では，ガバナンス形態に多少の違いが見られる．すべて
の地区でまちづくり協議会が設立され，交付金が協議会に集約されるようにな
った現在，次第に，協議会が直接事業を行う形態に切り替わっている．

(3) 地域生涯学習センター

掛川市は，戦後，小学校区単位に公民館が作られ，生涯学習だけではなく，

まちづくりの拠点として活動してきた．そして，「掛川市地域生涯学習センター条例」第2条では，地区の生涯学習及びコミュニティ活動の推進を図る施設と位置づけられ，2012年の条例改正により，教育委員会から市長部局に移管されている．現在では，おおむね地区単位に1カ所のセンターが存在する．また，旧大東町，旧大須賀町は，コミュニティ政策の違いにより，地域生涯学習センターが設置されておらず，合併後の2007年度より地区センターが7カ所設置された．「地区まちづくり協議会交付金交付要綱」では，地域生涯学習センター，地区センターは共にまちづくり協議会の拠点施設とされている．また，地域生涯学習センターは，事業実施組織ではあるが，地区まちづくり協議会に統合されたため，センターの管理責任者は協議会の会長となっている．

(4) 地区社協

市内の小学校区をベースに35設置されており，市の社会福祉協議会からの活動助成が1地区15万円まで行われている[6]．また，会費は，自治区加入世帯からの区費の中から月500円徴収している．地区社協は市社会福祉協議会からの独自の財源を有しており，協議会と協力し合いながらも，別組織として独自の活動をしているといえる．

4.　まちづくり協議会に対する計画上の位置づけとその支援

(1) 総合計画，地方創生戦略での位置づけ

総合計画では，「協働のまちづくり」を進めることとし，基本計画における協働の指標としては，「人と人が信頼し助け合っていると思う市民の割合」を挙げている［掛川市 2020a：37］．

地区まちづくり協議会の活性化としては，「多機能型地縁組織として様々なまちづくりが実施できるよう，地区まちづくり協議会が法人化されることを最終目標に掲げ，そのために必要な取組として，事務局組織の強化とコミュニティビジネスの実施を目指した有償ボランティア事業の実施等による自主自立化を推進する」としている．また，公共サービスの地域社会への転換をあげており，地区まちづくり協議会に事業組織としての役割を期待していることがわかる［掛川市 2020：125］．

2019年度に改訂された『第2期掛川市地域創生総合戦略』［掛川市 2020b］に

おいても，まちづくりの基本方針は総合計画同様，「自治基本条例」が示す「協働のまちづくり」としており，KPI として，地区固有の課題解決に向けた事業に取り組むまちづくり協議会の数を 2025 年度には 32 地区とすることがあげられている．

(2) 交付金

まちづくり協議会に対する交付金は，「協働によるまちづくり推進条例」第 10 条で規定しており，それを受けた条例施行規則及び「地区まちづくり協議会交付金交付要綱」により交付されている[7]．「掛川市地区まちづくり協議会交付金交付要綱」では，その内容を以下のように規定している．

① 地区まちづくり計画に位置づけた事業実施の経費に対する交付金 (10/10)
② 拠点施設の整備・維持としての地区全体の環境整備に関する交付金（上限，年 100 万円）
③ 事務局運営費（報償額の上限，年 108 万円）

①に関しては，計画に盛り込んだ事業に対して交付するしくみとしており，協議会によって異なる．

掛川市の交付金は，2018 年度では，各協議会 200 万円から 500 万円程度となっており，各まちづくりの計画をもとに事業費を査定している．市では，地区の人口等に合わせた配分など，さらに，一括交付金の色彩を強くするための検討をすすめている．

(3) 地区に対するその他の行政支援

地域支援職員に関しては，中学校区単位での部長級職員の配置と協働推進課の職員 6 人が各地区を担当する体制であったが，2019 年度より，部長級職員の配置は廃止している．これは，地区協議会の活動が軌道に乗り，実務的支援で円滑な運営が可能と判断したことによる変更である．

さらに，全市レベルに地区まちづくり協議会連合会を設置し，市直営の協働まちづくりセンターがその事務局を務めている．連合会の役割は，協議会における全市的取り組み，成功事例の発表，研修の実施などである．また，市は毎年度末に，協働によるまちづくりの事例発表会を行って，市民への PR や協議

会の学習の場としている.

5. 南郷地区の事例⁸⁾

(1) 地区の概況

　南郷地区は，北は JR 東海道本線に隣接し，中央に東名高速道路掛川インターチェンジが立地する．2019 年 4 月末の人口は，6537 人，世帯数は，2815 戸である．地域は，9 つの自治区から成り立っている．地区の住宅のうち，6 割が集合住宅であり，市内でも高齢化率は低い（18%）（市全体は，25%）．また，自治区の加入率は 8 割台である．地区内では，工場に勤務する一定数の外国人が居住している．本地区は，小学校が廃校になったため，現在では，小学校に併設したセンターではない．

　また，当該地域は地盤が軟弱であり，地震が起きたときの被害が大きいと予測される．このため，地域の最大の課題である防災に力を入れている．女性の自主防災会があり（各自治区から 2，3 人で合計 32 人），当該センターは女性専用の広域避難所になっている［南郷地区まちづくり協議会 2015］．

(2) 協議会のガバナンス

　2020 年度からのセンターの役割（それまでは，建物の維持管理＋生涯学習機能が中心）の変化により，現在は，協議会の部会の 1 つにセンター部会があるという位置づけとなっている（図 7-2）．

　役員は，会長，副会長，部会長，事務局長，会計長で，計 16 人である．うち，部会長は各区長が，副会長は各種団体の代表がなっており，任期は 2 年である．さらに，役員会は，運営委員会委員を選任する．運営委員会は，事業計画の策定や予算編成を担当し，年 4 回程度開催されている．

　協議会のメンバーは，「地区内の全住民，地区内で地域振興活動を展開する団体及び事業所で運営委員会の承認を得たもの（規約第 4 条 2 項）」としている．協議会の最高意思決定機関は総会であるが，議決権は役員と運営委員に限定し，会員による総代会制度はとっていない．また，地区社協はまちづくり協議会の部会の中に包含されているわけではない．

　したがって，区長会，まちづくり協議会，地区社協が並立する形になっているが，部会長を区長が担当しており，区長は必ず役員になるため，ガバナンス

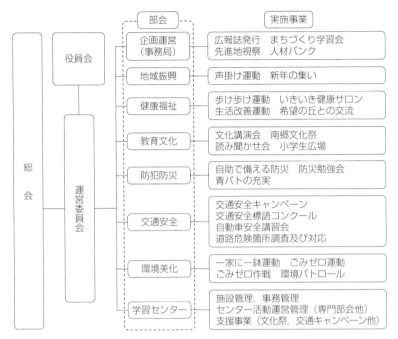

図 7-2　南郷地区まちづくり協議会組織図
出所）南郷地区協議会提供資料.

写真 7-1　南郷地域生涯学習センター
出所）筆者撮影.

構造上は，区長の占める比重が高いといえる．

(3) 財　務

　本地区の 2018 年度の決算を見ると，合計 1047 万円であり，収入の内訳は，下記のとおりである．

> ① 市の交付金：事業費 308 万円，事務局費 108 万円，地域環境整備事業 100 万円：合計＝516 万円
> ② 地区からの助成金：区長会から事業費分 140 万円，部会に対して，8 部会×3 万円＝24 万円：合計＝164 万円
> ③ 財産区：170 万円
> ④ 雑収入：82 万円
> ⑤ センター編入金：36 万円
> ⑥ 繰越金：81 万円

　本地区の特徴としては，財産区からの収入があること，区長会から協議会に助成を行っていることがあげられる．市としては，これらは，各地区の自主性に任している．

6.　掛川市の事例からの考察

　掛川市のまちづくり協議会は，区長会を核としつつ，商業関係団体，防災，消防，福祉などの各種の団体の参加を可能とした．このことによって，従来は，協働のまちづくりの主体が区長会だけであったものを，より一層範囲を広げたものということができる．さらに，地区計画の策定，交付金の交付などを通じて，地区区長会，地域生涯学習センター，地区福祉協議会などの活動をまちづくり協議会に集約する方向性を目指した．市としては，従来からの住民活動をさらに活発にしていきたいという狙いがあった．また，自治区加入率は低下の一途をたどっており，新たな制度が求められていたともいえる．

　制度導入に当たっては，島根県雲南市，静岡県牧之原市のほか愛知県豊田市の事例も参考にしている．また，小規模多機能自治推進ネットワーク会議加盟団体のその他の事例も参照されている．しかし，市が実施しているアンケート調査では，まちづくり協議会の課題として，毎年，「役員のなり手不足」があが

っており，新たな担い手を確保することが必要といえる．さらに，地域生涯学習センターが地区まちづくり協議会の下部組織となったことにより，センターのウェイトが地域づくり活動にシフトし，掛川市が長年培ってきた教育委員会が主管する「生涯学習」の役割が低下するといった懸念も指摘されている．さらに，将来的には，人口減少が進み，小学校の統廃合が進むと，現在9つある中学校区では広すぎて徒歩での活動ができなくなることが課題と考えられている．また，地区の中には，センター長が女性で，活動の楽しさを前面に出して運営し，従来の既存組織の集まりだけではなく，個人が自発的に関わる事例も出てきている．役員のなり手不足は全国的な課題である．制度を作っても既存の団体を集めただけでは，高齢化等に伴う自治区の加入率の落ち込みに対して，活性化を図るのは難しいのではないかと思われる．地区の役員でない人がボランティア的に関われる状況を作り出すことが必要であろう．

おわりに

　掛川市は，生涯学習をキーワードとして，小学校区レベルに生涯学習センターを設置し，センターがまちづくりの拠点としての役割を果たしてきた．まちづくり協議会は，従来の区長会，生涯学習センター，地区社協と連携し，NPO法人なども参加が可能なようにし，交付金の交付などにより，まちづくりの担い手としての組織の強化を狙ったものである．さらに，協働がキーワードになっており，従来から区長会を中心に行ってきた予算策定への住民参加に関しても，まちづくり協議会が参加し，参加層に厚みを持たせようとしている．長年の生涯学習活動により，まちづくり活動が盛んな地域であり，静岡県内の自治体でも政策参照の対象にされる地域自治組織の1つのモデルを作っている自治体といえる．

注
　1）本章は，2020年3月11日，9月4日の掛川市生涯学習協働推進課協働推進室，市連合協議会会長，南郷地区まちづくり協議会，桜木地区まちづくり協議会へのヒアリング，それらの団体からの提供資料に基づく．
　2）浜松市は，2017年に「地区コミュニティ協議会認定要綱」を策定しているが，現在1か所しか認定されておらず，今後の予定も確認できなかったため，便宜的にここでは省

いている.

3）議会での検討結果については，2014年3月7日，第1回定例会で報告された.

4）掛川市の用語は，自治区＝自治会等の地縁組織，地区＝小学校区レベルの複数の自治区によって作られる組織，地域自治組織＝自治区＋地区としており，地区名が組織名となっていることが特徴的である.

5）当初は，区長会，地区社協とも協議会に包含されるような形になることに関して，反発があったという.

6）掛川市地区福祉協議会活動助成金交付要綱（http://www.kakegawa-syakyo.or.jp/wp/wp-content/uploads/2014/02/97e0510b6a4b494b202737619f6efcc0.pdf, 2021年4月15日閲覧）.

7）2018年度から，地域生涯学習（地区）センター補助金，希望のまちづくり交付金，地域協働環境整備交付金が一本化され，各協議会に分配されるようになった（2018〜2020年度）.

8）2020年3月11日のインタビューによる.

参考文献

掛川市［2020a］『第二次掛川市総合計画改定版』.

─────［2020b］『第2期掛川市地域創生総合戦略』.

─────［2019］『掛川市地区まちづくり協議会設立・運営手順書』.

掛川市南郷地区まちづくり協議会［2015］『南郷地区まちづくり計画』.

牧田博之・原口佐知子・上山肇［2016］「静岡県における協働のあり方に関する研究──静岡県35市町を事例として──」『地域イノベーション』9.

第 **8** 章	兵庫県伊丹市の地域自治組織 ——地域福祉活動との連携——

は じ め に [1]

　本章では，兵庫県伊丹市（図8-1）の地域自治組織を取り上げる．大都市近郊の都市として，平成の合併が行われたわけではなく，現況では，深刻な人口減少に見舞われているわけではない．しかし，マンションなどの集合住宅の増加や地域・社会構造の変化によって自治会の加入率が低下，活動の担い手不足に直面している点では他の地域と同様の課題を持つ．

　地域自治組織にとって社会福祉，特に小地域福祉活動の担い手である地区社会福祉協議会（以下，地区社協）との関係は1つの課題である．伊丹市は，小学校区（図8-2）レベルに地区社協が設置され，狭い意味での福祉の枠にとどまら

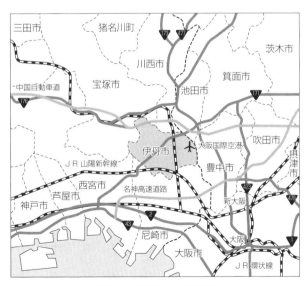

図 8-1　伊丹市の位置図
出所）伊丹市提供資料.

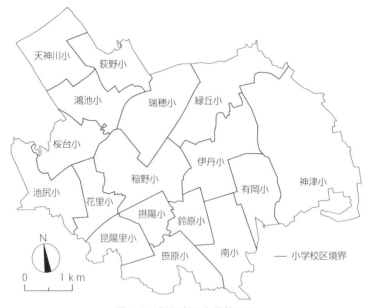

図 8-2　伊丹市の小学校区図
出所）伊丹市［2016］『伊丹市公共施設再配置基本計画』.

　ず，防犯なども含めた広義の地域福祉活動をしてきた．近年は，条例を制定して，小学校区レベルに地域自治組織を設置した．地域の日常生活にとって最も大きな比重を占めるのは近隣の見守り活動や環境管理などの広義の福祉活動である．特に，近年は，2015 年の介護保険制度の改正により，日常生活支援総合事業が導入され，制度福祉の側から近隣地域への生活支援に焦点が当たってきている．本章では，このような背景のもとに，地区社協の発展形としての地域自治組織をとらえることとしたい．

1.　伊丹市の概要

　伊丹市は，兵庫県と大阪府の府県境に位置し，江戸時代より，酒造業で発展してきた．1920 年には，阪急電鉄伊丹線が開通し，その沿線開発が行われ，中心市街地は阪急伊丹駅を中心に形成されている．また，現在の JR 福知山線は，1891 年に開通しており，近年の大増発により，公共交通の拠点機能は JR 伊丹

駅に移っている．鉄道網の発展により，大阪，神戸への交通の利便性が高く，バス路線の充実と相まって，高度経済成長期にかけて人口が増加，現在の人口は，19万8518人（2020年1月1日推計人口）であり，近年においても微増傾向が続いている．また，高齢化率は，24.1％（2015年国勢調査）である．伊丹市は，酒造業，先端産業等の立地による工業都市としての側面，大都市郊外の住宅地としての側面を持った都市である．また，町家や蔵などの古い町並みが残っており，2006年には，都市景観条例が施行されるなど，歴史文化都市としての側面も持っている．市域の東部には，大阪国際空港があり，1960年代半ばから，騒音公害が激しくなったため，訴訟にも発展したが，国際空港機能が関西国際空港に移転し，現在では，空港を市の重要な資源とするように政策の転換がはかられている．また，子育て支援をはじめとして，福祉活動が従来から活発で，福祉公社を拠点としてさまざまな在宅サービスが提供されるようになり，伊丹市の高齢者福祉サービスは，質・量共に全国で注目を浴びることになった［井上 2005：48］．

2. コミュニティの概況

1889年の町村制施行で，伊丹町が発足，1940年には，稲野村との合併により，市制を施行，1955年には，宝塚市の一部である旧長尾村の一部（荻野・荒牧・鴻池・大野新田）を編入し，現在に至っている．単位自治会町内会（本章は自治会）は，2020年現在で，全体で200，小学校区には単位自治会の集まりである自治会連合会ブロックが，市全体に市自治会連合会が存在する．

小学校は，現在17あり，1952年に設立された市社会福祉協議会は，1979年に地区社協を結成し，その後10年余の歳月をかけて全17小学校区に設置した［井上 2005：47-48］．地区社協は，特に1995年の阪神・淡路大震災を機に，部会を設けて福祉活動のみならず，防犯・防災活動なども行い，自治会活動とも連携しながら，活動を行ってきた．このため，まちづくり協議会，コミュニティ推進協議会などの名称をとっていた地区もある．

しかし，近年，自治会の加入率が急激に低下しており，中には解散する自治会も発生している．また，自治会そのものが結成されていないところもあり，全世帯に占める自治会加入世帯の割合は，2011年度には，70.1％であったが2019年度には，59.9％にまで落ち込んでいる．わずか10年で10％減少してお

表 8-1　自治会加入率の推移

年度	2011	2012	2013	2014	2015	2016	2017	2018	2019
自治会区域内（%）	83.1	80.8	79.3	78.2	76.2	72.4	70.6	69.4	68.1
市全域（空白地域含む）（%）	70.1	69.0	68.4	66.9	66.6	64.5	62.9	61.4	59.9

出所）伊丹市［2017］『第二次伊丹市地域福祉計画』及び伊丹市提供資料.

り，近い将来 5 割を割り込むことも予想される（表 8-1）．

3. ┃ 地域自治組織設置への動きと制度の背景

(1) 背　景

　制度設置の主要因は，上述のような，近年の自治会の急速な組織率の低下であり，この状況に対して，自治体として何らかの手を打つ必要性があった．また，校区にある地区社協には，自治会長等が部会長や委員を務める分野別の部会を設けて各種活動を行っており，抜本的な改革によって，自治会の負担を軽減することが大きな目的であった．

　現市長の藤原保幸氏が就任した 2005 年以降に初めて策定された 2011 年度の総合計画において，地域コミュニティの基盤強化として，小学校区を単位とする地域組織を形成し，それに対する条例を制定することが示されている［伊丹市 2011］.

　このため，2003 年に施行されていた市の自治基本条例に当たる「まちづくり基本条例」を改正し，第 10 条に加え第 10 条の 2 として，地域自治組織の条項を追加し，その根拠とした．さらに，組織に関する必要事項を規定する条例を定めることを示し（第 10 条の 2 第 5 項），2018 年に「地域自治組織の設立等に関する条例」が制定された．

(2) モデル事業の実施

　伊丹市では，本格的な地域自治組織の設置に先立って，2015 年度に 2 つの小学校区でモデル事業を実施した．当時全国的に動き出していた小規模多機能自治推進ネットワーク会議加盟団体などの先進地域の動きを参考にしたという．また，校区の選定にあたっては，申し出があったもののうち，伊丹小学校区は規模が大きく商店街，住宅地を含んでいること，笹原小学校区は，規模が大き

く住宅地であることから，比較的困難なところを選定し，その後の全地域展開に参考になるところで実施した．また，これらは，地方創生事業における地方創生先行型交付金の対象となっている[2]．

4.　地域自治組織の設置

(1) 設置とその内容

　地域自治組織の内容は以下のとおりである．すなわち，① 小学校区単位に組織することを原則とすること，② 地区の住民全員が構成員に含まれていること，③ 活動に対する住民の参画が確保されていること，④ 民主性と透明性を確保し，情報発信，個人情報の保護が図られていること，⑤ 10年間の将来ビジョンとそれに対する取り組みを示した地域ビジョンを策定すること，⑥ ビジョンの推進のために地域総括交付金を交付することを可能としたこと，などである．また，設立には市の認定を受けることが必要であり，現在，17小学校区のうち13校区が認定を受けている．また，ビジョンの策定が以下に述べる総括交付金交付の条件であり，2020年度で，10校区がビジョンを策定している．市としては，住民との合意形成がとれたところから地域自治組織の設置を進めていくこととしている．

(2) 組織のガバナンス構造

　条例上は，全住民を構成員とすること，運営に必要な役員，総会，部会を設けることが規定されている．役員としては，代表者，会計監査（条例第2条第1項7号），部会の長を置くこと（条例施行規則第3条）となっている．また，部会として総務，福祉，環境，防犯防災の4つを必置とした（規則第4条）．

　地域自治組織の意思決定は総会であるが，評議会を総会の構成メンバーとする方法が通常取られており，評議会のメンバーは，地区を代表する各種団体から選出されている[3]．条例では，住民の意思決定への具体的な参画の手法については述べられておらず，上位規定である，「まちづくり基本条例」第10条の2第4項で「構成員の参画を保障するとともに，民主的で透明性のある運営を行うものとする」とし，「地域自治組織の設立等に関する条例」第2条第1項3号で，「構成員が，地域自治組織が実施する活動に参画できる仕組み及び構成員の意見を広く聴取する仕組みを有していること」としている．しかし，具体

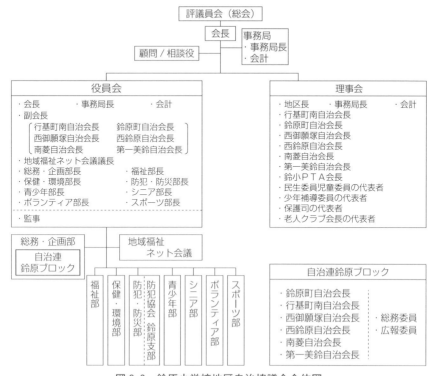

図 8-3　鈴原小学校地区自治協議会全体図
出所）鈴原小学校地区自治協議会ウェブページ（http://bcaweb.bai.ne.jp/suzuhara/information.html, 2020 年 11 月 25 日閲覧）.

的な組織構造は，地区に任されており，市が作っているモデル規約や具体的な自治組織から見ると，組織の内部構造は，最高決定機関としての総会（評議員がその構成員）→ 理事会（各種組織の代表で重要決定事項を審議する場）→ 役員会（会長，副会長，部会長からなる実働組織で日常的な意思決定の場）→ 部会といった構造が基本となっている（図 8-3 参照）．理事会の構成員は，小学校区の人口規模によって，50 名～10 名程度となっている[4]．また，地域自治組織と範囲の重なる自治会連合会のブロック長と地域自治組織の代表者は兼務が半数以上であるのが実状である．

　また，通勤者，通学者，事業所（NPO 法人や事業所）は条例上，地域自治組織のメンバーとはしておらず，連携機関としている（条例第 5 条第 2 項）[5]．しかし，

全住民の活動への参加が保障されており，地区によっては，ボランティアとして参加した人が地域ビジョン策定の委員となっている例も見られる．

(3) 事務局機能

事務局の設置は，条例や規則では定められていない．ただし，事務局長を置くことが通常であり，総括交付金においても事務局経費は計上されている[6]．また，従来の地区社協中心の時代には，代表者が地区長と呼称されており，市全体で，地区長会が存在，その福祉部門の事務局は，市の社会福祉協議会が，環境や防災に関しての全市レベルの会議は，市の関連部局が事務局を担っていた．

(4) 拠点施設

地域自治組織のための拠点施設は特に設けられていない．しかし，伊丹市においては，大阪国際空港の騒音対策として，「公共用飛行場周辺における航空機騒音による障害の防止等に関する法律」に基づいて建設された共同利用施設等の地域利用型コミュニティ施設が市内に合計73カ所設置されている（伊丹市 [2016：39]，および伊丹市提供資料）．これに関しては，その多くが，複数の単位自治会等で構成された管理運営委員会を設置し，そこに指定管理（委託料，年間，約10万円）を行っている．この施設は，住民一般が利用できる施設であるが，新たに作られた地域自治組織もこれらのコミュニティ施設を拠点施設として使用している[7]．また，兵庫県は県民交流広場事業を2005年度から2012年度まで実施し，コミュニティ施設の新築，改築などのハード事業を，県内の小学校区で行った[8]．

(5) コミュニティ推進員制度

市のまちづくり推進課の中に8名のコミュニティ推進担当職員がおり，1人おおよそ2校区を担当している．行政情報の伝達，地域自治組織の会議への参加，行事への参加，地域ビジョン策定のサポート，地域からの相談への対応など，地域との連携強化が主たる業務となっている．また，社会福祉協議会のコミュニティワーカーとの連携も行われている．

5. 総括交付金制度

　市では，2013年度からまちづくりの事業に対する予算提案制度（地域提案制度）を導入していた［伊丹市 2016：19］．2016年度からは，地域ビジョンを策定した地域自治組織に対して，従来の個別補助金を包括したものと新たに交付金化したもの，既存事業を廃止したもの等を合わせて試行的に交付，2019年度から条例に基づき地域総括交付金として交付している（条例第7条）．また，ふるさと納税制度により，その使い道として各地域自治組織の活動支援をあげており[9)]，1組織30万円を限度として総括交付金の中に組み入れている．2020年度における総額は，1組織あたり，180万円＋ふるさと寄付額となっており，具体的には，以下の費目が算定基準となっている（地域総括交付金の交付に関する要綱）．市社会福祉協議会からの地区社協への助成金の⑥〜⑧（合計48万円）が地域自治組織への総括交付金に組み込まれており，従来の地区社協への資金の流れが地域自治組織に変更されている．

　　①コミュニティ活動補助金1号（生活安全活動）
　　②コミュニティ活動補助金3号（文化・レクリエーション活動）
　　③コミュニティ活動補助金5号（子どもの企画する事業費）
　　④コミュニティ活動補助金6号（家庭・地域の教育力向上等）
　　⑤防災グッズ補助金
　　⑥地域ふれあい交流バスツアー助成金
　　⑦地区社協等運営・事業助成金（基礎額）
　　⑧福祉ネット会議補助
　　⑨事務局強化（担い手の確保）
　　⑩広報業務・基盤強化・消耗品

　交付金化は，縦割りの弊害をなくすことが目的の1つであるが，従来と比べて1小学校区当たり総額で70万円程度の自由に使用できる予算が増えている．市としては地域自治組織の広報活動に力を入れてほしいと考えている．総括交付金の導入による効果として，地域が資金の使い方を考えるようになったこと，それに伴い，部会での議論が活発になったことがあげられている．総括交付金は，今後も見直しがなされていくものと思われるが，人口減少等による地域の

社会的な構造が変化していった場合，他地域で行われているような，人口，面積割を加味していくような方向性がとられる可能性がある．

6. 　地区社協との関係

　2000 年に，いわゆる「社会福祉基礎構造改革」が行われ，地域福祉の重要性が指摘された．さらに，2008 年の厚労省社会・援護局「これからの地域福祉のあり方に関する研究会」の報告では，「地域における『新たな支えあい』（共助）」が指摘された．また，社会福祉協議会が，ふれあいサロンや見守り，ネットワーク活動，地区社協の組織づくりなどの住民による地域福祉活動を支援していることに対し，「地域福祉を進めるうえで重要な役割を担っている」と評価した．この間，全国社会福祉協議会でもさまざまな検討が行われたが，その中で，地区社協等は小地域福祉活動の必要条件であり，地区社協等の活性化そのものが小地域福祉活動の活性化につながるものと評価された．さらに，行政が直接コミュニティ協議会（地域自治組織：筆者）等の組織化を進めるなかで，2012 年の「社協・生活支援活動強化指針（2012 年）」では，地区社協等との調整が必要になっている社協があることを課題として認識したうえで，地区社協の支援，設置促進，小地域福祉活動計画策定などをアクションプランとして提示した［佐藤 2020：29］.

　地区社協は，全国的に見てさまざまな形態があるが［全国社会福祉協議会 2008：4］，伊丹市の場合，地区社協は以前から，まちづくり協議会の福祉部型の色彩を持っていた．上述した総括交付金には，市の社会福祉協議会から地区社協への補助金が振り替えられており，条例で規定した地域自治組織への一元化が進んでいる.[10]

　さらに，ほぼすべての小学校区で他組織と連携した地域福祉ネット会議（福祉課題について話し合う場）を持っており，多くの地区でボランティアセンターが存在する（表 8-2）．これらについての運営費も地区社協から地域自治組織に変更された．また，コミュニティワーカーが日常生活圏である小学校区1，2校区（地域包括支援センター圏域）に1名に配置され，高齢者だけではなく，子どもや障がい者も含めた人々を対象に地域づくりを担当してきた．また，これらの人材は，市の地区担当のコミュニティ推進員との間で互いに連携をとって活動しており，地域福祉計画でも，地区社協は地域自治組織と連動して活動するこ

表 8-2　小学校区ごとの地域福祉活動等の状況

番号	地域自治組織名	自治協改組年度	地域ビジョン	自治会数	民生委員児童委員数	地域福祉ネット会議	地区ボランティアセンター	地区ふれ愛福祉サロン数	地域交流カフェ数	いきいき百歳体操数	子どもの居場所数	おもちゃライブラリー数
1	伊丹小学校地区自治協議会	2015(平成27)	策定済	25	27	○	○	9	2	12	2	
2	稲野小学校地区自治協議会	2018(平成30)	策定済	15	14	○	○	7	3	5	1	
3	南小学校まちづくり協議会			12	20	○		9	2	6		1
4	神津小学校地区自治協議会	2019(平成31)	策定済	10	14	○	○	5		4		
5	緑丘小学校地区自治協議会	2018(平成30)	策定済	6	16	○		6	1	3		
6	桜台地区コミュニティ協議会			10	13	準備		5		3	1	
7	天神川小学校地区自治協議会	2019(平成31)	策定中	8	16	○	○	10		5		1
8	コミュニティ笹原協議会	2015(平成27)	策定済	18	22	○		15	1	10		
9	瑞穂小学校地区社会福祉協議会			6	11	○		5		4	1	
10	有岡小学校まちづくり協議会	2019(平成31)	策定済	13	18	○	○	8	2	6		
11	花里小学校地区自治協議会	2019(平成31)	策定済	11	10	○	○	4	2	4		1
12	昆陽里小学校地区自治協議会	2019(平成31)	策定済	12	12	○		5		4		
13	摂陽小学校地区自治協議会	2019(平成31)	策定済	10	12	○		10	1	7		
14	鈴原小学校地区自治協議会	2020(令和2年)	策定中	6	14	○	○	9	1	6		
15	荻野小学校地区社会福祉協議会	2020(令和2年)	策定中	3	9	○		4		4		
16	池尻小学校まちづくり協議会	2018(平成30)	策定済	29	13	○		7		4		
17	鴻池小学校地区社会福祉協議会			9	11	○	○	6	1	6		
合計		13(改組済)	10(策定済)3(策定中)	203	251	16	11	124	18	98	5	3

出所）社会福祉法人伊丹市社会福祉協議会『第7次地域福祉推進計画（発展計画）』[2020] を基に筆者作成（自治会数より左は，2020年12月現在）.

とが各所で謳われている．また，地域自治組織の地域ビジョン策定過程においても，コミュニティワーカーが参加している．伊丹市社会福祉協議会［2020：33-34］によると，今後は，①コミュニティワーカーによる地域自治組織の「地域ビジョン」策定への支援，②地域福祉ネット会議の推進，③「地区ボランティアセンター」の在り方の検討の必要性をあげている．

お わ り に

伊丹市の地域自治組織の特徴は，小学校区レベルの地区社協が発展的に解消し，条例上の地域自治組織と一体化が進んだことであろう．全国的に見て，校区レベルに地域自治組織を作る場合，活動レベルが重複する地区社協との関係は課題の1つであり，その連携が求められる［藤井 2019：161］．また，地区によって歴史的な沿革もあり，画一的な扱いができない場合が多い[11]．

ただし，市の社会福祉協議会の将来ビジョンでは，校区レベルのボランティアセンターや地域福祉ネット会議の在り方を再構築していくことを示している．一般的に，この点は，自治体の福祉部門の地域福祉に対する考え方，そして，まちづくり関係部門の福祉部局や福祉団体の専門性に対する尊重といった点に左右される問題である．

地域自治組織に関しては，全国各地の事例からは，事務局機能の充実，拠点施設の確保が重要な要素となっている．この点，事務局が常駐する拠点施設がないこと，事務局員が無報酬で活動しているのが現状である．総括交付金の運用をはじめとする多くの事務の集中が予想され，将来的には小学校区に拠点施設を持ち，常駐の事務局員を配置することが課題となってくると思われる．制度発足から間がないものの，伊丹市のケースは，地区社協が発展的に解消し，フォーマライズされた地域自治組織を形成したモデルの1つととらえることができるのではないだろうか．

注
1）本章は，2020年8月25日の伊丹市役所まちづくり推進課でのヒアリング等に基づく．
2）「伊丹創生総合戦略」（2015年）上も全市での設置がKPIとして位置づけられている．
3）市のモデル規約では，別表で掲げる団体の代表者とし，自治会，PTA，民生委員，企業，NPOなども入っており，この点は，地区に任されている．しかし，現状では，ほぼ

すべてが旧来からの地区組織となっている．

4 ）ただ，役員会を置かず，理事会を部会の代表者で構成する場合もある．緑丘小学校地区自治協議会の例参照（『2020 年度～2029 年度緑丘小学校地区自治協議会地域ビジョン』参照（http://www.city.itami.lg.jp/ikkrwebBrowse/material/files/group/17/bijyon.pdf, 2021 年 4 月 15 日閲覧）.

5 ）これについては，現状，事業所の代表者を理事会メンバーとしている地域もあり，条例制定の審議の過程で議論になった経緯がある．

6 ）ただし，現状では，事務局員への手当を出しているケースはないとのことである．

7 ）一部の直営施設を除いて，事務局員が常駐しているわけではない．

8 ）整備費 1000 万円，活動費 300 万円の合計 1300 万円を限度として交付するもので，伊丹市内では 16 地域が対象となっている．この制度は，多くは既存の共同利用施設の改修に使われたが，新築したり，民家を使って改修したコミュニティ施設もある．

9 ）「伊丹市ふるさとチョイス」ウェブページ（https://www.furusato-tax.jp/city/product/28207, 2021 年 4 月 15 日閲覧）.

10) 佐藤は，地区社協がまちづくり協議会と一体化して成功している事例として，三重県伊賀市，兵庫県宝塚市を挙げている［佐藤 2014：58］.

11) 長野市の例として佐藤［2013］，名張市の例として佐藤［2014］参照.

参考文献
伊丹市［2011］『伊丹市総合計画（第 5 次）』.
───［2015］『地方創生総合戦略』.
───［2016］『伊丹市公共施設再配置基本計画』.
───［2017］『地域福祉計画（第 2 次）』.
伊丹市社会福祉協議会［2020］『第 7 次地域福祉推進計画（発展計画）』.
井上信宏［2005］「小地域福祉拠点を中心とする市民参加型の地域福祉協働システムと地域福祉のネットワーキングを推進する兵庫県伊丹市の経験」『信州大学経済学論集』53.
佐藤順子［2013］「長野市における自治体内分権と市社協・地区社協への影響」『聖隷クリストファー大学社会福祉学部紀要』11.
───［2014］「コミュニティ制度化を伴う自治体内分権による地域福祉推進基礎組織の変化──名張市における移行プロセスを中心に──」『聖隷クリストファー大学社会福祉学部紀要』12.
───［2020］「社会福祉協議会における地区社協づくりに関する位置づけの歴史的変遷に関する研究（3）──社会福祉基礎構造改革から 2010 年代半ばまで──」『聖隷クリストファー大学社会福祉学部紀要』18.
全国社会福祉協議会［2008］『NORMA 社協情報』214.
野村総合研究所［2013］『コミュニティソーシャルワーカー（地域福祉コーディネーター）

調査研究事業報告書』.

藤井博志［2019］「地域福祉政策と地域福祉実践」，新川達郎・川島典子編『地域福祉政策論』学文社.

第**9**章 福岡県宗像市のコミュニティ政策
──コミュニティ運営協議会──

は じ め に

　本章は，福岡県宗像市のコミュニティ政策（以下，コミュニティ施策），特に
2000 年から始まったコミュニティ運営協議会の取り組みを見ていく．宗像市
のコミュニティ施策はすでに 40 年ほどが経過した．長い歴史をすでに有して
いる事例だが，現在のコミュニティ運営協議会も地域自治組織の取り組みとし
て全国に先駆けて実践されてきた．今でも，各地から視察が相次いでいる．以
下では，このコミュニティ運営協議会の歴史や特徴と課題をまとめたい．

1. 宗像市の概要

　福岡県宗像市は，人口が約 10 万人で，高齢化率は 30.0％である．人口は若
干減少傾向にあるが，基本的には安定している．地理的には指定都市である北
九州市と福岡市のちょうど中間地点にあり，元々は農山漁村的な地域特性が強
かったが，福岡や北九州両都市圏の発展に伴い，郊外居住地として戦後に人口
が増えていった．そのために，市内地域の特色は多彩であり，旧来の住宅街，
新興住宅街といった都市化した場所，また農村部から離島漁村まである．2003
年と 2005 年に市町村合併を行った．なお，沖ノ島の世界遺産登録で有名にな
った宗像大社がある．

2. コミュニティづくりの歴史

　宗像市のコミュニティ施策の最初の契機は 1970 年代の自治省のモデルコミ
ュニティ地区指定を受けたことだった．1981 年の「コミュニティ振興対策総合
推進規程」の策定以来，コミュニティづくりが継続的に推進されてきた．地域
自治組織づくりの取り組みは，1997 年の「宗像市コミュニティ基本構想」が発

端となった．この構想は，「地域住民が組織をつくり，自らのアイデアや利用
者の立場に立った施設づくりを行政と一体となって行い，この組織が中心とな
ってその後の管理を発展的に拡大した地区住民組織をつくることで，地区の合
意づくり，まちづくりへの参画，組織化や相互連携が可能となる」とし，原則
小学校区を単位としたコミュニティ組織形成を提唱した［宗像市　2007：10-11］．
この組織構想は，1988年から2000年まで市長だった滝口凡夫氏の元で作られ
た．その後，滝口市長から原田慎太郎市長，また谷井博美市長へ交代があった
が，コミュニティ施策は市政全体でも重要な位置付けが綿々と与えられ続けた．
　コミュニティに市政の起点を置く理由は何か．それは宗像の歴史と市政の特
徴にある．宗像市の特徴として，市民一人当たりの職員数が全国でも指折りの
少なさとなっている．その背景は，前出の通り戦後大都市部からの人口流入で
基盤整備が求められる中，職員増抑制と民間委託を積極的に行い続けたからで
ある［滝口 2002：186-188］．人々の地域活動がとても活発だったことも宗像の特
徴である．こうした経緯が，まさに宗像のコミュニティの原点となった．少な
い職員数で市政をつつがなく運営していくためには，民間部門はしかり，市民
参加によるコミュニティも重要な舞台なのである．

3. コミュニティ運営協議会

(1) 制度の骨格

　コミュニティ運営協議会は，2006年施行の「市民参画，協働及びコミュニテ
ィ活動の推進に関する条例」に定められ，現在は，『第2次コミュニティ基本
構想・計画』のもとで，制度の運用が行われている．この構想は，協議会が①
自主的なコミュニティ活動推進，②市との行政サービス協働，③地区の課題
解決を実践することを内容とする．そして，条例では，協議会の運営の方法に
ついて，地域住民が運営協議会の意思決定に参加しやすいようにする，役員等
の選出について透明性を図るようにする，自らの活動を評価するように努める
ように求めている．ガバナンスのあり方と民主性担保がしっかり条例にうたわ
れている．

　各協議会は，地区ごとに，地域の目指す方向・目標，達成すべき事業計画な
どを盛り込んだ「まちづくり計画」を策定する．このまちづくり計画は，市の
総合計画にも綴られており，市政上で重要な位置付けが与えられている．それ

と関連して，この計画は協議会が実施する事業と，市で事業化を検討し市の計画に反映させるものとを決めるので，自治体に対する長期的な予算提案制度という面もある．これまでにすべての地区でまちづくり計画が策定されたが，計画の実践がなかなか捗らないという課題があった．そこで，現在は希望する協議会に対して，年1回まちづくり懇談会を開催し，市の部課長クラスと協議会役員が出席して計画の実践を促す機会を設けている．

　なお，宗像市の協議会については，現時点で法人化は進められていない．

(2) コミュニティ運営協議会──その組織的特徴──

　外見的な特徴をまず見ておく．図9-1は，協議会の体制の一例である．協議会は，地区住民を構成員としながら，自治会長会など自治会の他各種団体が重要な役割を果たす．協議会会長を含む役員は，役員選考委員会で選出される．運営委員会と役員会は意思決定で中心的な役割を持つが，宗像市の特徴は，事務局を各地区に完備していることである．会長などの役員はもちろんのこと，この事務局長の存在は協議会の活動にとって非常に重要である．事務局長は，常駐で協議会から報酬を得ることができる．だからこそ，常時協議会の予算案の作成などの事務的なサポートを行ったり，事業の企画運営を司ったりすることができる．事務局長は，地元の住民から選出している．加えて，すべての協議会は部会制を採用している．各構成団体は部会に分かれて各事業に携わっている．

　収入源は，まちづくり交付金という一括交付金，コミュニティ・センターの指定管理委託料・貸館利用料，自治会からの住民負担金等である．コミュニティ・センターの貸館利用料が協議会の重要な収入の一部となり，光熱費などを除いた分をまちづくり事業に転用して良いことにしている．「まちづくり交付金」は，いわゆる一括交付金だが，この原資は，以前の行政区長報酬と各団体へ支払っていた各種補助金である．宗像市では，かつて区長は行政事務の実施を委任するしくみのもと，市長に任命される非常勤特別職としての報酬を得ていた．2005年に区長制度を廃止し，この報酬をまちづくり交付金の原資として活用したのである．のちにこの資金源を拡大し，2020年現在，16種類の各種補助金を束ねて交付金としている．まちづくり交付金は，このように旧区長報酬を含めて，個別補助金を統合化したものであるため，協議会が各々の補助対象事業の配分額を決定できるのだが，それら事業は実施しなければならないと

図 9-1　コミュニティ運営協議会の組織体制
出所）宗像市自由ヶ丘地区コミュニティ運営協議会提供資料［2021］.

されている．そのために，既存事業にある程度注力してしまうと，新規事業の
余力を失うという設計上の限界があった．

　現在は，まちづくり交付金に「チャレンジ枠」を設け，意欲がある協議会に
必要な事業費を上乗せして配分するしくみとしている．近年交付金をもとにし
た協議会事業が恒常化してきていたので，その活性化を狙ったものである．各
協議会は，新規事業も既存事業の刷新も含めて，2020年度の計画として介護予
防事業，コミュニティ・センター駐車場の利用活性化，地域パトロール，自主
防災，花火大会などのさまざまな事業を企画したが，いくつかの事業はコロナ
ウイルス感染拡大防止のため中止されている．

(3)　南郷地区コミュニティ運営協議会のまちづくり計画

　宗像市の南部に位置する南郷地区は，協議会の当初のモデル地区の1つとし
て出発した．南郷の協議会は，例えばコミュニティバスの事業化など，かねて
からかなり積極的にコミュニティづくりに取り組んできた．組織体制は先に見
た自由ヶ丘地区とよく似ているが，特筆すべき点がある．それは協議会役員の
任期と各種構成団体の任期との同一化の試みが全市でもいち早く実施されたこ
とだった［森 2012：155］．各種団体の任期が異なれば，運営委員会や部会のメン
バーが入れ替わってしまい足並みが揃いにくくなるからである．単なる任期の
調整作業のようにも思えるが，これは地区が協議会に真の正統性を付与してい
ることを意味する作業である．このような改革の実現は事務局長の調整力が機
能した結果であった．

　南郷地区が策定した現行の計画は，2012年度から2021年度が期間である
（表9-1）．実施主体が市の事業は広場照明設置くらいだが，協働の項目として，
交通危険箇所調査，スポーツクラブ設立，コミュニティビジネス研究，地産地
消事業の他，会計処理の点検という運営改善項目もある．協議会の事業として
は，子ども対象事業，歩道整備，文化祭，ボランティアバンク設立などの事業
項目とともに，役員任期，組織の見直し，事務局次長の新設，事務手引作成と
いう組織関連の事業も盛り込まれている．

　2015年までに実施した事業としては，評価委員会の機能化が注目に値する．
南郷地区では，この計画の進捗管理のために，半期に一度監査・評価委員会を
開催している．こうした取り組みは，毎年の事業計画とまちづくり計画を整合
させたり，協議会内外にまちづくり計画の内容をしっかり共有化することにつ

表 9-1　南郷地区第 2 次まちづくり計画（2012～2021 年度）

計画年次	番号	事業の名称	実施主体			所管部会等					
			南郷コミュニティ	協働	市等	生活環境整備	公民館活動	青少年育成	健康福祉	地域づくり	その他
3年以内の実施事業	1	子ども対象事業の見直しと計画づくり	○				○	○			
	2	防災マニュアルの作成	●			○					
	3	南郷まつりの改革，推進	○					○			
	4	交通危険箇所の調査と対策事業		●		○					
	5	総合型地域スポーツクラブの設立等		●							全　体
	6	コミセン主催事業の企画委での見直し	○								全　体
	7	南郷コミュニティ・ビジネスの研究		○						○	
	8	南の風大学の自主運営化	●								事務局
	9	役員の任期，任務，選考方法等見直し	●								全　体
	10	評価委員会の機能化	●								全　体
	11	協議会組織の見直しと規程類の整備	●								全　体
	12	会計処理の総点検		●							事務局
	13	南郷地区内の歩道整備事業	●			○					
	14	主催事業の事務局の関わりの見直し	○								全　体
5年以内の実施事業	1	歴史研の立上げ，各区古老からの聞き取り調査等	○				○			○	
	2	南郷人材・ボランティアバンクの設立	○				○			○	
	3	地産地消事業の推進	○	○						○	
	4	南郷小プール跡地，原町公民館跡地の利用の検討		○		○					
	5	南郷広場の照明設置		○	○						
	6	南郷地区文化祭開催の研究	●					○			事務局
	7	歴史・文化探訪等バスツアー事業の展開	○								事務局
	8	事務の手引きの作成	○								事務局
	9	事務局次長の新設	○								事務局
	10	施設使用料の運用等の再検討	○								全　体
	11	区毎の高齢者支援システムの構築	○						○		
	12	一人暮らし等高齢者の買物等支援事業	○						○		
10年以内	1	地区特産品の開発	○							○	
	2	南郷の歴史等に着目した事業の展開	●					○		○	

●… 2015 年度までに実施した事業
出所）南郷地区コミュニティ運営協議会ホームページ http://nangou-cc.net/gaiyou#b（2020 年 12 月 7 日閲覧）.

ながる注目すべき取り組みである.

(4) 行政とコミュニティの綿密なコミュニケーション

　宗像の特色は,コミュニティと市行政のコミュニケーションを常態的にとることが可能となっているところである.第1は,コミュニティ担当職員の配置である.恒常的にコミュニティ協働推進課の職員が各コミュニティの担当となり,週1日程度コミセンで勤務する体制となっている.なお,市では,職員全体がコミュニティ施策を理解するために,若手職員を対象にコミュニティの事業へ参加,参画し協働の意識を醸成するための現場研修を実施している.

　直接的な行政支援と同時に,コミュニティの取り組みの全市的調整を行っているのが事務局長会議である.月1回各協議会事務局長が集まり,市との連絡調整や各地区の情報の共有などを行う.新任事務局長の研修も実施している.

4. 運営協議会と自治会長の認知

　運営協議会の活動全体の支え手として重要なのが,自治会長の存在である.各地区の協議会の運営委員会や役員会の構成員として,また各部会活動などでも自治会長の役割は欠かせない.その意味で,自治会長は協議会の屋台骨と言っても良い.そうであるなら,その支え手は,実際コミュニティ運営協議会をどう思っているのだろうか.筆者が2013年時点で市内自治会長に実施した質問紙調査の結果は以下の通りだった［森 2013］.

　全体として,自治会長たちは,自分たちは協議会の一員であり,またその運営には欠かせない存在だと認識しつつ,協議会が地区代表組織だという考えを持っていた.つまり,自治会長は運営協議会を押し並べて受け入れており,いわゆる自治会との間の「屋上屋議論」は宗像市では発生していない.

　運営協議会ができてよかった点に関する具体的な意見は,「市への要望伝達がスムーズになった」,「他自治会の情報が入る」,「自治会単独ではできなかった事業が可能となった」,「協議会の支援で自治会が活発になった」などが多い.それに対して,よくなかった点については,「自治会長の負担増」が圧倒的に多かった.「業務量が増えて自治会長のなり手が減ってしまう」こともそれに関連した意見である.おそらく,自治会の会合や行事とは別に,協議会の会合・活動が支え手の自治会長に付加されるからであろう.コミュニティ活動が

活性化すればするほど自治会長の負担純増という事態にどう対処するべきかが
大きな課題となっていたといえる.

お わ り に

　宗像市の取り組みは,地域自治組織の事例として比較的最初期のもので,名
称も体制も,とりわけ九州圏内の他自治体のモデルケースになっているほど,
有名なものである.1990 年代から市長が交代しても変わらずに,コミュニティ
は市政の基本要素と考えられてきた.宗像市が辿ってきた自治体としての歴史,
行政体制の特徴がこのコミュニティの認知に大きな影響を及ぼしているといえ
る.その最大の特徴は,協議会のまちづくり計画と市の各種計画を有機的に連
動させ,それと一括交付金をまちづくり計画に基づいた事業経費としつつ,融
合化を図ろうとした点である.

　他方で,その最大の資源提供元である自治会とその代表である自治会長は,
コミュニティ活動が地域にとって欠かせない存在だと認知しながら,そのため
に多忙になっている状況がうかがえた.宗像市内の自治会加入率は 2008 年時
点では全市平均約 80.0%であったが,その率は低下傾向にある.『第 2 次コミ
ュニティ基本構想・計画』では加入促進など,自治会機能の充実・強化が謳わ
れた［宗像市 2015］.自治会を土台とした地域自治組織の設計だからこそ抱える
問題であるが,これをいかに克服することができるかが,新たな宗像モデルを
生み出せるかどうかの試金石となる.

付記

　この章は,森裕亮［2014］「コミュニティ政策と地域自治組織——北九州市,福岡市,宗
像市の事例を対象に——」(『コミュニティ政策』12) の一部内容をもとに,大幅に加筆修
正したものである.

参考文献

滝口凡夫［2002］『記者市長の闘い——これが地方自治の実態だ——』西日本新聞社.
宗像市［2007］『宗像市コミュニティ基本構想・基本計画』.
————［2015］『第 2 次宗像市コミュニティ基本構想・基本計画』.
森裕亮［2012］「地域自治組織と自治体」,真山達志編『ローカルガバメント論——地方行
　　政のルネサンス——』ミネルヴァ書房.
————［2013］『宗像市自治会長調査の報告(単純集計編)』.

第10章 | 兵庫県明石市の校区まちづくり組織

は じ め に

　全国的に先進的な地域自治組織というと，コミュニティバスの運営や買い物支援の取り組み，高齢者の見守りなど，地域課題を解決する具体的でわかりやすい活動について取りあげられることが多い．しかし，本章で取りあげる明石市は，持続可能な地域自治組織に向けて，活動よりも「住民の主体形成」と「組織強化」の2点を重視していることが特徴的である．本章では，そのような明石市における校区まちづくり組織の変遷と，それらを支援する中間支援組織の役割についてまとめた．

1. | 明石市におけるコミュニティ施策

(1) 明石市の概況

　兵庫県明石市は，東経135度の日本標準時子午線上にあり，東西 15.6 km，南北 9.4 km の東西に細長いまちである．近年，こども医療費無料化や第2子以降の保育料完全無料化といったさまざまな子育て支援施策で注目されていることもあり，減少傾向にあった人口は 2013 年以降子育て世帯中心に増加している．市内には 28 の小学校と 13 の中学校があり，小学校区ごとに校区まちづくり組織（明石市では一般的に「まちづくり協議会」と呼ばれる）が形成されている（表 10-1）．

表 10-1　数字でみる明石市

人口	299,021
世帯数	129,052
高齢化率	26.1%
小学校数	28 校
中学校数	13 校
自治会等の数	479
自治会加入率	約 71.0%
校区まちづくり組織の数	28
小学校コミセンの数	28
中学校コミセンの数	13

注）データはいずれも 2020 年 4 月現在.
出所）明石市資料.

(2) 「コミュニティ元年」とコミュニティ・センター

明石市のコミュニティ施策は，1971年，当時の衣笠哲市長が「人間優先の住みがいのあるコミュニティづくり」を市政運営の柱にしたことから始まる．全国で先駆けてコミュニティ・センター（以下，コミセン）の設置を始め，2004年までにすべての小学校区及び中学校区に開設した．また，1975年には「コミュニティ元年」を宣言したことでも知られる．当時としては画期的と評されたコミセンには全国からの視察も多く，その頃を知る住民は「"コミュニティといえば明石"だった」と今でも語るほど，コミュニティ施策に注力してきた自治体である．

しかしながら，「コミュニティ形成の場」と「生涯学習の場」を目的として設置されたコミセンは，趣味・文化・教養・スポーツなどの面で学習を楽しむという点では成功したが，前者への目的が十分に果たされていないということが長年指摘されていた [明石市 1997：1]．

そうしたことから，2004年に施政方針の重点施策に「市民参画と協働」を掲げ，2006年の「協働のまちづくり提言」[1] や 2010年の「明石市自治基本条例」[2]の中で，① 小学校区をまちづくりの基本的な単位とする，② 小学校コミセンをまちづくりの拠点とする，③ 市民は多岐にわたる課題に総合的に対応する「協働のまちづくり推進組織」を設立する，ということを明文化した [明石市 2006]．

この提言を機に，明石市は小学校コミセンをまちづくり活動の拠点，中学校コミセンを生涯学習の拠点として機能分担し，兵庫県が実施した「県民交流広

独立方式　　　　　　　　　　　余裕教室活用方式

写真 10-1　明石市のコミュニティ・センター
出所）明石コミュニティ創造協会．

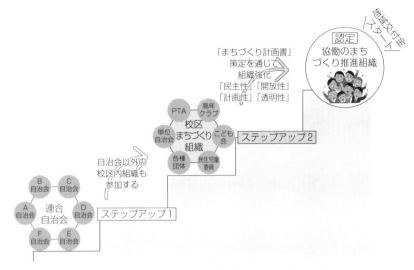

図 10-1　校区まちづくり組織のステップアップ
出所）明石コミュニティ創造協会 [2019：15].

場事業[3]」の補助金を活用して，小学校コミセン等拠点施設の充実化に取り組んだ．市内 28 の拠点施設のうち，27 はこの補助金を活用して整備されている（写真 10-1）.

　さらに，2016 年には「明石市協働のまちづくり推進条例」を施行し，認定[4]された校区まちづくり組織は「協働のまちづくり推進組織」として複数の補助金を統合した地域交付金[5]の対象となるしくみを整えた.

(3)「校区まちづくり組織」のステップアップ

　明石市の特徴は，2006～2010 年にかけて県民交流広場事業をきっかけに結成されていた校区まちづくり組織を，さらに条例上の協働のまちづくり推進組織へステップアップさせるというプロセスを踏んでいることである.

　そのきっかけとなるのが 5～10 年先の地域のビジョンを描いたまちづくり計画書である[6]．明石市ではこの計画書の策定を通じて校区まちづくり組織の強化を進め，計画書の承認をもって協働のまちづくり推進組織に認定される.

　2020 年現在，28 校区のうち 15 校区が認定されており，3 校区が認定に向けてまちづくり計画書の策定に取り組んでいる．全国的には条例施行とともに一

斉に，あるいは一定の期間を区切って組織を認定する自治体が多い中，自主的に手を挙げた校区から，しかも 2 ～ 3 年の組織強化のステップを経て認定しているところは明石市の大きな特徴といえよう．

2. 「校区まちづくり組織」の課題と組織強化

(1) 「校区まちづくり組織」の課題

では，なぜそれほどまでに時間をかけて組織強化のステップを踏むのであろうか．

従来の校区まちづくり組織の多くは，夏祭りや敬老会といった行事・イベントの実施が活動の中心であった．しかも，その組織は自治会や PTA，高年クラブなどの各種団体の「長」で構成されている．地域全体で何らかの意思決定をするだけならばそれでも成り立つが，近年，地域自治組織に期待されている地域課題解決の取り組みを展開する実行部隊を兼ね備えるならば「長」のみで構成するには限界がある．つまり，校区まちづくり組織が充て職や動員で構成されるのではなく，多様な住民の参画によって成り立つことが望ましい．また，地域の課題を発見したり，その解決のために多様な住民の参画を推進したりするためにはコーディネーターとしての事務局機能が必要不可欠である．

そういった観点から，明石市ではまちづくり計画書策定のプロセスにおいて，**表 10-2** に示すような組織上の課題を解決することを重視している．

(2) 多様な個人・団体が参画する「校区まちづくり組織」へ

では，多様な住民が参画する組織とはどのようなものであろう．

地域には，歴史や子ども，自然など，自分の好きなことならば関わっても良いという「関心層」はたくさんいる．事実，和坂校区では，住民アンケート調査で「地域活動に協力いただける方は，お名前と連絡先をご記入ください」という欄を設けたところ，114 人が記入した．和坂校区はこの 114 人に対して説明会を開催し，個人で関わってもらえるように呼びかけた．山手校区の福祉部会に関わる A さんは，就労支援施設などを運営する地域内の福祉事業所の職員である．A さん自身は山手校区には住んでいないが，福祉のスペシャリストとして校区まちづくり組織に関わっている．

このように組織強化のステップを踏んだ校区まちづくり組織は，個人・団体

表 10-2　校区まちづくり組織の課題と組織強化策

項目	課題	組織強化策
既存組織との関係	・連携がない（縦割り的） ・メンバーが重複している（充て職的）	・既存組織の統廃合 ・既存組織との事業整理
構成員	・「団体」及び「長」によって構成 ・充て職なのでやらされ感・負担感が多い	・これまでの「団体」及び「長」に加えて，個人参加の組織体制
活動内容	・夏祭り等の毎年同じ行事の繰り返し ・新しい活動が生まれない	・まちづくり計画書に基づいた活動の展開
組織体制	・実行委員会制がほとんど （イベントを実施するには適しているが，常時の活動は生まれにくい）	・部会制やチーム制の導入
合意形成のあり方	・閉鎖的で発言できない会議（参加の余地がない） ・トップダウンの形が多い	・会議のあり方の見直し ・情報開示のしくみづくり
計画性	・中長期的に計画をつくって事業が実施されていない ・一部の人の思いつきで事業が実施されている	・長期まちづくり計画書の策定 ・中期実行計画書の策定
会計	・複雑，煩雑な会計のしくみ（補助金別の会計等） ・決裁のしくみなどチェック体制がない	・会計のしくみづくり（決裁・区分経理のしくみづくり）
事務局機能	・事務を行政（コミセン所長）に依存している ・コーディネーター役の不在	・事務局体制の構築（事務局員雇用のしくみ）

出所）明石コミュニティ創造協会［2015］を基に筆者加筆修正.

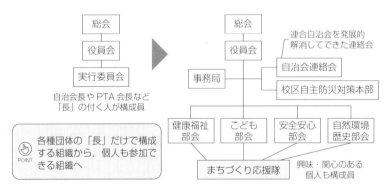

図 10-2　組織体制見直しの方向性
出所）明石コミュニティ創造協会［2019：17］.

が**図 10-2** の「まちづくり応援隊」のような形で構成員となって参画し，自身の関心のある部会で活動する体制となっている．Aさんのように地域に住んでいない人が関わる例も出てきており，校区まちづくり組織全体において，多様な住民が参画することの価値が広がりつつある．

　このように多様な個人が参画できるようになると，人が人を呼び，多彩な活動が生まれている．魚住校区ではコミセンでの週１回の子どもの学習支援が始まった．高齢者のための居場所サロンや体操活動なども動き出した．災害時を意識して防災訓練を強化しはじめた校区も増えている．複数の校区ではコープこうべと協働して買い物支援の取り組みが始まった．コロナ禍においても，テイクアウト子ども食堂を実施したり，買い物に行けない高齢者向けにマルシェを展開したりと活発に活動している．１つひとつの活動は派手とはいえないが，関わる人が増えることで明らかに活動は広がっているといえるだろう．

3. 中間支援組織「明石コミュニティ創造協会」

(1) 地域自治組織を支援する中間支援組織

　最後に，中間支援組織「明石コミュニティ創造協会」(以下，協会) について触れておきたい．現在の協会は，協働のまちづくりを一層推進していくための組織として 2012 年に明石市の外郭団体として発足した．中間支援組織というと，NPO 支援センターのようにテーマ型の活動を支援するところが多い中で，協会は校区まちづくりや地縁型組織を中心とした地縁型組織の活動支援 (以下，地域支援) も展開している．

　協会は，主に校区まちづくり組織に対して，① 組織強化の支援 (組織体制の見直しや規約改正のアドバイス)，② まちづくり計画書の策定支援 (アンケート調査や計画書作成のアドバイス，ワークショップの進行)，③ 地域事務局の立ち上げ支援 (事務局体制の整備，労務・会計等のしくみづくり)，④ 部会活動のサポート (先進事例の情報提供，活動活性化に向けたアドバイス) などを行っている．

(2) 対話の機会を通じた「住民の主体形成」

　協会が地域支援をする上で何よりも重視していることが「住民の主体形成」である．校区まちづくり組織が多様な住民の参画を進めていくためには，関心層を受け入れるための装置 (組織) の強化はもちろんであるが，これらのプロ

セスを通じて「関わる人を育んでいく」ということも同時に進めていかなければならない.

　多くの地域自治組織は世帯代表制による自治会町内会が基本になっていることから，女性や若者は会議の場で発言すらできないといったことが少なくない. つまり，地域自治組織の多くは「発言できない→トップダウンで指示されるのでやらされ感になる→関わりたくなくなる」という悪循環を生んでしまっているのである. この悪循環が「みんなが発言できる→自分でアイデアを出す→自分ごとになる」という好循環になるよう，協会は校区まちづくり組織の役員会などに関わりながら支援をしている. 時に住民意見交換会でワークショップ手法なども使いながら，住民が地域づくりを「自分ごと」になっていくよう対話の機会を作っていくのである. こうしたプロセスを積み重ねた校区まちづくり組織は，対話の文化が組織風土として根付き，対話の機会を通じて人材が育まれるという循環を生んでいくようになる［佐伯 2019：31］.

お わ り に

　近年，地域自治組織の形成や持続可能な運営に関して，そのプロセスをどのようにデザインするのかということが注目されつつある. 明石市の校区まちづくり組織のステップアップのしくみと，それらを支援する中間支援組織の役割はまさにプロセスデザインにこだわった事例であるといえるだろう. この丁寧なプロセスが5年先，10年先の地域の担い手づくりにつながっていくことを期待したい.

注
1）明石市では2006年に策定された明石市『「協働のまちづくり推進」に向けて――協働のまちづくりに関する基本的な考え方――』のことを「協働のまちづくり提言」と呼ぶ.
2）明石市自治基本条例は2006年から13回の庁内プロジェクトチームでの検討の後，27回の自治基本条例検討委員会のほか，各小学校区において「中間まとめ」意見交換会や市民フォーラムなどを開催して策定されており，これらのプロセスで市役所職員及び住民の「協働のまちづくり」への理解が進んだ.
3）第7期（2005年11月～2010年10月）法人県民税（法人税割）超過課税収入を財源として，概ね小学校区を区域とする地域に拠点整備費1000万円，活動費300万円（概ね5年間）を補助する事業. 2017年までに県内で727団体が助成を受けている.

4）協働のまちづくり推進組織の主な認定要件としては, ① 各種団体・個人が連携, ② 開放性をもった運営, ③民主制をもった運営, ④ 透明性をもった運営, ⑤ 計画性をもった運営, ⑥ 活動が特定個人・団体の利益に寄与する目的ではない, などがある.

5）認定された校区に対して1年度154万円を基本額として必要な経費の一部を交付される制度.

6）まちづくり計画書の策定には, 原則2年間で40万円の「まちづくり計画書策定補助金」を活用することができる.

7）明石市では校区まちづくり組織の事務局形成のために単年度につき上限200万円を補助する「地域事務局支援事業補助金」がある.

8）現在の明石コミュニティ創造協会は2012年に一般財団法人として設立されているが, もともとは「明石コミュニティ仲間づくり銀行」を発展的解消して1982年に発足した「財団法人明石コミュニティー創造協会」がある.

参考文献

明石市［1997］『生涯学習の道しるべ——明石市生涯学習推進構想——』.

───［2006］『『協働のまちづくり推進』に向けて——協働のまちづくりに関する基本的な考え方——』.

明石コミュニティ創造協会［2015］『協働のまちづくり推進組織の検証報告書——協働のまちづくりの仕組み構築に係るモデル事業から見えてきたもの——』.

───［2019］『地域づくりを支援する人のためのケースブック——「自分たちでつくる」地域づくりのススメ方——』.

佐伯亮太［2019］「『経験の共有』と『学び合い』が地域を育てる——変容できる地縁型組織がつくる関わりしろ——」大阪市政調査会『市政研究』203.

第**11**章 │ 静岡市のコミュニティ政策と
任意型地域自治組織

は じ め に

　本書における地域自治組織の定義は，地方自治法上の地域自治区に加えて，基礎自治体が小学校区等を単位として条例や規則で多様な組織を包含して形成されたものとしている（第1章参照）．ただ，日本都市センターの調査では，①法律に基づくもの，②自治体の条例，規則等に基づくもの，③自主的につくられたものに分け，法律に基づく組織は多くなく，②のタイプが合計43.3％，③のタイプが34.9％と分析している［三浦 2016：76：232］．全国的に見ても，市レベルでは35％の自治体で自主的につくられた協議会が存在する．静岡市においては，①，②のタイプの協議会は存在しないが，住民が自主的に設置した③のタイプの協議会が存在する．このため，比較の観点から，静岡市における，それらの組織を取り上げ，考察することとする．

1. │ 静岡市の概況

(1) 地域の概況

　静岡市は，旧静岡市と旧清水市との対等合併により，2005年に政令指定都市となり，葵区，駿河区，清水区の3区が成立した（図11-1）．合併に伴い，市北西部の南アルプスに連なる中山間地域（葵区の北部地域・清水区の北部地域）・重要港湾地区（清水港）・旧市街地・ニュータウンを含んだ日本の縮図ともいえる地域構造を持つに至った．人口は，合併をした当初は70万人を超えていたが，その後，徐々に減少し，2020年1月時点で69万523人，高齢化率は，20.0％（2015年国勢調査）である．

(2) コミュニティ政策の現状

　静岡市においては，自治会町内会（本章は自治会）の加入率は81.3％（2018年

図 11-1　静岡市の位置図

出所）筆者作成.

度）と比較的高く，自治会をベースに，また，その連合体である地区自治会連合会が主体となって住民自治活動が行われているといえる．また，静岡市のコミュニティ政策は，市民活動推進課（自治会支援＋市民活動支援），生涯学習推進課，企画局企画課分権・広域連携推進係の３課４係が所管している．

　静岡市では，「自治基本条例」（2005年制定）に基づいて，「市民参画の推進に関する条例」が2007年に制定された．しかし，地域自治組織との関係では，条例等に基づく地域自治組織は現在のところ設置されていない．静岡市は，平成の合併によって清水市と対等合併，由比町，蒲原町を編入し，それ以前は，昭和の合併において，中山間地域である旧安部郡の６カ村を編入しており，それが，現在の葵区の一部を形成している．また，明治の合併（1889年）後における基礎自治体（場合によってはそれ以前の村）が今日の自治会連合会の単位になっているケースが多く，本章で取り上げる団体の活動単位と言える．

　さらに，旧清水市と旧静岡市は公民館政策に違いがある．前者は中学校区単位に公民館を持ち，それを住民の交流拠点として政策を推進してきた．現在は市長部局に移管して生涯学習交流館となり，生涯学習とともにコミュニティ活動の拠点施設となっている．また，地区自治会連合会は中学校区単位で形成され，連合自治会を中心にしてコミュニティの事業は進められている．これに対して，旧静岡市は，小学校区単位に連合自治会を持ち，生涯学習施設は中学校区単位よりさらに広域に置かれ，専門的な生涯学習政策をとってきた．このた

表 11-1　静岡市の区，自治会，小学校，中学校

	旧静岡市		旧清水市	合計
	葵区	駿河区	清水区	
人口	248,792	210,624	231,107	690,523
小学校数	31	18	30	79
中学校数	18	8	16	42
学（地）区連合自治組織数	38	19	21	78
単位自治会・町内会数	439	226	291	956
認可地縁団体	128	55	147	330
認可地縁団体の割合（％）	29.2	24.3	50.5	34.5

出所）推計人口，静岡市，2020 年 1 月，自治会数等は 2019 年 4 月（静岡市提供資料）.

め，市では，生涯学習施設の配置適正化方針（2017 年 9 月策定）において，生涯学習センターを学習だけではなく，住民活動の拠点としての交流機能を持たせようとしているが，現状は，旧静岡市（葵区，駿河区）と旧清水市（現清水区）でコミュニティ政策に関して 1 市 2 制度となっている（表 11-1）.

　全市の地区自治会連合会及び各区レベルの自治会連合会は事務職員を雇用しており，その分の経費が市から補助されている．清水区の交流館は，21 ある地区連合自治会レベルに必ず存在し，区の自治会連合会を母体とする団体が一括して指定管理を受けている．このため，交流館は地区連合自治会にとっては日常の会議の開催をはじめとした活動の拠点施設になっている.

　静岡市の場合は，自治会の加入率が比較的高いこと，旧静岡市と旧清水市で地区自治会連合会の地理的範囲が異なり，1 市 2 制度をとっているため，条例等で地域自治組織を新たに作ろうとすると，どちらかの範囲に合わせなければならなくなり，施設配置の問題とも絡んでくること，政令市レベルで協議会を作る場合は，一括交付金の背景にある個別補助金の数が多く，大きな作業になること，などが障害になると考えられる．このような中で，以下の事例で示すように，住民が自発的に設置する地域自治組織（本章に限りこの名称を類似組織として用いる）が住民発意のレベルの高いところ，あるいは平成の合併の編入旧町で，旧自治体のアイデンティティの確保や事業を引き継ぐ必要性があるところで見られる.

　本章では，地区自治会連合会と連動して事業活動を行っている NPO 法人として，駿河区の旧宿場町である丸子地区で活動する（認特）丸子まちづくり協

図 11-2 事例団体の位置図
出所）グーグルマップを基に筆者加工.

議会，清水区にあり平成の合併により編入された旧宿場町でもある旧由比町を範囲として活動する（特）ふれあい由比を取り上げる（図 11-2）.

2. │ 丸子まちづくり協議会[4]

(1) 地域の概要

　丸子地区は，市の西端に位置し，市の中心部との間には，一級河川である安倍川が流れている．江戸時代には宿場町（丸子宿）として栄えた．現在は，長田西自治会連合会のエリアとなっており，人口は約 1 万 4000 人，構成自治会は 41 団体である．1960 年代半ばには，都市化に伴って新しい住宅が建ちはじめ，伝統的な地区と新住民の居住地区が混在している．また，地区の高齢化率は現在約 32％で市の平均よりかなり高い．

(2) 協議会の設置とその背景

　長田西自治会連合会においては，地域コミュニティの希薄化，既存地域組織

の連携不足，環境，観光，防災などの視点で地域を再考する必要性から，会長を中心として 2010 年 9 月より検討を行い，2011 年 4 月に地区連合自治会の役員会に諮問して協議会を立ち上げた．当時は，PTA の役員を辞めた人が地域活動から離れていくことが問題点として浮上していた．また，2011 年 3 月に発生した東日本大震災による防災意識の向上が立ち上げを促進したといえる．

(3) 活動内容等

　防災，観光，環境，福祉，体育，社会教育，防犯，交通，広報の 9 部会を持ち，多方面にわたる活動を行っている．具体的には，アマチュア無線による防災通信（約 100 人が免許取得），環境部会による竹林整備や放棄田の耕作対策，観光部会による宿場祭り，カフェまつり，福祉部会による 3 台の車両を使った外出支援，通院支援などである．これらの活動は，地区自治会連合会の活動を引き継いでいるわけではなく，プラスアルファの活動である．その意味では，地域全体の住民の地域活動量は増大している．

　予算規模に関しては，近年は，約 1000 万円程度で推移している．収入内訳は，会費，寄付金，助成金，事業収入であり，地区自治会連合会から活動助成を受けている．福祉部会においては，通院のための福祉車両，外出支援バスを走らせており，地区社協の活動をサポートしている．また，通院支援は，(独法) 福祉医療機構からの助成金による車いす仕様の福祉車両の購入，また，外出支援は，静岡市地域交通弱者対策事業により補助を受けている．前者は利用者からガソリン代などの実費負担を徴収しており，協議会への賛助会員加入が条件となっている．後者は，道路交通法上の有償運送ではなく，市は 2016 年度より交通弱者対策として独自の助成を行っているが，無償による運行が条件となっている．

(4) 組織ガバナンスと地区連合自治会との関係

　当組織は，長田西自治会連合会の中の単位自治会 41 団体に加えて，各種団体，地域内の企業など全 91 団体をメンバーとして 2011 年 4 月に発足した．2013 年に NPO 法人格を取得し，2015 年 12 月には認定 NPO 法人となった．寄付金は，主として，毎年 2 月に行われる「丸子宿まつり」の時に集まるという．また，理事会の役員は，各部会の長，単位自治会長，各種団体の長によって構成されている（図 11-3）．さらに，地区自治会連合会の副会長が当協議会の副会長

になるということを慣例にしている．また，住民自身が自主的に立ち上げた任意の協議会であり，NPO 法人であるため，法人の会員を自治会会員とイコールにはしておらず，正会員は 90 人，賛助会員は 50 人（団体）である．事務局員は連合自治会と共同で雇用しているが，移動支援を含め，諸活動はすべて無償のボランティアで行われている．

(5) 組織の特徴

当該地区は旧宿場町であり，観光資源も有しており，地域アイデンティティの強さが見られる．加えて，1960 年代半ば以降の都市化によって転入した住民と旧住民との間には一体感が形成されているといえる．組織自体は，自治会連合会と事務所を共有しており，自治会連合会から助成も受けているので，地区自治会連合会の事業部門という色彩も持っている．設立の中心的存在であった前理事長（当時は，地区自治会連合会長を兼務）の村松勝美氏のリーダーシップは大きいものがある．また，20 年以上開催している丸子宿場まつりを引き継いでおり，イベントによる人のつながりを重視している．さらに，広報誌を年 4 回全

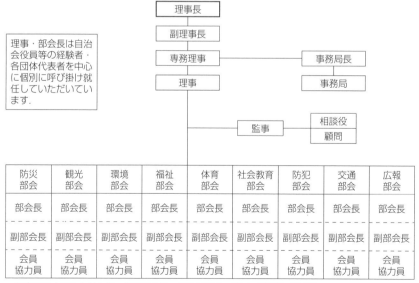

部会長 9 人中 2 人が女性　各部会員・協力員は 3～30 人（40 代～70 代）

図 11-3　丸子まちづくり協議会の組織図

出所）団体提供資料．

戸配布しているが,「社協だより」に2頁を割いており, 地区社協との融合化にも努めている.

　また, 行政から交付金を受けている条例等で定めた地域自治組織とは異なり, 行政からの運営助成は受けておらず, 寄付, 会費, 事業助成(移動支援など)及び自治会連合会からの助成で活動をまかなっている. サービス対象エリアは, 原則, 連合自治会の区域となり, 事業運営に制約がかかることもあり, 財政的には必ずしも余裕のあるものではない. 今後の方向としては, 指定管理事業や行政からの委託事業, 助成事業などを受けることは考えられるが, 自治会連合会の事業部門的な位置づけを考えると, 当初のミッションを過度にゆがめるような収益の確保は他方で避ける必要がある.

3. ふれあい由比[5)]

(1) 地域の概要

　当団体は, 平成の合併前の旧由比町を範囲として活動するNPO法人である. 地域は, 南を駿河湾, 三方を山に囲まれ, 北部は急峻な山間部となっている. 特に, 西は薩埵峠があり, 昔から,「東海道の親不知」と呼ばれ交通の難所となっていた. 江戸時代には宿場町(由比宿)として栄え, 由比漁港は, 桜エビやシラスで有名であり, これらの水産加工業が就業人口の4割を占める. また, 北部の山間部では, 大正期には養蚕業が盛んであった時期もあり, 現在は, ミカンの生産が行われている.

　人口は, 7852人, 高齢化率37.5%と市全体の平均から比べるときわめて高い(2019年). ちなみにピーク時の1925(大正14)年の人口は, 1万4386人であった. 地域には, 11の自治会があり, これは, 明治の合併前の旧村を現在まで引き継いでいる. このように, 旧宿場町, 桜エビなどの観光資源があり, 地域では観光振興に力を入れている. 平成の合併により, 2008年に静岡市への編入合併が行われ, 現在は, 静岡市清水区の一地域となっている.

(2) 組織のガバナンス構造

　平成の合併では, その結果として,「役場が遠くなり不便になる」,「中心部と周辺部の格差が広がる」などの課題が挙がっている(第1章第5節参照). こういった地域(特に周辺部に位置する編入自治体エリア)では, NPO法人を立ち上げて

地域活性化, 新自治体が引き継がなかった事業の継続等を行うケースが全国的に見られる. 旧由比町と静岡市との合併に際しては, 当初, 法律上の地域自治区を設置することで話が進められていたが, 議会の否決等により合併時期が延期されたことから, 結果的にその設置は見送られた.[6] 町長選挙, 議会選挙後の 2008 年に編入合併することが議決されたため, 合併を前にして地元の有志が立ち上がり, 旧町から助成金を受けて設立された. このように, 当団体は, 当初進んでいた地域自治区の代替的な役割を期待された組織といえる. また, 旧町の範囲には, 地区自治会連合会が存在し, 理事会の構成メンバーには, 11 の自治会長が入っている.

(3) 事業内容

現在は, 7 つの部会で構成され (図 11-4), 祭り, イベント, 観光振興, 交通安全, などの事業を行っている. また, 由比本陣の指定管理業務を, さらに, 小池邸, 浜石野外センターの運営を静岡市から受託している. 2018 年の総収入は, 2600 万円, 会費が 100 万円余り, それらのうち, 1700 万円が由比本陣の指定管理料となっている. 旧町時代に町が行っていた祭りの開催などが合併協議の中で引き継がれないことになり, それらを実施するとともに, 観光資源の管理など, 連合自治会の事業部門的な側面を持った団体としてとらえることができる.

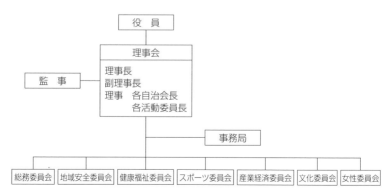

図 11-4　ふれあい由比の組織図
出所) ふれあい由比の組織提供資料を基に筆者作成.

4. 事例のまとめ

　本章では，地区自治会連合会（小・中学校区）のレベルで連合会と連携しなが
ら活動する協議会（NPO 法人）の事例を紹介した．地区を限定して活動する事
業体としては，NPO 法人では地域外の住民の社員としての加入を拒めないこ
とである．このため，法人の意思決定に外部の声が反映される可能性がある．
この点は，内閣府より，自治体の範囲より狭い地域の住民に会員資格を限定す
る運用解釈が示されたため運用で一定程度カバーできると思われる[7]．

　組織の成り立ちに関しては，丸子まちづくり協議会が元自治会連合会長のリ
ーダーシップ，ふれあい由比が平成の合併による旧町の編入が契機になってい
る．しかし，両組織には共通点も多い（表 11-2）．第 1 に，旧宿場町であり，地
域アイデンティティが高いことである．第 2 に，市の中心から見ると周辺部に
位置することである．第 3 に，第 1 と関連して，歴史的な遺構などの観光資源
に恵まれており，集客や管理の対象となる地域資源が豊富であるということで
ある．

　このような背景が，地域アイデンティティの高さに反映され，さらに，事業

表 11-2　両組織の比較

事例	分野	地域の特徴	自治会との関係	活動内容	設置のきっかけ
（認特）丸子ま ちづくり協議会	分野横断型	旧宿場町	強い連携	高齢化対策，交通弱者対策（ミニバスの運行），丸子宿まつりの開催	コミュニティの希薄化に対する危機意識と地域人材の確保 東日本大震災
（特）ふれあい 由比	分野横断型	旧宿場町，平成の合併による編入自治体エリア	強い連携	由比さくらえびまつりの開催，観光施設資源等の指定管理事業	旧町の支援 地域アイデンティティの確保 旧町の事業の継続

出所）筆者作成.

推進のための組織形成の必然性に結びついていると思われる.

おわりに

　本章では，従来からの地区自治会連合会を中心としてコミュニティ政策が展開されている静岡市を事例として，住民が地区連合自治会と連携しながら，自発的に事業展開を行っている市内 2 つの地域自治組織の事例を考察した．筆者は，静岡市の市民活動促進協議会のメンバーとして，静岡の市民活動と関わる機会を持たせていただいた．本章における知見はそれらの活動を通じて得たものも大きい．地域自治組織のしくみに関しては条例で作ってはみたものの混乱を招いている地域も全国には数多く見られる．また，自治会の組織率，公民館制度など，地域の過去からの歴史や成り立ちを無視して，他地域の成功事例をそのまま模倣して作っても機能するわけではない．その意味で任意型ではあるが，コミュニティの活動量の底上げ，地域アイデンティティの確保に寄与している今回取り上げた事例は，条例等による地域自治組織の制度化に当っても一定の示唆を含んでいるといえるのではないだろうか[8].

付記

　　本章は，金川幸司 [2020]「地域自治組織の形成と発展に関する研究──任意住民自治組織の事例から──」(『経営と情報』32(2)) の一部を加筆修正したものである.

注

1) 同調査は，自治会等を「地縁型住民自治組織」とし，地域自治組織を「協議会型住民自治組織」と称している.
2) これは，政令指定都市 17 市中 4 番目に高い値である.
3) 旧清水市の公民館運動は非常に活発な歴史を持っており [清水市史編纂委員会 1986：945]，それが，現在の生涯学習交流館を拠点とした活動につながっている.
4) 本団体は，内閣官房まち・ひと・しごと創生本部事務局内閣府地方創生推進事務局『地域の課題解決を目指す地域運営組織の法人化〜進め方と事例〜』では，認定 NPO 法人を取得した地域運営組織の事例として紹介されている (https://www.cao.go.jp/regional.management/doc/common/h_leaflet.pdf, 2021 年 4 月 15 日閲覧)．また，本節は，2020 年 2 月 4 日の同団体理事長ほか役員へのインタビュー及び提供資料に基づく.
5) 2016 年 7 月 6 日の理事長へのヒアリング及び提供資料等による.
6) 由比町の合併の経緯について，詳しくは，金川 [2008：Ch. 7] を参照.

7）内閣府政策統括官（経済社会システム担当）付参事官（共助社会づくり推進担当）より，2016 年 5 月 30 日付でなされた通知では，「NPO 法人について，社員資格を市町村よりも狭い地域（旧町村の地域や小学校区等）の住民に実質的に限定することは，事業内容等との関連から見て合理的なものであれば，一般論として許容される」との法解釈をさらに明確化するとともに，実際にも NPO 法人認証事務を行う所轄庁においては柔軟な運用により認証を行っている旨を示している．

8）最後に，多忙な中，ヒアリングに応じていただいた各団体，静岡市役所の関係部署の方々，静岡市市民活動促進協議会のメンバーに謝意を表したい．

参考文献

金川幸司［2018］「市町村合併と集落支援型 NPO」，金川幸司編『公共ガバナンス論──サードセクター・住民自治・コミュニティ──』晃洋書房．

清水市史編纂委員会［1986］『清水市史　第三巻』吉川弘文館．

三浦正士［2016］「ポスト合併時代の都市内分権──アンケート調査結果からの考察──」日本都市センター編『都市内分権の未来を創る』．

実践に学ぶ地域自治②
──地域自治とNPO・ソーシャルビジネスの展開及びその支援組織──

第12章 旧小学校を活用した地域活性化の取り組み ——兵庫県丹波篠山市雲部地区・福住地区を事例として——

はじめに

近年，少子化の進展とともに，小学校の統廃合が全国各地で相次いでいる．文部科学省の調査によると，2002～2017年の間に，全国の小学校の概ね2割に相当する5005校が廃校になっている［文部科学省 2019］．

小学校は地域住民にとって最も身近な公共施設である．その校舎自体，地域のシンボルとなっている場合も多い．このため，廃校後も地域コミュニティの拠点としての活用が期待されている．実際，多くの地域で廃校は内外の人たちの交流の場として利用されている．

廃校の活用検討にあたっては，本来，利用者である住民の意見が重要なはずである．しかし，実際の住民の関与は2割未満と報告されている［文部科学省 2019］．このことから，地域自治組織が検討の中心的役割を果たすケースも依然少数にとどまると推察される．

そこで本章では，丹波篠山市雲部地区・福住地区を事例に，地域自治組織（まちづくり協議会）による旧小学校施設を活用した地域づくりについて検証する．以下では，丹波篠山市の概況を記したのち，両地区のまちづくり協議会による取り組みを紹介する．そして最後に，それらの取り組みが持つ意義や実現した要因等について若干の考察を行なう．

1. 丹波篠山市の概況

(1) 地勢・特徴

兵庫県中東部に位置する丹波篠山市は，1999年に多紀郡4町が合併して誕生した自治体である（2019年に篠山市から市名変更）（図12-1）．人口は3万9631人，市域は378 km^2 に及ぶ（2020年4月1日現在）．中心部は篠山藩の城下町であり，古くから京街道の要衝として栄えてきた．日本遺産であるデカンショ節，丹波

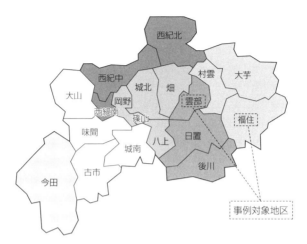

図 12-1　丹波篠山市地区区分図
出所）丹波篠山市ホームページを基に一部筆者編集.

立杭焼, それに丹波黒大豆, 丹波栗などのブランド農作物によって, 全国的にも知られている. 京阪神中心部からは 1 時間半程の距離にあり, 週末は日帰り客で賑わう. また, 大都市との近接性を生かし, 都市農村交流が昔から盛んな地域でもある.

(2) 地区のまちづくり

　丹波篠山市は, 集落を越えた共通課題の解決に向けて, 2005 年頃から小学校区単位の新しい地域自治組織として「まちづくり協議会」の設立を推進し始める. そして, 2011 年, 全 19 小学校区でまちづくり協議会が設立されるに至る.

　翌 2012 年, 市は「丹波篠山市地区のまちづくり推進条例」を施行する. それにより, まちづくり協議会の定義, 役割を明らかにし, 地区のまちづくり方針の明確化を図る. なお, 市では同条例施行前の 2009 年に「地域づくり交付金」制度を設けている. それに基づき, 市は各地区のまちづくり協議会等の事業に交付金を支給している.

　廃校利用に関連しては, 2020 年に「地域コミュニティ活性化施設の設置及び管理に関する条例」を施行する. これにより, 旧小学校施設の維持管理にあたって, 地域で設立された法人を指定管理者にすることが可能になった.

2. │ 事例紹介

　以下に紹介する事例の雲部地区と福住地区は，のどかな田園風景が広がる丹波篠山市東部に位置する．両地区とも，高齢化率が 40 ％台後半に達する一方で，児童数の減少が進み，2010 年代に 100 年以上の歴史を有する小学校が廃校に至った．

　そこで，小学校区（明治の市町村制施行時の旧村）を単位に生まれた「まちづくり協議会」が中心となって，跡地利用策の検討に着手する．その検討方針をもとに，これまで施設の整備・改修や運営主体（新法人）の立ち上げ，新たな事業の展開が行われている．

(1) 雲部地区（旧雲部小学校）

　　　——地域自治組織：くもべまちづくり協議会，運営主体：(同) 里山工房くもべ——

　豊かな自然や四季折々の食材に恵まれ，古くからの伝統文化を誇る雲部は，日本の故郷と呼ばれる'篠山'を代表する地区の 1 つといわれている［くもべ 2012］．9 つの集落から構成され，地区人口は 838 人，世帯数は 363 世帯にのぼる（2020 年 3 月末時点）．

　雲部の地域づくりは，2006 年の「くもべまちづくり協議会」の設立を機に活発化する．地域おこし，生きがいづくり，安心・安全，交流をテーマとした活動を展開し，尼崎市園田北地区等との間で都市農村交流も始める．

　そして，2010 年 3 月の雲部小学校の閉校に伴い，旧小学校を活動拠点とする新たな地域づくりの検討に着手する．協議会では，県や市の協力のもとアドバイザーの支援を受けながら，半年間，ワークショップを開催し，地域づくり計画を策定し，学校の利活用方針を定める（写真 12-1）．

　2013 年 8 月には，新旧住民 263 人（市外へ転出している同窓生を含む）の出資（一口 5000 円）により，運営主体として「合同会社 里山工房くもべ」を設立する（社員 11 名：自治会長 9 名，市役所 OB 2 名で構成）．そしてその 3 カ月後の 11 月に，旧小学校舎にカフェレストランと農産物直売所をオープンさせる．地元農家で採れた新鮮な野菜をふんだんに使った「定食」やオーガニック・コーヒーなどが徐々に評判を呼び，オープン 3 年目以降は，カフェレストランの利用者が，年間 1 万人を越えるまでになる．そのおよそ 4 割は阪神間からの来客であると

写真 12-1　旧雲部小学校外観（左）とカフェレストラン（右）
出所）インターネット情報誌「ふるさと兵庫"すごいすと"」ホームページ.

　いう．なお，カフェレストランの調理・配膳等を担うのは，地域おこし協力隊員や近所の女性・若手を中心とした13名である．
　また，若手の職人や作家たちから，制作場所として教室を借りたいという申し出があったのを機に，旧教室6つが工房・展示販売室に改装される．現在，革製品や丹波木綿，木工などの作家6名が入居している．そのなかには，地元丹波篠山市の住民だけでなく，阪神地域や播磨地域の出身者もいる．
　こうした小学校校舎の活用とともに続けているのが，都市部との交流である．神戸元町にある兵庫県のアンテナショップ，「元町マルシェ」に，毎週野菜を出荷している．また，元町マルシェと共同で，黒枝豆の植え付け，収穫，味噌作り等の農業体験ツアーを開催したこともある．
　里山工房くもべでは，地域の特産品を生かした加工品の開発にも乗り出している．県の支援を得て，地元特産の黒豆，山の芋を使ったスイーツの開発や昔ながらの駄菓子の復活に取り組んでいる．直売所や元町マルシェのほか，都市での交流イベントやふるさと定期便で，製品の販売を始めている．
　2020年4月に里山工房くもべが旧小学校の指定管理者になると，試行的にグランドの貸し出しも始める（同年11月末終了）．週末などは，キャンプやバーベキューを楽しむ県外の家族連れ等で賑わっており，'リゾート化'に向けた手応えを感じているという．

（2）福住地区（旧福住小学校）
　　——地域自治組織：福住地区まちづくり協議会，運営主体：(特非) SHUKUBA——
　福住は，かつては京街道の宿場町として栄えた地区である．今も往時を偲ぶ

ことのできる街並みが残る中心部は，重要伝統的建造物群保存地区（伝建地区）
に指定されている．地区人口は 1279 人，世帯数は 600 世帯を数える（2020 年 3
月末時点）．人口減少が進むものの，古民家等の空き家には，近年，都市から移
り住む人が増えている[3]．

　福住地区では，2007 年にまちづくり協議会（19 集落で構成）を立ち上げて以降，
単位自治会を越えた地区単位の活動を活発に進める．2010 年にまちづくり交
流拠点を設置したのをはじめ，移住定住促進住宅の整備，直売所・農家レスト
ランの開設，子ども向け農業体験スクールの開校など，さまざまな事業に取り
組んでいる．

　福住小学校の閉校（2016 年 3 月末）が決まると，協議会（地域振興部会）内に跡
地活用検討委員会（後に運営委員会）が発足し，地元住民を中心に検討が始まる
（写真 12-2）．そして，24 回にも及ぶ協議のすえ，伝建地区の中心にあり，宿場
町の本陣跡に建っていた旧小学校を「人や文化が行き交う拠点」とする方針を
決定する．この方針のもと，2018 年度から，旧小学校は住民，ボランティアの
協力も得て，交流拠点としてのカフェや農産加工品の開発にあたる共同利用加
工所，地域の歴史・文化を発信する展示室などに改修・整備される．

　旧教室等へのテナントの入居も進みつつある．旧音楽室には現在 2 名の IT
起業家が入居している．今後，その場をコワーキング・スペースにする計画も
進められている．また，旧家庭科室には，都市から移り住んだ写真家夫婦のギ
ャラリーが開設されている．このほか，旧職員室には，市の多紀支所が入居し，
施設の賑わいづくりに一役買っている．

　運営委員会は，交流により，稼ぐしくみづくりを構築する施設としての運営

写真 12-2　旧福住小学校外観（左）と食品加工所（右）
出所）兵庫県地域創生局．

を目指すなかで，雇用，施設管理，業登録などの面から法人での運営が望ましいとの結論を出す［福住 2018：37］．そして，2019 年 7 月，運営委員会メンバー有志が中心となって，「特定非営利活動法人 SHUKUBA」を設立する．メンバーは 10 名（うち理事 5 名），監事 2 名で，理事のうち 3 名はまちづくり協議会のメンバー，残りの 2 名は移住者の女性である．

　SHUKUBA は 2020 年 4 月以降，旧小学校の指定管理者として，旧教室等のテナント契約，貸館業務を担うとともに，自ら食品加工所の経営やイベント・展示会の開催，文化活動の支援等にあたっている．これらの活動を行なうため，現在 7 名を雇用している．

　SHUKUBA が現在目標に掲げているのは，特産品の開発である．食品加工所ではオープン以降，事業者・学校等からの依頼により，さまざまな加工品の受託生産を行っているが，近い将来，市のふるさと返礼品になるような自主商品の開発・販売を実現したいとしている．

おわりに

　雲部，福住両地区での旧小学校施設の活用検討は，まちづくり協議会の場における住民たちの議論から始まった．そのなかで，地区主体で運営する方針が定まり，住民有志らによる運営法人の設立へと進んでいった．そのプロセスは，まさに自律的，内発的な地域づくりの実践であったといえる．また，検討に際し地区の強みの再発見や将来ビジョンの共有がなされたことで，地域づくりの基盤はさらに強固なものになったと思われる．

　プロセスを主導したのは，実務経験豊かなまちづくり協議会役員（公務員 OB 等）である．そのリーダーシップのもと，地区の力を結集することで実現可能な事業プランが練られた．公的支援は資金面で実現の大きな助けになったが，支援メニューを上手く活用し，事業を着実に推進できたのは，彼ら地域リーダーの適切な判断があってのことであった．

　地域リーダーを支える人々のなかで注目したいのが，移住者や外部アクターである．両地区とも，旧小学校活用の検討から運営法人の立ち上げ，施設運営にまで移住者が密接に関わっている．また，外部の大学教員等もアドバイザーとして継続的に関与し，さまざまな助言を行っている．それにより，価値創造につながる新たな知恵やアイデアがもたらされているという．すなわち，両地

区が異質なアクターを受け容れることのできる‘寛容性’を持っていたことが，取り組みの推進に少なからず寄与している．

現下の状況に目を向けると，コロナ禍のなか，大都市に近接しながらも，自然豊かな丹波篠山市には，二地域居住や移住の候補先として以前に増して注目が集まっている．それに伴い，テレワーク，ワーケーション，マイクロ・ツーリズムなど新たな需要が生まれつつある．

両地区の旧小学校施設でも，こうした需要を取り込んでいくことが，今後の運営上重要になる．それとともに，次代の施設運営を担う新たな人材の発掘，育成が課題になる．移住者のネットワークも活用しつつ，施設の利用者・支援者を担い手へと誘うしくみの構築も検討すべきかと思われる．今後，両地区の旧小学校が内外のさまざまなアクターの交流・協働の場としてさらに発展していくことを期待したい．

付記

　ヒアリングにご協力いただいた（同）里山工房くもべ 今井進氏，丸井一正氏，（特非）SHUKUBA 佐々木幹夫氏，森田忠氏には，この場を借りて感謝申し上げます．

注

1）この調査対象には，小学校の廃校だけでなく，中学校・高等学校の廃校も含まれていて，小学校だけの住民関与の割合は未公表［文部科学省 2019］．校区が狭小な小学校だけに限定したら，関与の割合はさらに高くなると思われるが，廃校の3分の2を小学校が占めるので，大幅に上昇するわけではない．

2）旧雲部小学校，旧福住小学校とともに，本条例の対象施設となっているのが，大芋地区の旧大芋小学校である．大芋地区でもまちづくり協議会（大芋活性化委員会）が跡地利用の検討を行ない，検討委員会メンバーを中心に設立した「（一社）おくも村」が旧小学校の指定管理者になっている．旧大芋小学校は改修後の 2020 年 4 月より，宿泊施設を備えた施設（「泊まれる学校おくも村」）としてオープンしている．

3）移住者は古民家を改修して住居にするとともに，その場でゲストハウス，イタリアンレストラン，和食店，吹きガラス工房，地ビール醸造所などを営み，地区の活性化に寄与している［中塚 2018］．

4）指定管理者制度導入までの間，雲部地区には旧雲部小学校の運営に対し，市から交付金が追加交付されていた．2020 年度，雲部，福住，大芋の 3 地区には，それぞれ指定管理料が支払われている．また，両地区とも多自然地域の小規模集落等への支援を行う兵庫県の「地域再生大作戦」の補助制度を活用し，計画策定，起業化，法人化，施設改

修・整備等の取り組みを効果的に進めている.

5）里山工房くもべでは，移住 10 年目の IT 技術者が中心となって運営体制の若返りを図っている．福住地区では旧小学校に入居する移住 10 年目の起業家が，移住コーディネーターを務めている.

6）福住では，神戸大学の教員と学生有志が，旧福住小学校の利活用やまちづくり計画の策定，コミュニティ・サイトの立ち上げなどに協力してきた．学生のなかには，その後，地域おこし協力隊の活動を経て移住し，農業等に従事している者もいる．雲部では，兵庫県立大学のゼミが地区の将来を考えるワークショップなどを開催し，地元の自治会，老人会，PTA の人々と交流を行なっている.

参考文献

石坂将一 [2019]『Kumobe 里山ビジョン 2030』里山工房くもべ.

くもべ（くもべまちづくり協議会）[2012]『1500 年の未来に向けたほんものの里村づくり
　　——雲部ぐるっと・もっと・ずっとプラン——』.

中塚雅也 [2018]「集落における空き家活用とその構造展開」, 中塚雅也編『地域固有性の
　　発現による農業・農村の創造』筑波書房.

福住（福住地区まちづくり協議会）[2018]『H30 年度福住小学校跡地活用運営委員会報告
　　書』.

文部科学省 [2019]『平成 30 年度 廃校施設等活用状況実態調査の結果について』.

ウェブサイト

インターネット情報誌「ふるさと兵庫"すごいすと"」ホームページ（https://sugoist.pref.
　　hyogo.lg.jp/interview/kajitaniikuo, 2020 年 11 月 28 日閲覧).

丹波篠山市ホームページ（https://www.city.tambasasayama.lg.jp/index.html, 2020 年 11
　　月 28 日閲覧).

第13章 三重県名張市の新興住宅街の事業展開と
コミュニティビジネス

はじめに

　地域自治組織は，地域に関する意思決定権を持つという意味での「協議機能」と，地域に必要なサービスを提供するという意味での「実施機能」の両方を備えたものとされている（第1章参照）．ただし，地域自治組織に対しては，政治的意思決定を行うことが強く求められているというよりは，「地域を経営する」という視点から地域の将来ビジョンを協議し，それに従って地域づくり及び基礎生活支援に関わるサービスを提供していくことが期待されていると考えられる．とりわけ，公的支援では十分に行き届かない生活支援サービスを事業の形で提供し，地域の便益や住民生活の質の向上などを目的とするコミュニティビジネスは，地域自治組織の機能として期待されている．

　地域自治組織が地域の生活支援サービスなどを事業として継続的に展開する上では，事業に関わる責任の所在を明確にできる法人組織を持つことが望ましいと考えられる．しかし，地域自治組織そのものが法人格を取得しているケースはまだ少数にとどまっており，また，地域自治組織に適した法人格がなかなか見つからないという問題もある．

　一方で，地域自治組織は法人化せず，具体的な事業活動を行う下部組織（部会など）が法人格を取得することは，1つの有効な選択肢となり得る．本章では，名張市のつつじが丘・春日丘地区の地域自治組織の概況と，同組織が設立・運営しているNPO法人「生活支援つつじ・春日丘」の事例を紹介し，地域自治組織によるコミュニティビジネス展開のあり方について考察する．

1. 地域の概要

(1) つつじが丘・春日丘地区の概況
第6章で紹介しているとおり，三重県名張市では，地域自治組織（「地域づく

図 13-1　名張市 15 地区とつつじが丘・
春日丘地区
出所) 名張市社会福祉協議会提供資料を基に筆者作成.

り組織」) を条例化し，全市を 15 地区に分け，全ての地区に地域自治組織が結成されている．つつじが丘・春日丘地区は，名張市の中部に位置する住宅街である (図 13-1)．

　もともとは丘陵地・森林を形成している高台であるが，1970 年代末から1980 年代にかけて新興住宅街の建設とともに新住民が大量に流入して同地区が形成された．人口は，2000 年までに 1 万 1100 人まで増加した後に漸減し，2020 年 11 月現在の人口は 1 万 583 人 [名張市つつじが丘市民センター 2020] となっているが，依然として名張市の中では 2 番目に多い人口を抱えている地区である．

　名張市は大阪までの接近性がよく，つつじが丘・春日丘の団地に移住した新住民の多くは，大阪周辺に勤務するサラリーマン層であった．同地区の高齢化率 (65歳以上人口比率) は 2019 年 4 月現在36.6％であるが，団塊世代であるサラリーマン層のリタイヤがほぼ完了する 2024 年までに，高齢化率はさらに大幅に上昇することが予想されている．

(2) 地域自治組織「つつじが丘・春日丘自治協議会」
　つつじが丘と春日丘地区は，住宅団地を構成する「番町」と呼ばれる単位自

図 13-2　つつじが丘（右）・春日丘（左）地区の全体図
出所）名張市［2017］『なばり地域カルテ』を基に筆者作成.

治会からなっている．つつじが丘団地には 18 の番町，春日丘には 6 つの番町があり，それぞれを束ねる 2 つの連合自治会が存在する（図 13-2）.

　地域自治組織である「つつじが丘・春日丘自治協議会」（以下「自治協議会」）は，2 つの連合自治会をまとめた組織という位置づけであるが，現在，地域自治組織として実際に機能しているエリアはつつじが丘団地のみである．地域自治組織が形成された当初，つつじが丘と春日丘の合併が提案されたが，地理的に距離の離れている春日丘団地側との合併が実現しなかったため，春日丘の自治会連合会（「春日丘自治会」）は独自に運営されることになった．名張市では，市内 15 地区の規模に応じて交付される一括交付金である「ゆめづくり地域予算制度」を設けており（第 6 章 2 節 (2) 参照），つつじが丘・春日丘地区では毎年度，人口に応じて春日丘地区に 10％を配分し，残りの 90％を使って自治協議会を運営している.

　自治協議会の運営は，従来のつつじが丘自治会連合会の構成員によって行われている．連合自治会の下位組織として「交流部門」（生活安全部，環境部，健康福祉部，子ども育成部など）と「総務部門」（管理部，財務部，広報部，総務部・事務局）が設置されている．これらの部会活動は，つつじが丘地区の 18 の番町の住民たちの日常生活に関わるものであり，各自治会の役員が部員として活動に参加し

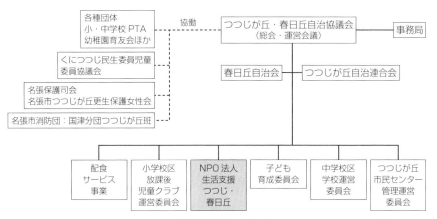

図 13-3　つつじが丘・春日丘自治協議会の組織図（2020 年 4 月 1 日現在）
出所）つつじが丘・春日丘自治協議会提供資料を基に筆者作成.

ている．一方で，自治協議会の中には，地区全体に関わる活動・事業を司る下
位組織（委員会や事業体など）が位置づけられている．自治会連合会の部会と自治
協議会の下位組織による全ての活動は，地域自治組織として策定する「地域ビ
ジョン」と一括交付金を活用した「ゆめづくり事業」の計画・実行につながる
ものとして，相互連携・協働する体制となっている（図 13-3）．

2.　│　地域自治組織傘下NPO 法人によるコミュニティビジネス

　この自治協議会組織の下位組織として，NPO 法人「生活支援つつじ・春日
丘」（以下「NPO 生活支援つつじ」）が位置づけられている．自治協議会が 2010 年
6 月からゆめづくり事業として「生活支援事業計画」を推進し，2011 年末から
2012 年にかけて生活支援，サロン（憩いの場），移動支援の 3 つの事業を開始し
た（図 13-4）．しかし，自治協議会自体は任意団体であり，事業に伴う安全事故
などのリスクが代表者個人の負担になっていたため，これらの事業を行うため
の法人組織として，2017 年 4 月に NPO 法人として設立された（表 13-1）．事務
局は，自治協議会事務局のある市民センター近辺の「つつじが丘有償ボランテ
ィア事業生活支援センター」に位置している．以下に，NPO 生活支援つつじが
行っている事業について簡略に紹介する．

図 13-4　NPO 法人「生活支援つつじ・春日丘」の組織図
出所）名張市つつじが丘・春日丘自治協議会提供資料を基に筆者作成.

表 13-1　NPO 法人「生活支援つつじ・春日丘」の沿革

2010 年 6 月	生活支援事業計画の推進
2011 年 11 月	憩いの場「サロン・モア」開設
2012 年 7 月	生活支援「ねこの手」開始
2012 年 10 月	移動支援「は〜とバス」（思いやりバス）運行開始
2017 年 4 月	NPO 法人生活支援つつじ・春日丘開設

出所）名張市つつじが丘・春日丘自治協議会提供資料を基に筆者作成.

（1）移動支援事業「は〜とバス」（思いやりバス）

　名張市には，複数の地区において「は〜とバス」と呼ばれるコミュニティバスが運行されている．つつじが丘地区では，は〜とバスを導入している先行地区と情報交流をしながらしくみづくりを行い，2012 年 10 月から運行を開始した．ドライバーは計 8 人で，2019 年度の運行状況は，運行日数が 287 日，運行便数が 1435 便，利用者数は延べ 1 万 2958 人，1 日平均利用者数は 45.3 人となっている．

　つつじが丘地区のコミュニティバスの特徴は，コミュニティバスを日常的に利用する「利用会員」（会費：1000 円／月）とは別に，「賛助会員」として，全ての自治会員から自治会費に毎月 50 円の会費を上乗せして徴収する形にしている[4]ことである．この会費収入（会計上は「地区住民支援金」）が年間約 200 万円であり，主な収入源の 1 つとなっている．そのほか，車両の購入と維持（買い替えを含む）に関しては，市からの一定額の補助金を受けている[5]．なお，コミュニティバス事業に関しては，NPO 法人開設の際，「高齢者の移動支援」という社会

写真 13-1　つつじが丘地区のコミュニティバス「は～とバス」
出所) つつじが丘・春日丘自治協議会提供資料.

福祉的・公益的性格を持つ事業であることを強調し, 非課税事業として認められている.

　つつじが丘地区のコミュニティバスは, いわゆる「door to door」方式で, 決まった箇所にバス停を設置するというよりも, バスを利用する会員の自宅前に送迎する方式で運行している (写真 13-1). さらに, バス停から敷地内の階段を上って玄関先まで添乗員が買い物などの荷物を一緒に運ぶなど, 高齢者の生活支援に焦点を当てたサービスがなされている. 利用者は, バス利用日に合わせて自宅に旗などの印をつけて, 区域内を巡回する運転手に知らせる. 現在では, 運転手が高齢者のバス利用者たちの利用パターンを把握しており, いつもの利用日に現れない場合は, のちに事務所に戻って直接電話をかけ安否確認をするなど, 見守り機能も併せて行われている.

(2) 生活支援事業「ねこの手」

　「ねこの手」事業はいわゆる「お手伝いサービス」事業であり, 2012 年 7 月から開始した. 高齢者世帯が増えてきたことから, ガレージの修理や草刈り(除草・剪定), 部屋の模様替え, 網戸・障子などの張り替え, 不用品処分などの力作業への需要が高まり, 有償ボランティアの形でお手伝いサービスを行っている.

　利用者は入会金 500 円を納付し, お手伝い作業の金額は時間給で換算される. 従事者は 15 人であり, 2019 年度の利用件数は 273 件, 作業時間が 2561 時間, 収益は約 280 万円となっている. とりわけ草刈り作業の依頼が多く, 利用件数の約 59％, 作業時間の約 85％を占める. 人件費のほかにも車両や工具などの維持経費がかかるため, 市からの補助金が 40 万円支給されている.

(3) サロン事業「喫茶モア」

「喫茶モア」は，2011年11月から
つつじが丘市民センターに常設して
いるコミュニティサロン及びカフェ
事業である（写真13-2）．サロンの利
用自体は無料で，コーヒーなどの飲
み物を100円で提供している[6]．喫茶
モアの運営を手伝うサポーター20
人が有償ボランティアの形で働いて
いる．2013年度からは土曜日にも
営業するようになり，2019年度の
開店日数は年間284日，利用者数は
1万4529人，1日平均利用者数は

写真13-2 「喫茶モア」の風景
出所）つつじが丘・春日丘自治協議会提供資料．

51.2人となっている．喫茶モア事業は，上記の飲食利用料が収入の多くを占め
ており，ほかにも名張市社会福祉協議会からの助成金5万円，自治会からの支
援金10万円が支給されている．

　市民センターや公民館といった地域自治組織の拠点施設で開催されるコミュ
ニティカフェやサロン事業は，利用者の住民たちを拠点で行われるほかの行事
や活動に誘導する効果を期待できる．名張市の場合，2005年度に15地区の市
民センターに「まちの保健室」を設置しており，保健師や介護福祉士，看護師
などが常駐しながら各種の相談や健康プログラムなどを提供している．喫茶モ
アは，利用者の大部分を占める高齢者の住民たちがまちの保健室に立ち寄った
り，健康プログラムなどに参加したりするきっかけづくりの場にもなっている．

(4) NPO法人としての収入内訳

　これまで紹介してきた3つの事業の収入内訳を「稼いだ収入」と「もらった
収入」，及び「個々の市民」と「政府行政セクター」［後 2015：90；後・坂
本 2019：87］に分け，日本におけるNPO法人の収入構造と比較した（表13-2，表
13-3）．

　日本における認証NPO法人の収入における「稼いだ収入」の割合は79.2%
となっており，とりわけ政府行政セクターから稼いだ収入（公共事業収入）は
65.4%を占めている．一方で，政府行政からの補助金・助成金などの「もらっ

表 13-2　NPO 法人（認定・特例認定を除く）のマクロな収入構造

区分	稼いだ収入	もらった収入	合計
個々の市民等	6.5%	4.0%	10.5%
政府行政セクター	65.4%	12.1%	77.5%
ボランタリーセクター	3.3%	3.9%	7.2%
企業セクター	4.0%	0.9%	4.9%
合計	79.2%	20.9%	100%

出所）後・坂本［2019：87］.

表 13-3　NPO 法人生活支援つつじ・春日丘の収入内訳（2019 年度）

区分	稼いだ収入	もらった収入	その他	合計
個々の市民等	59.7%	23.8%		83.6%
政府行政セクター		14.9%		14.9%
その他			1.5%	1.5%
合計	59.7%	38.8%	1.5%	100.0%

出所）NPO 法人生活支援つつじ・春日丘の『2019 年度事業報告書』より筆者作成.

た収入」は 12.1%，個々の市民などからの寄付金は 4.0% と低い水準にあることがわかる.

　上記と比較した場合，NPO 生活支援つつじは，「稼いだ収入」が 59.7% を占めており，事業活動による収入が多くを占めている点では共通している．一方で，特徴的なのは，政府行政から稼いだ収入が存在しないこと，また，個々の市民などからの寄付金・支援金が 23.8% であり，政府行政からの補助金・助成金などよりも高い水準にあることである．先述のとおり，NPO 生活支援つつじでは，当該サービスを直接利用しない住民たちからも，自治会費の一部を賛助会費の形で徴収できているからである．これは，日本の地縁組織において自治会費などの形で徴収される資金の一部が，NPO 法人としての事業に活用できる余地があることを示している．

　資金の使途からすると，コミュニティバス事業の事例のように，初期投資や設備投資にかかる費用を行政からの補助金でクリアし，操業開始後は地域住民からの事業収入または寄付金・支援金によってランニングコストを賄い事業を展開していくという流れが可能になっているといえる．

おわりに

(1) 成果と展望

これまで，つつじが丘・春日丘地区の地域自治組織を取り上げ，地域住民への生活支援サービス事業を始め，傘下に安定的な事業組織として NPO 法人を設立した経緯について紹介した．コミュニティビジネスといえば，農産物や海産物などの地元産品を使った商品開発やグリーンツーリズム，廃校や古民家などの遊休地を活用したコミュニティカフェの運営などが典型例として取り上げられる．一方で，高齢化の進行に伴い，移動支援や生活支援などの分野においても，事業化によって行政が対応できないニーズを満たすことは，地域自治組織だからこそ担えることと考えられる．

現在の動向として，自治協議会では，2021 年度から NPO 生活支援つつじを独立させる予定である[7]（図 13-5）．自治会からの支援金や補助金の支給はこれからも行われるが，事務局機能は独立し，「協力・協働機関」として新たに位置づけられることになる．これまでは自治協議会が事務局機能を一部負担していたが，設立後 3 年が経過した今，NPO 法人として自律運営ができていると判断したためであるという．

さらに，自治協議会側では，移動支援と生活支援に加えて，名張市が推進している「高齢者総合福祉事業部門」をビジネス（有償ボランティア）の形で運営することをも希望している．これは，地域自治組織が高齢者の健康寿命に関わる

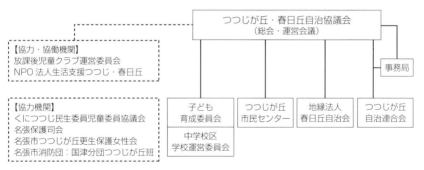

図 13-5 新たなつつじが丘・春日丘自治協議会の組織図（2021 年度予定）
出所）つつじが丘・春日丘自治協議会提供資料.

さまざまな健康関連プログラムなどを有償で提供する形として検討されており，コミュニティバス事業のように，自治会費のうち，憩いの場づくり及び健康プログラム提供に関わる会費を徴収することになる．ただし，これは，各家庭の納付する自治会費総額を増やさずに実現することが目指されており，そのために従来の自治会関連業務の棚卸しと効率化を併行して進められている．このように特定事業のための組織と財源を確保することにより，従来なら自治会の特定部会が無償ボランティアで担わされていた事業を，定年退職した男性やパート・アルバイト経験のある女性を雇うといった形で解決していくことが趣旨となっている．

　将来的には，地域自治組織をベースにしながらさまざまな地域サービスを提供する NPO 法人が生まれ，自律運営できるまで成長したら協力機関として独立していく，という流れも，1 つの可能性として示唆される．

(2) 今後の課題

　ただし，3 事業には課題もある．移動支援事業「は～とバス」は，これから高齢化率のさらなる上昇にともなう運転免許証返納者の増加など，需要増が見込まれる一方，住民への認知度を上げ新たな会員を獲得するための工夫が必要とされている．運休日の車両を地域自治組織の支援などに活用する方策も検討されている．生活支援事業「ねこの手」は，サポーターのなり手不足と料金体系の見直しが課題としてあげられている．サロン事業「喫茶モア」は，市民センターを利用する各種住民サークルが展示や発表会などに利用できる体制の整備など，拠点施設の利点をより積極的に活用すること，また，現在の主な顧客層である高齢者がもっと多様な世代と交流できるように，市民センター以外の居場所を開拓し，出張訪問での営業といった方式について検討されている．

　最後に，コミュニティビジネスを考える際の留意点は，市場原理で地域のすべてのニーズを解消することはできないということである．現状ではどうしても収益性を見込めない領域や，地域インフラ管理などの分野がそれである．より多くの地域住民が新しい角度から活躍できるプラットフォームが普及する一方で，住民の力だけでは解決できない領域への公的支援や，地域内外における産官学民の知恵と資源を活用できるオープンイノベーションの形成をも合わせた立体的な議論が求められる．

付記

　章の執筆にあたって，ヒアリングにご協力いただいた名張市つつじが丘・春日丘自治協議会の小引福夫氏，古川高志氏には，この場を借りて感謝申し上げる．

注

1 ）本書において実施したアンケート（第 4 章）でも，「協議・実行両方の機能を持っている」と回答した自治体が 82.5％に上っている．
2 ）この点に関しては，第 6 章「おわりに」(2) を参照されたい．
3 ）ただし，つつじが丘団地内に位置する市民センターの利用や学校教育関連事業については，春日丘団地の住民も同じく利用できる．
4 ）つつじが丘地区の自治会加入率は 89.1％（2019 年 4 月現在）である．
5 ）NPO 生活支援つつじの全ての事業に対して，総額 100 万円程度が補助金となっている．ただし，2020 年度はバス車両の買い替え（リース）があり，総額 150 万円程度になっている．
6 ）ただし，「飲食業」として提供しているわけではなく，あくまで「地域の高齢者等のための総合的な生活支援事業」の一環としての居場所づくり活動への参加費，という位置づけとなっている．「は〜とバス」（思いやりバス）や「ねこの手」事業も同様の位置づけである．
7 ）つつじが丘・春日丘自治協議会での 2020 年 9 月 28 日のヒアリングによる．

参考文献

後房雄・藤岡喜美子［2016］『稼ぐ NPO──利益をあげて社会的使命へ突き進む──』カナリアコミュニケーションズ．
後房雄・坂本治也［2019］「サードセクター組織の財務状況」，後房雄・坂本治也編『現代日本の市民社会』法律文化社．
地域自治組織のあり方に関する研究会［2017］『地域自治組織のあり方に関する研究会報告書』．
特定非営利活動法人生活支援つつじ・春日丘［2020］『2019 年度事業報告書』．
名張市［2017］『なばり地域カルテ』おさむしまちラボ．
名張市つつじが丘市民センター［2020］『つつじが丘市民センターだより（つつじが丘・春日丘)』12 月号．

144

第**14**章	浜松市の中山間地域と 集落支援型コミュニティビジネス ——夢未来くんまの生きがいサロンを例として——

はじめに

少子高齢化が進む日本にとって，中山間地域は，課題先進地ともいわれる．とかくビジネスは，人や情報が集まるところを中心に，これまで発展をしてきたといっても過言ではない．中山間地域は，一般的に人も情報も少なく，交通が不便，働く場が限られるなど，都市部と比較すれば不自由かもしれない．しかしながら，住民が立ち上げた任意の住民協議会組織として，中山間地域で収益事業を行うことで，集落支援型コミュニティビジネスを展開する NPO 法人が存在している．静岡県浜松市の中山間地域に位置する NPO 法人夢未来くんま（以下「夢未来くんま」）が全国的な事例として知られている[1]．本章では，夢未来くんまがある浜松市の中山間地域の現状と課題や夢未来くんまの変遷と取り組みを紹介する．さらに，夢未来くんまの組織体制と収入に着目し，その特徴を明らかにするとともに，ソーシャルビジネスにおける中山間地域の集落支援型コミュニティビジネスとして，「生きがいサロンどっこいしょ」[2]の課題と展望を整理し，今後の方向性についての考えを述べたい．

1. 浜松市の中山間地域と NPO 法人

(1) 浜松市の中山間地域の現状と課題

静岡県西部に位置する浜松市は，2005 年 7 月に 12 市町村が合併して 80 万人を超える人口規模となり，2007 年 4 月に政令指定都市へ移行して 7 つの区ができた．2010 年には，地域自治センターを廃止して，地区の協働センターに再編が進められた．2019 年に区再編の住民投票を行った結果，反対多数となったものの，市長の方針により区再編の検討の動きが議会も含めて活発となっている．市民活動では，浜松市所管の NPO 法人 236 団体（2020 年 5 月時点）が認証されている．

　中山間地域に着目すると，浜松市は，市町村中，市域面積が全国第 2 位であり，市域面積の約 7 割を天竜区が占め，天竜区の全域が北区の一部と合わせて中山間地域に位置付けられている．浜松市の『中山間地域振興計画』では，中山間地域の課題として，居住地面積が少ない条件不利地域，人口増減率で減少幅が 10% を超える過疎化，少子化，高齢化などがあげられている［浜松市 2015：4-5］．同計画を策定する際に行われた，市民アンケート調査では，都市部からの移住者の希望については，「希望する（39.8%）」，「どちらかというと希望する（33.9%）」を合わせると 73.7% と希望が 7 割を超えており，人口減少の中で，外部へ求める期待が大きくなっていることが分かる．浜松市は，同計画の中で，現状の問題や将来への不安から，地域に住む誇りが失われつつあり，活力が低下していると分析している．この計画の主要施策の中に位置付けられているものに，「コミュニティビジネスの創出」がある．浜松市は，地域が主体となって地域課題を解決するしくみとして，「コミュニティビジネス起業の機会を広げる」を明示している．コミュニティビジネスを担う，新しい公共の担い手として，NPO 法人，一般社団法人，地域自治組織などが期待されている．

(2) 天竜区における旧町村単位の NPO 法人の存在

　浜松市の北部に位置する天竜区において，特徴的なのが旧町村単位を基本とした NPO 法人が複数存在していることである．浜松市の天竜地域（旧天竜市）に位置する夢未来くんまは，昭和の合併前の旧熊村単位であり，NPO 法人がんばらまいか佐久間は，平成の合併前の旧佐久間町単位，NPO 法人ほっと龍山は，同じく平成の合併前の旧龍山村単位を母体としている．市町村合併に際して，行政サービスの低下や優先順位が下がるなどの点が危惧され，アイデンティティや地域の歴史を継承し，行政サービスの低下を招かないことを目的として集落型の NPO 法人の設立が各地で行われた［金川 2018：119］．合併時の町村単位を母体とする NPO 法人は，浜松市では天竜区にすべて存在している．これらの地域は，少子高齢化が進んでおり，共通の危機感が地域の結束を高め，新たな地域自治を生み出すきっかけになったと考えられる．その中でも全国的に有名であり，静岡県内の先駆けとして 2000 年に NPO 法人を設立したのが夢未来くんまである．

2. │ 夢未来くんまの集落支援型コミュニティビジネス

　高齢者向けの集落支援型コミュニティビジネスとして，「生きがいサロンどっこいしょ（以下「どっこいしょ」）」を手掛ける夢未来くんまの理解を深めるために，これまでの変遷と取り組みを紹介する．さらに，夢未来くんまの組織体制と収入に着目し，NPO法人の調査との比較を通じて，その特徴を明らかにするとともに中山間地域におけるコミュニティビジネスとして，どっこいしょの課題と展望についての考えを述べたい．

(1) これまでの変遷と取り組み

　浜松市天竜区の熊地区は，古くから秋葉山・鳳来寺街道と善光寺・奥山街道の交わる宿場として賑わっていた地域であり，地域の食文化が伝承されてきた．1985年に，手作りのみそや保存食づくりを行う農産物加工グループが誕生し，同年に「明日の熊を語る会」が地域で開催され，このグループの代表者がみその加工やそばを活用した地域活性化を呼びかけた．この背景には，地域の基盤産業であった林業の衰退と少子高齢化により，1955年には，2512人であった熊地区の人口が1985年には1205人を割り込んで半減しており，地域の活動に大きな影響を与えるようになっていたことがあげられる．これらの危機感から，1986年には，「熊地区活性化推進協議会」が全戸（306戸）加入で設立され，地域の活性化を目指して，くんまの村おこし事業がスタートした．1988年には，農産物を加工する「くんま水車の里」，そばを中心とした食事処「かあさんの店」や体験交流施設「ふれあいの家」を開設し，「ほたるを観る会」や「ふるさとまつり」などの活性化を目指したイベントを開始した．1989年には農林水産祭「むらづくり」部門において農林水産大臣賞・天皇杯を受賞し，先進事例として，全国から視察が多く訪れるようになった．1995年には，「くんま水車の里」が道の駅に認定を受けて，2000年には特定非営利活動促進法を活用し，「NPO法人夢未来くんま」が設立され，それまで地域をけん引してきた熊地区活性化協議会は発展的解消に至った．夢未来くんまの目的は，定款によると「地域資源を活用したモデル的なまちづくりを進め，心豊かで安心して支えあうことのできる新たなシステムづくりに寄与すること（一部抜粋）」となっていることから，法人化でさらなる信頼性の確保や財産の管理体制が整った．2001

年には，物産館「ぶらっと」がオープンし，くんまの特産品や工芸品を販売することで，多くの来場者に利用されている．2020 年度の夢未来くんまの会員数は，396 名（2020 年度 5 月総会時点）である．熊地区の全戸加入型の形式で，定款によれば入会金は 1000 円，会費は 100 円であり，熊地区に居住する成人がほぼ加入している状況にある．

(2) 組織体制と 4 つの部の活動

　夢未来くんまの組織として，総会，理事会の下に，事務局と「水車部」「しあわせ部」「いきがい部」「ふるさと部」の 4 つの部があり（図 14-1）．各組織の構成員は，地域住民である夢未来くんまの会員となっている．「水車部」では，そば料理を中心に提供する「かあさんの店」，みそ，まんじゅう，こんにゃく，漬物，五平餅，お菓子などのオリジナル商品を生産する「水車の里」，その商品や地域の特産品，工芸品などを販売する物産館「ぶらっと」，そば打ち体験や五平餅づくり体験なども提供している．「しあわせ部」は，集落支援として，高齢者の福祉事業の「配食サービス」と「生きがいサロンどっこいしょ」を行っている．配食サービスは，社会福祉協議会からの依頼で民生委員と協力して，一人暮らしの高齢者へ月に 1 回，夕食を届けるものである．「生きがいサロンどっこいしょ」は，夢未来くんまの会員であれば利用が可能で，高齢者の居場所や生きがいづくりを進めている．「いきがい部」は，社会教育やまちづくり，交流促進，地場産品振興のために，各種自然体験・観察や年に 1 度の大寒謝祭などを開催している．また，「ふるさと部」は，くんま子供の水辺として，体験学習型の観光保全活動などに取り組んでおり，環境学習の場所として，「水辺の

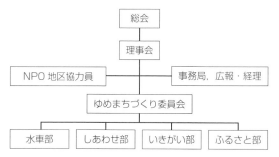

図 14-1　夢未来くんまの組織図
出所）夢未来くんま［2020a：5］．

里」「熊平オートキャンプ場」「ホタルの里」の 3 カ所が設けられている．さらに，自治会との関わりとして，NPO 法人の地区協力員制度があり，各地区から選出された人が務め，年会費の徴収や回覧協力，イベント開催時の応援などの活動支援を行っている．

(3) 収入の規模と特性

　夢未来くんまの活動を支える収入はどうなっているのであろうか．NPO 法人の収支計算書（2019 年度）によると，夢未来くんまでは，民間から「稼いだ収入」が 6 割を占めており，NPO 法人の全国調査の同収入が 2 割であることから［後 2015：21］，高い割合となっている．NPO 法人が実際に社会問題の解決において成果を上げるためには，収入を持続的に生み出すことが不可欠である［後 2016：20］．夢未来くんまの収支計算書（2019 年度）によると，決算額が全体で約 9000 万円の収入規模となっており，水車部が約 5400 万円，補助金 1250 万円，財産区 870 万円と続いている．夢未来くんまの特徴を明らかにするために NPO 法人の収入内訳（表 14-1）と夢未来くんまの収入内訳（表 14-2）を比較してみる[5]．NPO 法人では，政府行政セクターから「稼いだ収入」が 36.4％と最多となり，主に業務委託やバウチャー制度，指定管理者などによるものである．「もらった収入」では寄付や補助金などが主なものであり，合計は 22.6％となっている（表 14-1）．

　一方，夢未来くんまでは，民間から「稼いだ収入」が最多の 61.6％を占めており（表 14-2），NPO 法人の同収入の 20.5％と比べて（表 14-1），約 3 倍となっている．政府行政セクターから「稼いだ収入」はなく，「もらった収入（補助金等）」は，13.8％と多くなっている（表 14-2）．補助金については，地域活性化ととらえることができることから，過疎地域のコミュニティビジネスなどを対象とした補助金（助成金）が比較的多くなっている［金川 2018：85-86］．補助金の活用も 1 つの手段ではあるものの，年度による採択・不採択の変動が大きいことが持続可能性の観点から懸念される．これらから，夢未来くんまは，水車部の収入が原動力となり，他の部の高齢者支援，交流人口の増加の催しや環境保全活動などの社会的課題を解決する活動を支援しているのである．コミュニティビジネスとしては，収益事業が別にあり，地域課題の解決のための事業を行うハイブリッドタイプとなる．

表 14-1　NPO（特定非営活動）法人の収入内訳　　　　　（%）

区分	稼いだ収入	もらった収入	その他	合計
民間	20.5	21.2		41.7
政府行政セクター	36.4	1.4		37.8
その他			20.5	20.5
合計	56.9	22.6	20.5	100.0

出所）NPO（特定非営利活動）法人の収入内訳［内閣府 2013：35；後 2015：21］.

表 14-2　夢未来くんまの収入内訳（収支計算書）　　　　（%）

区分	稼いだ収入	もらった収入	その他	合計
民間	61.6	0.1		61.7
政府行政セクター		13.8		13.8
その他	9.7	0.1	14.7	24.5
合計	71.3	14.0	14.7	100.0

出所）2019 年度収支計算書［夢未来くんま 2020b：6］の収入を分類して筆者作成.

（4）コミュニティビジネス「生きがいサロンどっこいしょ」の活動

　経済産業省の定義によれば，「コミュニティビジネスとは，地域の課題を地域住民が主体的に，ビジネスの手法を用いて解決する取り組み」を指す．主な収益事業を別に持つ，ハイブリッドなコミュニティビジネスに位置付けられる，どっこいしょ[6]は，夢未来くんまの組織内の 4 部の 1 つである「しあわせ部」が行っている．NPO 法人の設立当時から 20 年以上継続されている高齢者のための福祉事業であり，ふれあいサロンのことである．熊地区の住民なら年齢に関係なく誰でも参加でき，各地区の対象者は 7 〜10 人程度となっている．この活動には，地域の課題である高齢者のひきこもりを無くし，もう 1 つの居場所として「しゃべって，笑って，触れて，新しい自分を発見したり，生きがいを見つけたりしてもらえたら」という，参加者への夢未来くんまの願いが込められている．

　どっこいしょは，各地区の自治会公会堂などを活用して，各家庭や夢未来くんまが参加者を送迎することにより，5 地区で月 1 回ずつ，午前 10 時〜午後3 時に昼食付きで行われてきた．主な活動には，血圧測定，「どっこいしょの歌」の歌唱，簡単な運動としてロコモーショントレーニング[7]を行うとともに，

毎回テーマを決めて，保健指導，警察の安全指導，読み聞かせ，デイサービスとの交流，レクリエーションなど，多様な活動が行われている．昼食には，かあさんの店で作られたお弁当が用意され，2019 年度の実績として年間 395 食が提供されている．参加者が負担する費用は，年会費 2000 円と 1 回当たりのお弁当代のみの 650 円である．支援として夢未来くんまには，地区社会福祉協議会から一部活動の助成があるものの，民間の講師費用や担当者の人件費などの多くは NPO 法人側の負担となっている．2019 年度の収支計算書によれば，どっこいしょの福祉サービスの提供で 102 万円の決算額を計上している．どっこいしょの現在の会員数は 46 名（2020 年度）で過疎化に伴い，減少傾向にある．

　しあわせ部の責任者は，「20 年以上前に高齢者の居場所づくりを考えた創設者たちは本当にすごい．私も後継者が育ってくれたら，いつか，どっこいしょの中で昔話ができたらいい」と話してくれた．一人暮らしの高齢者は，人と話す機会が少なくなりがちであり，高齢者がひきこもらず，生きがいを持って暮らせる環境づくりを集落支援型コミュニティビジネスとして，夢未来くんまが担っているのである．

（5）どっこいしょの課題と展望について

　夢未来くんまのしあわせ部の責任者にヒアリング[8]を行い，課題を整理して今後の展望を述べる．まず，後継者の育成については，長年の課題ともいえ，中山間地域の NPO 法人にとって，その事業の存続を脅かすほどの重要な意味を持っている．引き続き，担い手不足の解消のため，後継者の育成を進めるとともに，外部の他の団体との共催など，協力を得ながら活動することが，負担軽減を図る一助となるだろう．

　次に，どっこいしょの会員の減少について，以前には，60 人以上であったが過疎化により 46 人となっている．会員の増加のためには，どっこいしょの活動の意義として，健康維持や生きがいづくりのよさを伝えていく，地道な活動を続けていくとともに，お試し会員制度などを導入することで，体験のきっかけを増やすことも可能性が広がると考える．これらの担い手不足や会員減少などのどっこいしょの課題には，前述の浜松市の中山間地域の課題として取り上げた，過疎化や少子化，高齢化の影響が当てはまることを確認できた．

お わ り に

　これまで，浜松市の中山間地域の現状と課題を整理するとともに，夢未来く
んまの集落支援型コミュニティビジネスとして，どっこいしょの活動を取り上
げて紹介してきた．課題として，後継者の育成，どっこいしょの会員の減少な
どがあり，今後の展望を述べた．

　夢未来くんまは，水車部（かあさんの店，水車の里，物産展「ぷらっと」など）の収
益事業を中心に，民間から「稼いだ収入」の割合が約 6 割となり，調査に基づ
く NPO 法人の収入と比較して約 3 倍と高く，行政からの委託事業等の稼いだ
お金がないことが特徴であった．水車部はまさに，夢未来くんまの全体の原動
力であり，しあわせ部のどっこいしょをはじめ，他の部の持続可能性を高めて，
活動を支えている存在であった．

　このことから，人や情報が限られた中山間地域のコミュニティビジネスは，
受益者とサービス提供者との関係性で完結するタイプとは異なり，受益者から
得た収益を用いて，他の受益者向けのサービスを提供することが必要になると
考える．中山間地域の社会的課題を解決するため，どのように収益を上げるの
か，どのように目的を達成するのか，どのように持続可能性を高めていくのか
が，SDGs 時代におけるコミュニティビジネスに問われているのである．今後
の方向性として，中山間地域を守り維持するために，地域資源を有効活用した
収益事業と目的を達成するための非営利事業のハイブリッドシステムの性能を
高めていく必要があるだろう．加えて，環境変化にも対応して高い収益性を持
つ「コミュニティ・ビジネス・エンジン」を生み出すことこそが，これからの
日本の中山間地域の持続可能性を高めていくことにつながるのではないだろう
か．事例として取り上げた夢未来くんまの水車は，これからも未来に向けて，
回り続けるであろう．

注
1 ）全国町村会［2017］『町村における地域運営組織』に地域運営組織の全国的な事例とし
　て，NPO 法人夢未来くんまが紹介されている．
2 ）コミュニティビジネスは，社会的課題に対してビジネス手法を用いて解決するソーシ
　ャルビジネスに内包されており，一部ということができる［坪井・金川 2017：106］．

コミュニティビジネスが主な事業対象を国内の地域に置くものの，ソーシャルビジネスは，国内外を問わないなどの違いがある．

3）2014 年に浜松市が行った「浜松市中山間地域市民アンケート調査」では，回答数 392 人，回答率は 60.3％となっており，中山間地域振興計画の策定に当たり，中山間地域の抱える課題や住民ニーズの把握を目的に実施されたものである（https://www.city.hamamatsu.shizuoka.jp/shiminkyodo/tyusankan/documents/yamasiminn.pdf, 2021 年 6 月 25 日閲覧）．

4）変遷と取り組みでは，夢未来くんま［2020a：1-12］が詳しい．

5）政府行政セクターからのもらった収入には，用途制限のある補助金や財産区収入も夢未来くんまの全体像を示すために計上している．

6）どっこいしょの活動内容は，2019 年度の活動を中心としている．

7）ロコモーショントレーニングとは，片脚立ちとスクワットで運動機能を健康に保つための運動のこと．

8）ヒアリングは，2020 年 11 月 12 日に夢未来くんまにてどっこいしょの責任者に行った．

参考文献

後房雄［2015］「公共サービス改革の進展とサードセクター組織——社団法人，財団法人の新たな展開——」RIETI Discussion Paper Series 15-J-023.

————［2016］「NPO は稼いではいけないのか」，後房雄・藤岡喜美子『稼ぐ NPO——利益をあげて社会的使命へ突き進む——』カナリアコミュニケーションズ．

金川幸司編［2018］『公共ガバナンス論——サードセクター・住民自治・コミュニティ——』晃洋書房．

坪井秀次・金川幸司［2017］「日本のソーシャルビジネスと公共調達制度に関する研究」『日本都市学会年報』51.

内閣府［2013］『特定非営利活動法人に関する実態調査報告書』．

浜松市［2015］『中山間地域振興計画　みんなでやらまいか宣言！』．

夢未来くんま［2020a］『くんまがパッと明るくもっと元気に！』．

————［2020b］『令和 2 年度（21 回）通常総会資料』．

第**15**章 | 地域自治組織を支援する組織
——三重県松阪市の例——

はじめに

　地域自治組織は，自治会町内会など従来の地縁組織に加えて，地域内のさまざまな主体（市民団体やNPO法人，企業など）と連携しながら活動することが期待されているが，実際に市民団体やNPO法人などの団体と緊密な連携が取れているケースはまだ少ない．長年，地縁組織として地域づくりを担ってきた経緯があり，これまでの構成員・団体とは異なる主体の参画が積極的に想定されてこなかったことも一因であると考えられる．現時点では，地域自治組織そのものの法人化の検討，または，地域活動の各分野を担う下位組織（「部会」など）がNPO法人格を取得する，といった形がよく見受けられる．

　日本のNPO法人におけるいわゆる「中間支援組織」は，特定非営利活動促進法（NPO法）別表（第2条関係）に定められているように，一次的にはあくまでNPO法人，または将来的にNPO法人になり得る市民活動団体などの運営や活動に関する連絡，助言または援助を指す．ただし，一方で，中間支援団体として活動するNPO法人が，自治体行政との協働を通じて，自治体内の地域自治組織との連携を進めるケースもある．本章では，三重県松阪市の市民活動センター指定管理者であるNPO法人「Mブリッジ」の活動を事例に，NPOが地域自治組織の中間支援組織として果たせる役割の可能性について紹介する．

1. | 松阪市の地域自治組織

(1) 松阪市の概要

　三重県のほぼ中央に位置する松阪市は，2005年に1市4町（旧松阪市，旧嬉野町，旧三雲町，旧飯南町，旧飯高町）の合併によって県の東西を横断する形になり，現在は県庁所在地の津市に次いで県内2番目の面積を有している（図15-1）．総面積623.58 km^{2}のうち森林が68.6％を占めている一方で，近鉄山田線とJR東

図 15-1　松阪市の位置
出所) 三重県ホームページ.

海へのアクセスがある中心市街地は，戦国時代から伊勢街道が市街を通り，宿場町として栄えた経緯を持っている．人口は 2005 年をピークに減少傾向にあり，2020 年 9 月現在の人口は 16 万 2342 人，高齢化率 (65 歳以上) は 29.7％となっている．

(2) 松阪市における地域自治組織の経緯と現状

　全国的にみると，地域自治組織の導入が進む背景として，市町村合併による住民と行政の距離の拡大，人口減少などによる行政の対応能力の限界，従来の地縁組織を中心とした地域環境の変化 (自治会加入率の低下，人々の価値観の変化，家族形態やライフスタイルの多様化など) などが考えられる [三重県地方自治研究センター 2017：11-12]．松阪市の場合，1 市 4 町合併が検討されていた 2003 年から，地方分権一括法の趣旨を受け，「市民参加・参画・協働システム構築検討委員会」「コミュニティ活性化検討委員会」「地域マネジメント構築検討委員会」など複数のワーキンググループを立ち上げた．そこでは，共通して，合併により行政面積が大幅に増加するなか，従来の自治会町内会 (本章は自治会) よりも広い範囲 (おおむね小学校区に当たる，市民センターまたは公民館エリア) をカバーする新しい住民組織の必要性が提示された．

　合併が行われた翌年の 2006 年に 3 つの地区で地域自治組織が結成されたことを皮切りに，同市は，「住民協議会」という名称の地域自治組織を市内全地区において設立することを住民側に働きかけた．その後，2011 年度末までに期限を設け，おおむね小学校区を単位とする市内 43 地区において住民協議会が設立されることとなった (図 15-2)．2014 年度施行の「松阪市市民まちづくり基本条例」(第 13・14 条)，2016 年 3 月施行の「松阪市住民協議会条例」において，

設立年度	設立数
平成18年度	3 地区
平成19年度	4 地区
平成20年度	3 地区
平成21年度	3 地区
平成22年度	10 地区
平成23年度	20 地区

行政面積 623.66 km²

図 15-2　松阪市の住民協議会エリア図
出所）松阪市「住民協議会エリア図および設立経過（平成 27 年 10 月 1 日現在）」(https://www.city.
matsusaka.mie.jp/uploaded/attachment/2299.pdf, 2020 年 11 月 1 日閲覧).

住民協議会が位置づけられている.

　住民協議会は，多くの自治体における取り組みと同様，従来の自治会及び自
治会連合会といった地縁団体が中心的な実行組織であり続けながら，地区内の
さまざまな個人，団体が構成員として参加できる組織として定義される．住民
協議会の設置完了に伴い，松阪市は，住民協議会のための人的支援と財政的支
援体制を整備した．人的支援としては，住民協議会の支援に関わる市職員への
研修，各地区の公民館・市民センターを通じた支援と連携[2]，地元に住む市職員
によるボランティアである「地域応援隊」制度の設置などが行われた．財政的
支援としては，それまで分野別に支給されていた縦割り補助金を廃止し[3]，住民
協議会への一括交付金である「活動交付金」制度に転換した．活動交付金は，
地区ごとに支給される均等額や人口割額のほか，ふるさと納税者の意向により
住民協議会へ支給される「ふるさと応援寄附金」，敬老事業に使途を限定した
「地域敬老事業推進特別交付金」，コンペ方式で一定額を支給される「地域の元
気応援事業」などからなっている［松阪市 2019：17-34］．また，一括交付金方式
の導入に合わせて，すべての地区の住民協議会には，まちづくりに関する計画

表 15-1　松阪市の住民協議会における課題と今後の主な取り組み

住民協議会の課題	住民協議会に関する今後の主な取り組み
• 住民協議会のあり方や運営などにおいて，地域を取り巻く状況や既存組織などとの関係の整理 • 行政の支援，より良い協働のしくみづくり • 人材の育成や活動団体相互の連携	• 地域活動の関係団体などとまちづくり課題について協議・検討し，それぞれの役割を生かせる環境づくりを推進 • 「地域計画」にもとづく協働のまちづくり推進 • 自律支援体制や活性化のための財政的支援などのしくみ充実 • 市民活動のネットワーク拡充

住民協議会への認知度：現状（2015 年度）24.7% → 目標（2019 年度）45.0%へ
住民協議会への参加率：現状（2015 年度）23.7% → 目標（2019 年度）40.0%へ

出所）松阪市 [2016：16].

　（「地域計画」）の策定が求められている．現在，43 地区のうち 41 地区において地域計画が策定・公表されている．

　松阪市の住民協議会については，組織の位置づけや自治会など既存の地域組織との関係の整理，人材確保や団体間の相互連携，住民の認知度向上などが課題として認識されている（表 15-1）．また，合併した旧松阪市エリアと旧 4 町エリアとの間で地理的・文化的多様性があり，地区によっては人口の差が 100 倍近くあるなど，規模においてもバラつきがある．地域自治組織の事務局が位置する拠点施設も，公民館と市民センター，体育センター，老人福祉センター，出張所内，協議会代表の自宅などさまざまであり，地区ごとの現状把握など，情報の取りまとめは容易ではないことがうかがえる．

　新たな住民協議会体制の導入にあたって，単位自治会及び自治会連合会，公民館など，従来から地域づくり活動を実行してきている組織との位置づけや協働のあり方に関する認識も，地区同士で温度差が見られる［松阪市 2018：3］．2020 年 11 月 27 日には「松阪市地域づくり組織条例」が制定され，2021 年度からは住民協議会の「連合会」を新たに定義し，現存する自治会連合会との一本化を進めようとしている．ただし，ここでも，両者の具体的な役割分担や位置づけなどについては，引き続き協議が進められている．

2. 中間支援組織——NPO 法人「Mブリッジ」の中間支援活動——

(1) Mブリッジの概要

2006 年に設立された NPO 法人「Mブリッジ」は，同 2006 年度から松阪市市民活動センターの指定管理者として活動している団体である．商店街の空き店舗を活用して地域住民が自らカルチャースクールを開講できるプラットフォームである「ブンカの交流館」事業が 2009 年，「ソーシャルビジネス 55 選」を受賞したことをきっかけに全国的に知られることになった．

現在は，「ブンカの交流館」のほかにも，市民活動団体支援，協働・連携推進，人材育成・研修ツール開発，まちづくり推進，地域の課題解決の推進，組織の基盤強化・資金調達支援，持続可能な社会づくり推進など，さまざまな事業分野において 37 種類のプログラム（2019 年度基準）を実施している．

(2) 松阪市市民活動センターを通した地域自治組織の支援

Mブリッジが行っている事業のうち，松阪市の住民協議会に関連するものは大きく 2 つに分けられる．1 つ目は，松阪市が行っている交付金事業の「地域の元気応援事業」である．この事業は，住民協議会が設立完了した 2012 年度から，一括交付金制度の一環として開始されたコンペ方式の交付金事業である．Mブリッジは，市民セクターの目線から事業の審査に参加することを目的に，中間支援組織である市民活動センターの指定管理者の立場から，審査員として関与することになった．

元気応援事業の募集対象は①「地域力アップ部門」と②「市民活動サポート部門」に分かれ，後者の「市民活動サポート部門」は，さらに②-1「地域活性コース」と②-2「地域連携コース」に分かれている．このうち①「地域力アップ部門」の応募対象が住民協議会となっており，②-2「市民活動サポート（地域連携コース）」は，松阪市内の市民活動団体などの NPO のうち，住民協議会と連携，または住民協議会を支援する事業を行う団体が対象となっている．

2 つ目は，松阪市からの委託事業として行われている「地域づくり団体サポート事業（以下「げんきアップ松阪事業」）」である．市民活動センターの運営管理者として，松阪市周辺の多数の市民活動団体を把握している利点を活かした事業である．ただし，Mブリッジ（市民活動センター）が住民協議会を直接手伝うと

いうよりは，さまざまな市民団体のうち，各地区住民協議会が抱えている地域の課題に対して，何らかの解決策を導き出すことが見込まれる団体と連携できるように紹介し，つないでいくことが主な業務内容となっている．

　市民団体は，特定の地区に活動領域を限定しているとは限らず，必ずしも住民協議会の下部組織に位置づけられるわけではない．実際，同事業では，市民団体と住民協議会の両方が登録団体になることが可能であり，各登録団体の目的と事業内容，「期待する・可能な連携方法」が一覧として公表されている．市民団体側にとっては住民協議会と連携できやすいように，また，住民協議会に対しては，市民団体との連携を受け入れやすい体制になるように，「中間者」としてサポートしていくことが重要な役割とされている．

(3)「げんきアップ松阪」──県の事業からの継承──

　このように，市内の全ての地区の地域自治組織を対象に市民活動団体との連携をサポートする事業を行うようになったのは，三重県による「美し国おこし・三重」という事業が発端となっている．美し国おこし・三重事業は，三重県内で地域づくりや地域振興に取り組む2名以上の団体（「パートナーグループ」）を，各市町村や地域組織経由ではなく県が直接支援するものであった．事業期間は2009年度から2014年度までの6年間で，2009〜11年の前半3年間の取り組みへのフィードバックをもとに，2012〜14年の後半3年間は，対象となる活動テーマを調整し，地域のさまざまな個人・団体同士の連携強化が目指された．ただし，事業終了後，別の事業などで引き続き財政的支援を行うことはなく，あくまで各グループが自立・継続していくことが求められた．

　「美し国おこし・三重」事業がちょうど後半の3年間に入る2012年に，松阪市では，先述のとおり，すべての地区で住民協議会が設立された．この時期に合わせて，Mブリッジは同事業の団体登録の推奨や，市とともに承認審査に対する意見を付記するなどのサポートを行う「プロデューサーユニット」として登録することになった．2014年に県の事業の終了時期に合わせて，松阪市は，美し国おこし・三重事業の基本理念を継承しつつ，「三重県を盛り上げる団体」から「松阪市の住民協議会を盛り上げる団体」へと支援の方向性を切り替え，2015年度よりげんきアップ松阪事業を開始した（**表15-2**）．

　げんきアップ松阪事業は，開始時にコンペ方式で委託事業の公募を行い，Mブリッジが事業者として選定された．市民活動センターの本来の趣旨からする

表 15-2 松阪市の主な住民協議会支援事業と三重県事業との関係

	2009〜11 年度	2012〜14 年度	2015 年度〜	
三重県事業 （美し国おこし・三重）	（前半）	（後半）	終了	
松阪市事業 （げんきアップ松阪）		プロデューサー登録	市内の市民団体・住民協議会 支援体制へ転換	M ブリッジ （プロデューサー）
松阪市事業 （地域の元気応援事業）				M ブリッジ （審査員）

注）実線の矢印は事業実施期間を表し，点線の矢印は，三重県事業終了後の体制を視野に参加していた期間を表す．
　　網掛け部分は，M ブリッジが参加している領域を表している．
出所）NPO 法人 M ブリッジでのヒアリングを基に筆者作成．

と，住民協議会に特化せず，市内に広く存在する市民活動団体を支援すること
が目的となっているため，当初は個別の委託事業契約として受託していた．し
かしその後，事業を実施しながら当時の市役所担当職員と協議を重ね，2018 年
度からは，指定管理者業務の一環としてげんきアップ松阪事業が含まれること
になった．これによって，市民活動センターの立場を保ちながらも，住民協議
会に特化した事業をも行えるようになり，また，単年度の個別契約を更新し続
けるよりも自律度の高い事業運営が可能になっている(8)．市民活動センターの指
定管理が続く限り，事業は継続して行われる予定となっている．

（4）NPO による地域自治組織への支援のあり方

　げんきアップ松阪事業の具体的な実施にあたっては，まず初めに住民協議会
側から特定分野に関する市民団体の紹介を市民活動センターへ相談し，市民活
動センター側が適切な団体や研修プログラムなどを紹介する流れが想定される．
ただし，現時点では，市民活動センター側から住民協議会側へ働きかけること
が多いという．第 1 節（2）にて確認したとおり，松阪市の各地区の住民協議会
は，拠点施設となる市民センターまたは公民館などに事務局を間借りしており，
それぞれの地区における住民協議会と市役所，拠点施設間の関係性，また，地
域内の情報共有体制や事業実施体制は多種多様である．

　そこで，M ブリッジのスタッフは現在，各地区を順に訪問し，住民協議会の
会長など事務局，市民センターのセンター長または公民館館長との三者会談を

進めている．地域内の課題や相談事，希望事項を集めるなどのニーズ調査を行い，課題が浮き彫りになったら関連する団体をつなぐ作業を行っている．従来の自治会・自治会連合会体制を含めた地域内の関係が長年続いてきているなか，第三者として参加し，地区ごとの主体間関係の違いをも身近に感じながら，新たな視点を提供するという役割も期待されている．

　この話し合いの場で何かしらの具体的な解決が直ちに導き出されるわけではないが，「市の職員でもなく住民側でもない立場の人が同じテーブルに座る」ということ自体が良い刺激になると評価されている．もちろん，住民協議会側から切り出される必要な物事の相談や，特定のテーマで講座を開いてほしいといった依頼にも応じている[9]．

お わ り に

　全国各地の自治体において地域自治組織が導入されるにつれ，「地域自治組織の中間支援機能」のあり方が問われている．第 6 章にて紹介した名張市のように，行政側が地域担当職員を各地区に派遣してまちづくり計画の策定を支援し，外部専門家がその連携をサポートする体制もあれば，第 10 章で紹介した「明石コミュニティ創造協会」のように，地域自治組織の活動支援に主眼を置いた中間支援組織の取り組みも存在する．松阪市のMブリッジ（市民活動センター）の事例における特徴は，本来市民団体などの市民セクター組織の中間支援を担っている NPO が，地域自治組織の支援にも積極的に乗り出しているところにあるといえる[10]．

　このような体制を作ることができたのは，2005 年の合併によって地域の構成が大きく変化した松阪市において，「住民による自治」が機能するシステムづくりへの意志が強く作用したことが大きい．三重県の地域振興活動支援事業を市町レベルで引き継ぎ，各種組織への支援事業として実施しているのは，現時点では松阪市のみとされるが，これは，同市における住民協議会の設立完了時期と重なっていたことも大きな要因となっているといえよう．

　「市民活動センターを運営する NPO 法人」という，行政側でも住民側でもない第三者の立場から地域自治組織のサポートが可能になっていることは注目に値する．毎回の訪問ですぐに何かしらの解決策を出そうとするよりも，まずは地域自治組織と着実に交流を重ねながら各地区の特色を把握し，第三者として

意見を述べ有効なつながりを提案する．そして，このように第三者の立場から関わることを可能とする制度的根拠を自治体行政側との協議の中で用意するというしくみは，中間支援分野のNPO法人が地域運営組織のサポートを図る上で有効な選択肢の1つになり得る．

付記

　本章の執筆にあたって，とりわけ松阪市市民活動センターのご活動内容に関するヒアリングにご協力いただいたNPO法人Mブリッジの濱田昌平氏，澤卓哉氏には，この場を借りて感謝申し上げる．

注

1）その具体的な支援方法は，資金仲介，活動支援，基盤整備その他の活動に区別することができる．詳しくは第16章第1節を参照．

2）本庁管内（旧松阪市エリア）では各地区の市民センターの所長を地域担当職員として配置し，市民センターがない地区では，公民館長や公民館主事と連携する形で地域支援を行うことになる．地域振興局管内（旧4町エリア）では，地域担当職員および出張所職員と連携し地域支援を行う．

3）廃止された補助金は，掲示板設置補助金，防犯灯設置補助金，地域健康づくり虹クラブ補助金，地域連帯支援事業補助金，地区体育祭事業補助金，地区体育振興会補助金の6種類である．ただし，一括交付金を交付される住民協議会体制になってからも，ただちに新たな事業体制を組み立てられないケースも想定されるため，当初は従来の補助金体制下の事業をそのまま継続することもやむを得ないとされた．

4）当条例で，「住民協議会」は「住民自治協議会」へと名称が変更された．ただし，現在，各地区の地域自治組織のほとんどは，「（地区名）住民協議会」または「（地区名）まちづくり協議会」という名称を使用している．

5）応募には，関係する住民協議会からの推薦が必要である．

6）2020年5月現在，登録されている市民団体は485件である［松阪市市民活動センター 2020］．

7）2020年8月現在，げんきアップ松阪登録団体は42件であり，うち4団体が住民協議会である．

8）行政側からしても，指定管理業務に組み入れることによって契約期間中（松阪市市民活動センターの場合は5年間）の年度別予算が事前に明示されるため，事業の安定性は高くなるといえる．

9）ときには，住民協議会の役員を兼任している単位自治会の役員から，単位自治会レベルの要望が寄せられることもあるという．たとえば，住民協議会の範囲である小学校区の中の単位自治会内に位置する観光名所に特化した取り組みの希望などである．この場

合，長期的には地区全体へ便益が還元されるとしても，当面は特定の単位自治会のみの利益となる事業を住民協議会全体組織の財政から着手して良いのかというジレンマが生じるため，初めは単位自治会の事業として支援することになる（2020年10月30日，Mブリッジでのヒアリングより）．

10)「明石コミュニティ創造協会」の場合，地域自治組織の組織強化とまちづくり計画策定，事務局体制の整備，部会活動のサポートに至るまで，地域自治組織の包括的な支援体系を整えているという点で，現在Mブリッジが行っている支援体制の発展形ととらえることもできよう．

参考文献

松阪市［2016］『松阪市総合計画——住みやすさ進行中！バージョンアップ松阪——（H28年度〜H31年度）』．

————［2018］『審議会等の会議結果報告——第3回松阪市の住民自治のあり方検討会——』2018年3月22日．

————［2019］『住民協議会運営マニュアル（第4.0版）』2019年9月．

松阪市市民活動センター［2020］『【センター全登録団体対象】新型コロナウイルスに関するアンケート調査結果』（https://www.city.matsusaka.mie.jp/site/shikatsu/covid19-enquete.html/, 2020年11月1日閲覧）．

三重県地方自治研究センター［2017］『地域自治組織と自治体の在り方研究会報告書』2017年2月．

第**16**章 | 中間支援組織によるコミュニティ組織の
支援について

はじめに

　日本の中間支援組織は，特定非営利活動法人（以下，NPO）をはじめとする非
営利組織をさまざまな側面から支援してきた．近年の政府による地方創生に向
けた動きの中で住民主体のまちづくりが各地域で行われており，その過程でコ
ミュニティ組織への支援が中間支援組織に求められるようになった．そこで本
章では，これまで中間支援組織が蓄積してきた知識やノウハウが地縁型組織な
どコミュニティ組織への支援にどのように活かされているのかについて明らか
にする．本章の構成は以下の通りである．続く第1節では，中間支援組織の定
義と機能を説明したうえで，日本の中間支援組織の機能的特徴を明らかにする．
第2節では，コミュニティ組織が中間支援組織の支援対象に含まれるようにな
った背景を説明する．そして，第3節では，コミュニティ人材育成支援の事例
を用いて，中間支援組織によるコミュニティ組織の支援を明らかにする．

1. 日本の中間支援組織

(1) 中間支援組織の定義

　中間支援組織とは，非営利組織を支援する組織を指し，資源提供者と事業を
行う非営利組織とのマッチングに始まり，同種の活動を行う非営利組織のネッ
トワークづくり，非営利活動の啓発，非営利組織の環境整備のためのアドボカ
シー，非営利組織を対象とした経営支援，さらには調査研究，政策提言などの
幅広い支援活動を行っている［吉田 2004：104］．中間支援組織は「インターミデ
ィアリー」（Intermediary）の訳語であり，資金などの経営資源の仲介をつうじて
非営利組織を支援する組織を表す．その意味において，資金を仲介する助成財
団などもインターミディアリーであるが，日本では自治体がNPOをはじめと
する非営利組織の支援施策の一環として市民活動支援センターやNPOサポー

トセンターなどの名称で支援施設を次々と設置した経緯があったため，こうした支援施設の総称として中間支援組織という言葉が用いられてきた［川崎 2020：50-51］．全国各地に中間支援組織が設立されはじめた 2000 年代初頭に内閣府国民生活局によって行われた調査においても，「中間支援組織とは，NPO を支援する NPO といった存在であるが，いろいろな捉え方があり，必ずしも明確に規定された定義があるわけではない」［内閣府国民生活局 2002：5］としながらもそこでの定義は経営資源の媒介機能である「インターミディアリー」を強調するものであった．つまり，「多元的社会における共生と協働という目標に向かって，地域社会と NPO の変化やニーズを把握し，人材，資金，情報などの資源提供者と NPO の仲立ちをしたり，また，広義の意味では各種サービスの需要と供給をコーディネートする組織」(内閣府国民生活局［2002：6］)と定義されていた．

　しかし，この定義では，「インターミディアリー」を重視する一方で，地域のニーズを把握し，それらに対するサービスの開発・改善を促進する機能や政策提言などのアドボカシー機能が考慮されておらず，中間支援組織の位置づけが不十分である［松井 2014：146］．この「インターミディアリー」は中間支援組織の果たす機能の一部に過ぎず，例えば，米国の中間支援組織は次のように機能分化している．具体的には，事業資金を必要とする NPO と企業や篤志家から寄せられた資金を助成という形で結びつける機能を果たす「インターミディアリーオーガニゼーション（Intermediary Organization)」(資金仲介組織)，NPO に対して幅広い経営支援活動(経営相談，コンサルティング，人材派遣，教育・研修など)を行う「マネジメントサポートオーガニゼーション（Management Support Organization)」(活動支援組織)，そして，NPO の活動基盤整備(法制度の整備に向けたアドボカシー活動や政策提言など)を行う「インフラストラクチャーオーガニゼーション（Infrastructure Organization)」(基盤整備組織)の 3 つに機能が分化している［内海・桜井 2003：30］[1]．したがって，中間支援組織の定義には，本節の冒頭に示したように，経営資源の仲介のみならず，経営支援や政策提言等の機能も含まれるべきである．

(2) 中間支援組織と支援施設

　日本の中間支援組織の多くは，非営利組織の支援を目的として設立されたものである．しかし，その一方で，特定の領域で活動していたが，その活動を広

げていく過程で，地域でさまざまな組織や機関との関係性を築くとともに，NPO としての運営や経営ノウハウが組織に蓄積されることによって，結果的に他の NPO への支援機能を持つようになった組織も少なくない [川崎 2020：60]．いずれの組織も何らかの形で地域の中間支援の拠点となっている．ここで注意すべき点は，「市民活動支援センター」や「NPO サポートセンター」等の支援施設とそれを運営管理する主体とを区別することである．支援施設の管理とは施設内の会議室や設備・機材（複写機やロッカー等）の管理を指し，運営とはNPO や市民活動の支援業務の運営を指す．支援施設の設置形態は，公設公営，公設民営，民設民営という 3 つの形態に分類される．公設公営の支援施設は，自治体が支援施設を設置し，自治体が事業主体となってそれを管理・運営する形態を指す．それに対して公設民営の支援施設は，自治体が支援施設を設置し，それを民間の中間支援組織が管理・運営する形態を指す．民設民営は，中間支援組織が独自に支援活動を行う拠点を持つ形態を指す．以上に加えて，中間支援組織が自身の支援拠点にて支援活動を行うと同時に，公設支援施設の管理・運営を行う場合も存在するので注意を要する．

(3) 日本の中間支援組織の機能的特徴

　日本の中間支援組織は，財務資源の仲介はそれほど活発ではなく，むしろ，経営支援を行う「マネジメントサポートオーガニゼーション」や活動基盤の整備を行う「インフラストラクチャーオーガニゼーション」の特徴を有する [吉田 2004：105]．多くの中間支援組織は，公設民営の支援施設の運営を通じて，NPO に関わる相談業務や支援業務を積極的に行っている．自治体から安定した収入基盤を確保していることもあって，中間支援機能の果たす体制が整備されている．他方では，公設であるがゆえに設置した自治体の政策から逸脱しないことや政治的な争点において中立であることが求められるので，地域社会の政治的な争点となるような取り組みを支援することは難しい [川崎 2020：52]．しかし，公設であるがゆえに NPO の政策提案を当該自治体の政策につなげる役割を担うことができる．ところが実際には，そのような役割を果たそうとはせず，むしろ，受託業務である NPO の経営支援等に注力していく組織 [川崎 2020：52-53] と政策提言機能を高めて実効性のある政策を行政と策定していく組織とに分かれている．前者は，組織の自律性が失われるリスク，つまり，行政の「下請け」へと転化するリスクが高いが，後者は，事業受託に伴う安定

的経営資源をレバレッジとした事業活動の充実とそれによる高度な専門的知識
とノウハウの蓄積を通して，組織の自律性を高めながら行政と対等な立場で主
体的に経営支援や政策提言を行う傾向にある．次に，行政の制約を受けない民
設民営の中間支援組織は，アドボカシー活動や政策提言などの基盤整備機能が
高いことがその特徴である．市民公益活動に対して法人格を付与する特定非営
利活動促進法（NPO 法）の成立に向けて大きな役割を果たしたのは，民設民営
の中間支援組織である．ただし，会費や寄付，そして，有料の講座等からの収
入は限られているため，財政的に厳しい状況に追い込まれていく傾向にある
［川崎 2020：53］．したがって，民設民営の中間支援組織は，脆弱な収益基盤によ
る全体的な中間支援機能の低下というリスクを常に背負うことになる．

2. 日本の中間支援組織の新たな役割

　1998 年の NPO 法の成立を機に数多くの市民公益活動団体が法人格を取得し，
その活動を拡大・進化してきた．それにともない NPO が日常生活の中に定着
していくようになったが，他方では中間支援組織の役割の変化が求められてい
る．中間支援組織は，おもに NPO や市民活動の支援をおこなってきたが，地
域との関係者を考えると NPO だけを相手にする支援にとどめることはできな
い．むしろ，NPO と地域社会のさまざまな組織の連携を図ることが，中間支援
組織の役割として期待されるようになってきている［川崎 2020：59］．実際に，
地方の中間支援組織の課題の1つとして，地縁型コミュニティ組織（自治会や町
内会など）との関係性の構築があげられており，少子高齢化の進行や組織加入率
の低下などに伴う地縁型コミュニティ組織の弱体化の進行や自治体の地域内分
権の受皿としての地域自治組織の再編の動きがある中で，NPO がコミュニ
ティの担い手として期待されつつある［松井 2010：84］．近年の政府による地域創
生に向けた動きの中で，これまで地縁型コミュニティ組織が担ってきた機能を
補完しつつ，NPO を含めたテーマ型コミュニティ組織と地縁型コミュニティ
組織の有機的な連携を通した住民自治の強化への取り組みが行われている．地
域コミュニティで活動するさまざまな組織が参画する協働のプラットホームと
して期待される地域自治組織への支援，あるいは，コミュニティ組織やコミュ
ニティ活動の活性化に向けた支援が自治体によって行われている．こうした住
民主体のまちづくりへの取り組みが，中間支援組織の支援対象に含まれるよう

になり，中間支援組織の役割と機能はさらに多様化しつつある．次節では，コ
ミュニティ人材育成の事例を用いて，中間支援組織によるこうした取り組みへ
の支援を明らかにする．

3. 中間支援組織によるコミュニティ組織の支援

(1) 認定 NPO 法人市民セクターよこはま

　本節では，認定 NPO 法人市民セクターよこはま（以下，市民セクター）による
コミュニティ人材育成支援の事例を取り上げる．市民セクターは，2003 年の設
立当初，福祉分野で活動する団体のネットワーク組織であったが，活動範囲を
広げていく過程で中間支援機能も担うようになった．現在，地域コミュニティ
活動支援，NPO 法人・市民活動支援（横浜市が設置した市民活動支援や協働推進を担
う施設の管理・運営など），市民の目を活かした評価事業（福祉サービス第三者評価な
ど），調査・研究・政策提言事業，クロスセクター事業（企業との協業・行政機関等
の委員会活動）が活動の柱となっており（認定 NPO 法人市民セクターよこはま・ウェブ
ページ），インフラストラクチャーオーガニゼーションとマネジメントサポート
オーガニゼーション双方の機能的特徴が見られる．市民セクターは，現在，コ
ミュニティ人材育成支援を通じてコミュニティ組織を支援している．その嚆矢
となったのが，地域コミュニティで活動する諸組織の協働を促進するリーダー
の養成を目的とした横浜市市民局市民活動支援課との協働による地域コミュニ
ティ活動支援事業である．本事業は，横浜市全域を対象とした「よこはま地域
づくり大学校」として開始され，2010 年度から 2013 年度においては，市民セ
クターが，地縁型コミュニティ組織の代表者やコミュニティ活動の実践者を対
象としたプログラムの企画・運営を行ってきた．同時に 2012 年から区域での
「地域づくり講座」を開講する動きができたこともあり，その後，横浜市市民
局地域活動推進課がそれを区域版の「地域づくり大学校」として制度化した．
2020 年現在，横浜市全 18 区で区域版の「地域づくり大学校」が展開されてい
る．市民セクターは，泉区，西区，神奈川区の各区役所と協働契約を結び，そ
れぞれの区域で「地域づくり大学校」（泉区まちづくり未来塾，西区地域づくり大学校，
神奈川区地域づくり大学校）を実施している．

表 16-1　2019 年度・神奈川区地域づくり大学校のプログラム

	ねらい
第1講 開校式 私たちのまち，神奈川区を知る 出会いから始まる地域づくり	• 神奈川区の地域づくりに関する講義や受講生同士の交流を通じて，自分たちの地域の魅力や課題などを共有する • これからの講座の下地（区内の地域や生活の現状・課題の共有，受講生同士の関係づくり）をつくる
第2講 課外授業 part1 ちょっと先を行く，身近な先輩から学ぶ	• 卒業生のほか，区内の身近な取り組みを訪問し，取り組みのアイデアや手法等について学ぶ • 受講生と卒業生のつながりをつくる
第3講 課外授業 part2 訪ねて発見！目からウロコの個別見学	• 区外の事例を見学し，理解を深め，夢プラン作成のヒントを得る
第4講 ムリなく楽しく始める第一歩 地域づくり5つの手順	• 第3講の振り返りを行い，各事例の学びを共有する • 地域づくりの5つのステップを学ぶ • 各受講生に対し事務局職員がメンターを担当し（職員1人につき，受講生4人程度），現在の思いや課題についてヒアリングを行い，卒業までのサポートを行う • これまで学んだことを活かしながら，夢プラン作成にとりかかる
第5講 自分の思いをデザインする 地域に夢を描こう	• 講師による個別アドバイスと受講生同士の意見交換を通じて，夢プランを作成する.
第6講 地域にはばたく夢プラン発表会 つながり，広がる地域の輪	• 夢プランの発表

出所）認定 NPO 法人市民セクターよこはま［2020］に基づき筆者作成.

(2) 地域づくり大学校

「地域づくり大学校」は，住民自治の強化を目的とした人材育成支援事業であり，コミュニティ活動に参加している人やコミュニティ活動に関心を持つ人を対象として，ワークショップやフィールドワークを取り入れた講座（全6回）を提供するものである（表16-1）. 受講生は，本講座を通して，区内のコミュニティの現状と課題を認識し，自身の関心のある課題や取り組みについて深く学び，そして，これまでの学びを活かして実践プランの作成と発表を行う（写真16-1, 写真16-2）. 本講座の特徴は，次のとおりである. 第一に，受講生が相互に学び合うことを前提とし，座学を極力減らしてフィールドワークやワークシ

写真 16-1　夢プランシート作成について
の説明
出所）認定 NPO 法人市民セクターよこはま［2020］.

写真 16-2　活動団体の訪問
出所）認定 NPO 法人市民セクターよこはま［2020］.

ョップを重視している点である［石井 2015：46］. この学び合いの場を通じてコ
ミュニティの課題に対応した実践のアイデアを生み出しそれを計画に反映させ
ていく能動性を受講生から引き出す工夫が本講座では施されている. 第二に,
自治会連合会や町内会等の既存の地縁型コミュニティ組織が講座の運営・開催
に参画あるいは参加している点である［石井, 2015：46］. NPO を含めたテーマ
型コミュニティ組織の情報や知識に欠く地縁型コミュニティ組織は, 主体的な
講座運営への参画を通して, そうした組織の活動に関する実践的な知識が得ら
れるだけでなく, コミュニティ活動の担い手や新たな活動の担い手と想定され
る受講生との人間関係を構築することができる. さらには, 将来そうした関係
性をもとに地域コミュニティの課題解決に向けたコミュニティ組織間の連携・
調整が容易となる. 第三に, 市全域でおこなわれた事業を一元的に各区域に普

及させるのではなく，各区域の状況に応じた事業展開を行っている．実際に，事業の方向性は同じでも講座の全体テーマや講座運営の方法は区域ごとに異なる．

　市民セクターは，講座の運営を通して，中間支援組織として蓄積してきたノウハウやスキルを活かした伴走型支援を行っている．具体的には，地域を分析してその課題やニーズを発見する手法の提供，受講生のニーズに応じたフィールドワーク先の手配，そして，グループワークの活性化とそれに伴う受講生間の問題意識やアイデアの共有と相互理解の促進を通じて，各受講生によるコミュニティ活動実践プランの作成とその洗練化を支援してきた．現時点の成果としては，「自分たちのまちは自分たちで良くしていく」というまちづくりの理念を共有する受講生が各区に数百名単位で存在することで，地縁型コミュニティ組織において時代に合わせたゆるやかな変化と担い手の若返りの促進が見られるなど，講座運営側は手ごたえを感じている．加えて，現役世代である30代から40代の受講生が近年増加していることから，将来にその成果がより一層期待できる．[1]

おわりに

　少子高齢化の進行や組織加入率の低下などに伴う地縁型コミュニティ組織の弱体化が進行する中で，中間支援組織にはコミュニティ組織への支援という新たな役割が求められるようになった．問題や課題が山積する一方で，それらに取り組む活動の担い手が不足するジレンマに陥っている地域コミュニティの状況を考慮するとコミュニティ活動の担い手の育成が喫緊の課題となる．本章では，中間支援組織が蓄積してきた経営支援と基盤整備のノウハウとスキルがコミュニティ人材の育成にどのように活かされているのかについて明らかにした．コミュニティ人材育成支援事業は，コミュニティ活動の担い手と将来の活動の担い手との相互学習やネットワークの構築を通じて，コミュニティ活動の活性化を促進し，他方では，コミュニティ活動への住民参加の促進と多様なコミュニティ組織間での機能的補完性の強化をもたらす．中間支援組織によるコミュニティ人材育成を起点としたコミュニティ組織への支援は，多様なコミュニティ組織の柔軟な連携による住民自治の強化が促進されることから，今後より一層重要になるであろう．

注
1) 本章は，吉原明香氏（認定 NPO 法人 市民セクターよこはま　理事・事務局長）への
　 オンライン・インタビュー（2020 年 12 月 9 日実施）を基に，筆者が加筆修正したもの
　 である.

参考文献

石井大一朗［2015］「地域住民自治の展開と中間支援組織──新たな地域づくり人材の養
　　　成に向けた中間支援組織の役割──」『宇都宮大学地域連携教育研究センター研究報
　　　告』23.
内海宏・桜井悦子［2003］「協働における中間支援組織の登場と役割」『調査季報』152.
川崎あや［2020］『NPO は何を変えてきたか──市民社会への道のり──』有信堂高文社.
内閣府国民生活局［2002］『NPO 支援組織レポート 2002 中間支援組織の現状と課題に関
　　　する調査報告書』（https://www.npo-homepage.go.jp/uploads/h13b-2.pdf, 2020 年 10
　　　月 27 日閲覧）.
認定 NPO 法人市民セクターよこはま［2020］『2019 年度事業報告書』（https://shimin-
　　　sector.jp/wp/wp-content/uploads/2020/06/b0212cc34855c006d802947fc5470b1f.pdf,
　　　2020 年 12 月 10 日閲覧）.
松井真理子［2010］「協働を推進する中間支援組織──NPO セクター会議の挑戦──」『四
　　　日市大学総合政策学部論集』9(1・2).
────［2014］「地方の中間支援組織の機能に関する一考察──三重県内の中間支援団
　　　体機能調査結果の分析を中心に──」『四日市大学総合政策学部論集』13(1・2).
吉田忠彦［2004］「NPO 中間支援組織の類型と課題」『龍谷大学経営学論集』44(2).

ウェブサイト

認定 NPO 法人市民セクターよこはま　ウェブページ（https://shimin-sector.jp/, 2020 年 11
　　　月 30 日閲覧）.

第**IV**部

今後の展望と課題

第**17**章 | 地域自治組織の可能性

はじめに

　本章では，第Ⅰ部，第Ⅱ部での検討を踏まえ，今後の地域自治組織の可能性について論ずる．検討の中でも見てきたように，日本における地域自治組織の形成は，江戸期からの共同体である自然村の歴史［荒木 2017：91］，明治期の近代国家の形成過程，三度にわたる市町村合併の歴史と密接に関係している．また，1990年代に起こったアソシエーション運動（NPO 法人制度の形成等）と公民協働，地方分権改革，そして，小さな政府を志向する NPM 改革とも連動してとらえるべきものと考えられる．さらには，戦後慣性的に続いてきた家制度や家族制度の完全な変容，対個人サービスをはじめとする市場サービスの進展と地域共同体の変容等に色濃く影響を受けていると考えられる．そして，諸富［2018］は，人口減少下における縮減社会における持続可能な都市にとって，住民がボトムアップ型に都市を経営する住民自治の視点が一層求められることになる．それは，空き家問題，コンパクトシティなどをとっても，コミュニティ全体で物事を考えなければならない状況が増えてきているからである．そして，今後の日本の都市は，社会関係資本を形成するための人的資本への投資に力を入れて行くべきと述べる．これらすべての変数と関連付けて説明することは不可能であるものの，それらの前提を念頭に置いたうえで，今後の地域自治組織の可能性について論ずることとする．

1. | 地域自治組織の構想とその背景

　地域自治組織の設置が平成の合併を契機に進み，それは，非合併自治体にも広がっている（第1章，第4章参照）．このため，地域自治組織の成立は，合併要因だけに求められない．要因としては，以下のものが考えられる．① 基礎自治体の財源不足と人員不足による協働やアウトソーシング先の必要性，② 孤独

死問題，防災問題などに対応するための近隣レベルでのソーシャルキャピタルの確保，③ 自治会町内会の加入率の低下に対する対応策としての地域内の他組織の連携の必要性（横展開）と単位自治会町内会の負担軽減のための自治会町内会連合会レベルへの事務の委譲の必要性［三浦 2016：79］，④ 縦割り補助金のコミュニティレベルでの包括化，⑤ オストロムが述べるポリセントリシティ（多極焦点性）［Ostrom et al. 1961: 837-838］と補完性原理である[1]．

　⑤に関しては，大規模政府におけるコミュニケーションの欠如は，市民たちからの信頼感の失墜とコミュニティの荒廃を招くため，大規模政府は市民との応答性を高めるために多様な小さな政治単位へと再編成すべきといった主張であり，地域自治組織に自由度の高い一括交付金を交付した結果地域のニーズに適合した事業に使われるなどといったことはこの例に当たる．また，補完性原理は，身近なレベルで対応不可能な事務のみを上位の機関が担うという原理である．

　基礎自治体を全市，自治会連合会（小学校区レベル），単位自治会レベルの3層で捕らえた場合，①，②，③の要因は，図 17-1 のように示すことができる．

　①は，自治体の業務のアウトソーシングや住民との協働の部分である．地域自治組織が小学校区レベルにできるとしても，基本的な収益源は乏しいため，自治体からの交付金が必要になる．それは，事務局スタッフの雇用に結びつく

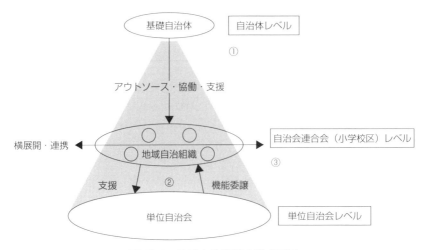

図 17-1　地域自治組織の形成要因

出所）筆者作成.

と同時に，自治体からの事務のアウトソーシングとリンクしたものとなる可能
性も持っている．②は，近隣レベルにおいて，防犯，防災，見守りなどの活動
が求められるのだが，自治会町内会の加入率の低下，高齢化などにより活動量
が落ちているため，地域自治組織からのリソースの提供等の支援が必要となる
ことを示している．③は，小学校区レベルにおいて，他の属性別の地縁組織，
公民館，NPO，事業者などとの連携といった横展開の必要性を示したものであ
る．

2. │ 自治会町内会の性格

　筆者らが実施したアンケート調査では，地域自治組織の役員の中核をなして
いるのは，自治会町内会であることがわかった．しかし，一方，自治会町内会
の加入率が急速に低下していることも事実である．あくまでも，自治会を核に
してその弱体化を補強しようとするなら，たとえば，人口が減少して，集落が
崩壊しそうになっている過疎地の単位自治会町内会の機能をもう少し地理的に
大きな範囲に吸収する，あるいは，小学校区単位に地域自治組織を作ってそこ
に事務局機能を置くことによって，単位自治会町内会に対する支援を行うこと
もできる．しかし，加入率が下がり続けている自治会町内会が時代にそぐわな
いものであるとすると，他のアクターに期待することが必要になってくる．
　そのため，ここでは，地域自治組織を考えるのに不可欠な自治会町内会の性
格について，あらためて振り返っておきたい．
　これらの組織については，従来，社会学の分野で多くの議論がなされてきた
が，近年は，行政学の分野でも多くの論考が見られるようになっている．大き
くは，日本古来の文化集団であるという「文化集団説」と，単なる文化集団で
はなく，「政府に近い存在」という議論に分かれる．前者は，近江 [1958] らに
よって立論されたが，その後，文化集団説に立脚しながらも，組織を動態的に
とらえた，「地域共同管理論」が中田によって提唱された [1978]．後者は，秋元
[1981] が「地域権力構造論」を発展させ，「権力と大衆の狭間にある中間集団」
の考え方を展開，さらに，この流れをくんで，鳥越 [1994] は，自治会町内会を
明治の合併前の村の残影ととらえる「地域自治論」を展開し，文化集団との違
いを明確にする．日高 [2017] は，これらの議論をふまえながら，ガバナンス論
を援用しつつ，自治会町内会を「第三層の政府」ととらえた[2]．

さらに，日高［2018］は，自治会町内会の定義に関して，社会学と行政学の研究成果を踏まえて次のように，定義している．

① 1つの町内（集落）に1つの組織しか認めない地域占拠制
② その町内に住むすべての世帯が構成員になって当たり前という建前に立つ全世帯自動加入制
③ 個人ではなく世帯の単位で加入する世帯単位制
④ その町内のあらゆる社会的機能を引き受けうる包括機能性
⑤ 当該市区町村の管轄する行政区内にほぼ重複なく網羅的に組織されるという非重複網羅性
⑥ 一定の行政機能を分担もしくは補完する行政末端機能
⑦ 類似した組織が全国ほぼすべての市区町村に存在するという全国偏在性

そして，辻中［2009］らの全国調査によると，単位自治会の平均世帯数は，約224世帯である．

ただし，全国1700余りある基礎自治体においては，自治会町内会は，千差万別である．これは，都市と農村の違い，過去の合併の状況，地域の都市化度，公民館運動の経緯，戦後の自治会町内会復活の経緯などによって，そのあり方が地域によって異なるためである．筆者らの全国基礎自治体に対するアンケート調査では，自治会町内会に対しても尋ねているが，結果はその点を裏付けている．

3. 地域自治組織の正統性問題

地域自治組織が民主的に正統性を持つ存在かどうかは，どうしても避けて通れない議論であろう．政府の正統性に関しては，インプット［Holmberg 1999］，スループット（応答性）［Dahl 1998］，アウトプット［Clarke et al. 1993］に分類して議論される．地域自治組織を条例で規定し，自治体からの承認をもって当該地域に設置された場合，構成員が公職選挙法による選挙で選任された議会を持たないため，仮に疑似公選制をとったとしても，インプットの正統性は法的には保障されていない．このため，住民から付加金を強制徴収したりすることはできない［地域自治組織のあり方に関する研究会 2017］．決定を巡るアウトプットの

正統性に関しては，近隣政府型ではないため，最終決定権は持たない（第 19 章参照）．ただし，自治体から認証されているため，諮問的役割を持たせることは可能であろう．そこでなされた決定は自治体から認証された団体として，当該地域を代表して諮問するといった権能は持つ．現在の自治会にも過半数の世帯が加入し，地域住民の間に地域を代表する団体としての擬制がなされている限りにおいてこのような役割を持っている．条例等で規定し，個人加入の民主的な組織と規定することによってその位置づけがより明確になるといえるだろう．また，一括交付金の使途の決定に関しては，法理論的にいうと，地域自治組織の意見は尊重されるだけで，最終決定を行うのは自治体議会ということになる．また，事業に関して，補助金などが支出されているとすると監査などを通じて正統性が担保されるが，これは，自治体の行う事業に対するアウトプットの問題となる．さらに，スループットの正統性に関しては，会員に対する総会議事録の公表などを通して，それを果たされねばならない．当該地域の陳情，要望権について強い影響力を持っているこれらの組織に関しては，その意思決定に関してはブラックボックスであってはならず，会員への情報公開などの，透明性が求められる [Schmidt 2010]．一括交付金に関しては，筆者らが行ったアンケートのなかに，監査などに手間がかかるといった回答があったが，財政民主主義上，その決定が民主的になされているかといったモニタリングが自治体側には求められる．その意味で，一括交付金の自由な使用は，地域自治組織の参加機能の一環としてとらえるべきであろう [名和田 2014：9]．

4.　地域自治組織の成立要件

　以上を踏まえて，ここでは，全国的に展開されている地域自治組織の成立要件について考察してみたい．

　多くの地域自治組織の共通点としては，① 区長制度の廃止等の自治会町内会制度の変更，② 公民館の市民センター化，③ それらのセンターの地域自治組織による指定管理，④ 単位が平成，昭和等の合併前の旧自治体，もしくは小学校区となっていること，⑤ 既存の地縁組織として自治会が中心的役割を果たしていること，⑥ 一括交付金を交付し，裁量的な使用を認めていること，⑦ 拠点施設と事務局機能を持つこと，⑧ 行政の地域担当職員によるサポートがあること [大谷 2016：45] などである．そして，そのための具体策としては，以

下に示すいくつかの手順を踏むケースが多い．

①　区長及び行政協力委員への報酬を組織としての区会ないし自治会町内
　　会への助成金とすること
②　公民館など，各小学校区等に生涯学習のための施設があり，それらを活
　　用する場合は，生涯学習施設としての役割とともに，地域自治組織や構
　　成団体の活動の拠点とするため，教育委員会から首長部局に移管して市
　　民センター化を行うこと
③　地域自治組織が条例や要綱で規定され，基礎的コミュニティとの関係
　　性が一定程度外形的に整理されていること[3]
④　地域自治組織が拠点と事務局機能を持つに際して，地域自治組織が市
　　民センターの指定管理者となるなどの方法により，市民センターの運営
　　を行いながら，そこに事務局機能を組み込むこと

　以上の①〜④は，全国の地域自治組織によって種々パターンがあるが，条例
設置の地域自治組織でかなり典型的に見られる特徴を示したものである．ただ
し，上記の4要素を備えるためには以下で示すような障害が存在する．
　①の区長等への報酬に関しては，現在においても，小規模自治体を中心に全
国的に見て多くの自治体が採用している．これは，行政協力制度であるが，地
域自治組織が予算を持って活動する一括交付金制度を採用している自治体では，
本制度の廃止で浮いた予算を活用する場合が多く，当然のことながら，区長か
らの反発が予想される[4]．
　②の活動の拠点に関しては，その地域がどのようなコミュニティ政策（特に
公民館政策）をとってきたかといった経緯に左右されるため，地域自治組織制度
を導入するに当たっては問題になることが多い．この点は合併した自治体で問
題が表面化する可能性が高い．
　③は地域自治組織の活動範囲を小学校区ないしは中学校区と想定すると，そ
の単位に地区自治会連合会が存在する場合，両者の役割分担を整理することが
必要になる点である．
　④に関しては，このような形を必ずしも取る必要はないが，役員のなり手不
足，分野別地縁組織の活動者の不足問題を考えると，今後の地域自治組織には
少なくとも事務をサポートする有給スタッフが要求され，その予算の確保が必
要になる点である．また，活動拠点の確保も人口減少と財政問題によるアセッ

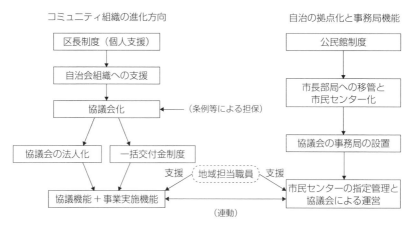

図 17-2　地域自治組織の進化形態のイメージ

出所) 筆者作成.

トマネジメントが行われる中で，箱物をこれ以上作ることは難しく，公民館（場合によって学校の有休施設）などの従来使われていた施設を利活用するのが現実的と思われる．⑤は，職員の役割，業務範囲，行政内での処遇などが課題となる．

図 17-2 は，以上の点をふまえて，とりわけ公民館を拠点として地域自治組織が形成される場合の過程をイメージしたものである．

5. 地域自治組織の課題

以上見てきたように，地域自治組織は，現行制度の中で，基礎自治体が自治基本条例等を基礎に，住民自治（あるいは住民参加機能）とサービス供給に関する協働を調和するために編み出してきたしくみととらえることができる．しかし，このしくみは，自治体がどちらに力点を置くかによっても変わってくることを忘れてはならないだろう．地域協働の名のもとに，行政が本来責任をもって行うべき事務を住民にアウトソーシングすることが先行する場合，この手法は住民からの反発を招くことになるだろう．

まず，最大の課題の1つは，加入率が低下している自治会町内会等の地縁団体を母体としているケースが多いことである．上述したような横展開（多様な組織の連携）を目指そうとしても，地縁組織の活動量自体が低下している中で，従

来の地縁組織をいくら糾合しても，組織に活力が出てくるとは限らない．それを裏付けるように，筆者らのアンケート調査においても，地域自治組織の課題として，役員のなり手不足が上位に上がっている．この点は，さらに分析が必要であるが，日高［2021：143］が述べるように，自治会町内会及び行政協力レベルの高さが地域自治組織を支えている面があることは確かであり，加入率が50％を切った自治体で現状の地域自治組織を形成するのは，きわめて困難であろう．この点は第5章の武蔵野市の事例などが参考になる．

　さらに，事例調査の中でも見られたように，地域自治組織の活動量が増すほど，単位自治会町内会長が多忙化する可能性がある点である（本書第5章第2節雲南市の事例など参照）．現状において，単位自治会町内会長は行政からの依頼業務や会議の出席等で多忙を極めている．その上に，校区単位の地域自治組織が事業を行うために，単位自治会に動員をかけるような方式をとると，より一層負担が増す．地域自治組織は，自治会町内会の加入率の低下に対する校区レベルからの単位自治会へのサポート機能を持っていると述べたが，その逆の効果が発生する危険性もあることである．その結果，単位自治会町内会役員の忌避，輪番制の崩壊，自治会町内会の脱退，加入率の低下というさらなる負のスパイラルが発生することになりかねない．

　また，筆者の事例調査の中でも，活性化している地域自治組織には，優れたリーダー，個人やNPOも含めた自由で柔軟な役員構成，難行苦行としての義務的な地域活動ではなく，楽しみや自発性を伴いながら行っている活動像が見られた．これは，自治体の地域自治組織の制度設計や運用によって改善できる可能性がある．筆者らの自治体に対するアンケート調査の中では「住民の行政依存が強い」といった回答も見られたが，防犯灯の設置をはじめとするインフラ整備やごみの収集とその管理といったフリーライドが発生する課題は一義的には，納税者からの税金で行政が責任をもって行うべきものと考えるべきだろう[5]．その意味では，地域自治組織が中心的に行うべきことは，住民の地域コミュニティに対する連帯感の醸成や計画づくりへの参加などであり，それ以上のことは地域（あるいは最終的には住民の）自発性に任せるべきではないかと思われる．

　また，欧米型のNPOなどアソシエーションに大きな役割を期待する場合は，最低限の公共サービスは自治体が責任を持って行った上で，プラスアルファのことをするものといった，制度上の位置づけが必要になってくるであろう．ま

た，このことは，そもそも，地域自治組織が自発的なアソシエーションとしての住民組織なのか，より公的色彩のある組織（場合によっては，近隣政府）としての役割を担わせようとしているのか，という根源的な問題とも関係してくる．

お わ り に

　本章では，地域自治組織の基盤となっている自治会町内会の性格についてみると同時に，地域自治組織がさまざまな要因によって形成されていることを見た．成功しているといわれる地域の事例を見ると，自治体の首長のリーダーシップ，果断な意思決定，長期にわたる住民との合意形成などが見られる．また，そういった自治体においてすら，地区によって温度差が異なる．地域自治組織の構成要素がどのようなものなのかは，地域の属性によって異なるとともに，自治体の姿勢によっても異なる．都合の良い業務のアウトソーシング先としてのみ考えて地域自治組織をとらえるならば，その試みは失敗に終わるのではないか．地域の側も，組織は変わっても担い手の顔は全く変わらない「参加の常連」[Applegate 1998: 952]の場として地域自治組織が存立するのであるならば，将来展望はあまり明るいものにはならないだろう．その意味では，全国一律とはいかないことは当然であるが，地域の歴史的経緯や属性に合わせつつも，多様な層の加入を促進し，より自発性が発揮できる開かれた組織を目指していく必要があるのではなかろうか．

付記
　　本章は，金川幸司 [2020]「地域づくり組織の組織構造とその動態的分析——都市内分権機能に焦点を当てて——」（『経営情報イノベーション研究』9）の一部を加筆修正したものである．

注
1）ただし，ヨーロッパで1980年代末から90年代にかけて脚光を浴び，1992年のマーストリヒト条約，1995年のヨーロッパ地方自治体会議「広域的地方自治に関するヨーロッパ憲章」で明文化された補完性原理（principle of subsidiarity）は，日本においては，市町村の総合行政化にアイデアとして受容され，その結果，市町村合併に正当性を与えた点に関しては注意を要する [木寺 2012：71-93；大杉 2003：71]．
2）日高はその後，2018年の著書で基本的な考えに変化はないとしつつ，徴税権がないこ

と等から，自治会町内会に対する「第三層の政府」との表現を便宜上避けている［日高 2018：1］.

3）また，条例等で協議会を規定する場合には，自治会町内会が世帯加入方式を取るのに対して，地域内の全住民が加入者であるという個人を単位とする制度設計が必要である［春日 1997：175, 中川 2017：130］.

4）ただし，区長制度そのものは町村も含めると多くの自治体で存続しており，地域自治組織を設置した自治体においても，区長制度を維持している場合もある（愛知県新城市の例として，三浦［2014］参照）. また，ただでさえ多忙で，なり手のいない区長（自治会長）への謝礼を全くなくしてしまってよいかどうかは別途の課題として残る.

5）改正地域再生法により 2018 年に導入された「地域再生エリアマネジメント負担金制度」のような受益者の厳格な合意のもとに行政の認証によって負担金を強制徴収する制度も考えられ，検討の余地はある. ただ，商業地域などの特定地域を除いて代表の合意を行うことは困難であることが予想され，一義的には，市町村が直接フリーライド問題に対応すべきだろう.

参考文献

秋元律郎［1981］『権力の構造──現代を支配するもの──』有斐閣.

荒木田岳［2017］「明治期の町村合併と部落」，伊藤守ほか編『コミュニティ事典』春風社.

近江哲男［1958］「都市の地域集団」『社会科学討究』（早稲田大学），3(1).

大杉覚［2003］「広域行政の構想と現実──信用創造のローカル・ガバナンスは可能か」『都市問題研究』55(7).

大谷基通［2016］「都市内分権におけるガバナンスのあり方」日本都市センター編『都市内分権の未来を創る──全国市区アンケート・事例調査を踏まえた多角的考察──』日本都市センター.

春日雅司［1997］「地区組織（町内会・部落会）研究の系譜と現状──特に地区組織の政治的役割をめぐって──」『経営情報研究』（摂南大学），5(1).

木寺元［2012］『地方分権改革の政治学──制度・アイディア・官僚制──』有斐閣.

地域自治組織のあり方に関する研究会［2017］『地域自治組織のあり方に関する研究会報告書』.

辻中豊・ロバート・ペッカネン・山本英弘［2009］「現代日本の自治会・町内会──第1回全国調査にみる自治力・ネットワーク・ガバナンス──」木鐸社.

鳥越皓之［1994］『地域自治会の研究──部落会・町内会・自治会の展開過程──』ミネルヴァ書房.

中川幾郎［2017］「コミュニティ政策における新たなコミュニティ組織の展開」，伊藤守ほか編『コミュニティ事典』春風社.

中田実［1978］「町内会自治会の理論と歴史」，東海自治体問題研究所編『町内会・自治会──「理論と実際」──』自治体研究社.

名和田是彦 ［2014］「序論」, 日本都市センター編『地域コミュニティと行政の新しい関係づくり——全国 812 都市自治体へのアンケート調査結果と取組事例から——』日本都市センター.

日高昭夫 ［2017］『市町村と地域自治会——「第三層の政府」のガバナンス　第三版——』山梨ふるさと文庫.

———— ［2018］『基礎的自治体と町内会自治会——「行政協力制度」の歴史・現状・行方——』春風社.

———— ［2021］「自治体コミュニティ政策の行方——町内会自治会との関係を中心に——」『法学論集』87.

三浦哲司 ［2014］「新たな地域自治区制度の導入過程」『人間文化研究』22.

三浦正士 ［2016］「ポスト合併時代の都市内分権——アンケート調査結果からの考察——」, 日本都市センター編『都市内分権の未来を創る』日本都市センター.

諸富徹 ［2018］『人口減少時代の都市——成熟型のまちづくりへ——』中央公論新社 (中公新書).

Applegate, J. S. ［1998］ "Beyond The Usual Suspects: The Use of Citizens Advisory Boards in Environmental Decisionmaking," *Indiana Law Journal*, 73(3).

Clarke, H. D., Dutt, N. and Kornberg, A. ［1993］ "The Political Economy of Attitudes toward Polity and Society in Western European Democracies," *The Journal of Politics*, 55(4).

Dahl, R. A. ［1998］ *On democracy*, New Haven: Yale University Press.

Holmberg, S. ［1999］ "Down and Down We Go: Political Trust in Sweden," in P. Norris ed., *Critical Citizens: Global Support for Democratic Government*, Oxford: Oxford University Press.

Ostrom, V., Tiebout, C. and Warren, R. ［1961］ "The Organization of Government in Metropolitan Areas: A Theoretical Inquiry," *American Political Science Review*, 55(4).

Schmidt, V. ［2010］ "Democracy and Legitimacy in the European Union Revisited Input, Output and Throughput," *KFG Working Paper*, No. 21.

第**18**章 | 次世代社会における
地域自治組織のあり方について

はじめに

　今日，人口減少，高齢化の進展に伴い，都市，農村に関わらず，地域における
コミュニティ機能の維持・確保が課題となりつつある．将来を展望しても，
これから数十年にわたって人口減少が続くことが予想され，今後，地域自治，
地域運営のあり方を抜本的に見直していく必要がある．

　しかし，だからといって，地域社会の将来が悲観的かといえば必ずしもそう
ではない．地域や地域を担う主体のあり方を見直すことで，新たな可能性が生
まれてくる．地域を‘関係性のコミュニティ’と再定義し，‘関係人口’（地域
や地域の人々と関わる域外の人々）も地域の担い手となることで，持続的発展への
途が拓けてくる可能性がある．

　一方では，今後の技術革新が人口減少社会の制約を解消していくことも想定
される．Society5.0（超スマート社会）[1]の革新的技術（IoT，AI（人工知能），ビッグデー
タ，ロボット等）が自動化，無人化を促進し，担い手不足に悩む地域社会での
生活サービスの確保やQOLの向上を助ける可能性がある．

　また，近年共助のしくみとして注目されているシェアリングエコノミー（共
有経済）が今後地域で拡大していくことで，地域に新たな活力が生まれること
も期待される．地域の遊休資産の有効利用によって新たなしごと・雇用が創出
されるとともに，人的資源の発掘やその効率的活用が進むものと思われる．

　本章では，この関係人口の創出・拡大，Society5.0の地域実装，シェアリン
グエコノミーのしくみ構築という3つの視点から，地域社会の将来を展望しつ
つ，今後の地域自治組織のあるべき姿や果たすべき役割について若干の考察を
行なう．

1. │ 関係人口の創出・拡大

　関係人口は，「移住した「定住人口」でもなく，観光に来た「交流人口」でも ない，地域や地域の人々と多様に関わる者」［総務省 2020a］とゆるやかに定義さ れる概念である．「元住民」や「地域にルーツがある者」のほか，「ふるさと納 税の寄附者」や「スキルや知見を有する都市部の人材」など，地縁以外のさま ざまなつながりをもつ人々がその範疇に含められようとしている．

　現在，この関係人口がこれからの地域の担い手として注目されようとしてい る．国の第 2 期『まち・ひと・しごと総合戦略』（2019 年 12 月策定）でも，「地域 に住む人だけでなく，地域に必ずしも居住していない地域外の人々に対しても， 地域の担い手としての活躍を促すこと，すなわち，地方創生の当事者の最大化 を図ること」が必要不可欠である旨指摘している［内閣府 2019：25］．

　実際，今日の地域や地域自治組織の運営において，関係人口と移住者（元関 係人口）の存在感は増しつつある．地域での事業，法人の立ち上げ・運営にあ たって中心的役割を果たすことも珍しくない．彼らは地域内外のアクターを ‘橋渡し’（bridging）し，新奇の知識・情報の入手や新たな資源の調達，異能の 人材の流入を促進し，新しい価値創造に寄与するイノベーターとして活躍しつ つある．

　これからの地域自治組織のあり方を展望すると，関係人口を創出・拡大し， その知恵と力を如何に活用していくかが，持続的運営の鍵となる．特に，事業 創造，サービス提供などの活動にあたっては，当該分野の専門的知識やスキル を有する関係人口の存在は大きい．また，起業マインドに富んだ，意欲ある外 部人材の関与も期待される．

　このため，関係人口の声も地域づくりに反映できるよう，地域社会のオープ ン化，すなわち地域自治組織のガバナンスの民主化を促進していく必要がある ［内閣府 2019：25］．関係人口に，参加への一定のステータスを付与するメンバー シップ制度（第二市民制度，E-residency 等）の導入なども検討していくべきであろ う．

　関係人口の地域への関わり方は，ボランティア，プロボノから兼業・副業， 正規就業，起業，フリーランスまでさまざま形態をとることになろう．地域の 側では，彼らが働きやすいしごとの切り出しやポストの創出を検討していくべ

きであろう．また，関係人口の滞在，活動の場を創出するため，遊休施設・空
き家等の地域ストックの有効活用も考えなくてはならない．

2.　｜　Society5.0 の地域実装

　Society5.0 の進展とともに，社会の次なるパラダイム・シフトが予見されて
いる．地域社会でも，自動運転によるモビリティの向上，ドローンによる物流
革命，遠隔診療・教育の普及，ロボット介護の導入，無人店舗の展開，農業の
全自動化，電子自治体の進展など，さまざまな分野でデジタル技術によるサー
ビスの革新（DX：Digital Transformation）が想定されている．それにより，人口
減の地域社会でも，個人的，潜在的ニーズに対応する，きめ細かなサービスの
提供の実現が期待されている．
　また，Society5.0 のもとでのデジタル革新（仮想空間と現実空間の融合）は，場
所や時間にとらわれない暮らし方や働き方を可能にするといわれている．現在
普及しつつあるリモートワークやワーケーションも常態化していくだろう．地
理的・時間的制約から解放されることで，過疎地も居住地，就業地としてのポ
テンシャルが高まると予想される．
　Society5.0 は，企業や個人の行動変容をも引き起す．企業では，定型業務が
削減され，価値創造活動のウェイトが高まる．個人では，家事・通勤に代わっ
て，自己実現のための時間が増える．その結果，居住地，滞在場所の選択にあ
たっては，生活の利便性よりもむしろ，各人の創造的活動を支える場としての
可能性が重視されるようになる．
　このように地域間でのサービス格差の解消，物理的制約からの解放，創造的
活動の拡大が進むことで，Society5.0 のもとでの人々の居住形態は多様化して
いくだろう．二地域居住（デュアルライフ）はもちろんのこと，関心・目的に応
じて全国をめぐる多拠点居住（マルチハビテーション）も一般化し，関係人口は飛
躍的に拡大していくものと思われる．
　こうした Soceity5.0 のもとでのデジタル革新とそれに伴う社会変化に地域
が適応していくうえで，地域自治組織は重要な役割を担う．まず，その役割と
して求められるのが，地域へのゲートウェイである‘仮想コミュニティ’の構
築である．それは定住人口，関係人口をつなぐ交流の場であるとともに，双方
が課題を共有し，ともに課題解決をめざす場となる．また，情報，知識，サー

ビス，モノなどを交換，共有する小さな循環型共生経済，シェアリングエコノミーのしくみともなる．

　地域におけるスマート・インクルージョンの推進に向けた‘学習コミュニティ’の形成もその役割として期待される．デジタル・デバイドを生むことなく，地域社会の全ての人が革新的技術の恩恵を享受できるよう，地域自治組織には情報弱者へのアウトリーチとともに，情報リテラシーの向上に向けた主体的な学びの場3)の創出が期待される．実施にあたっては，活動の底上げを図るため，プロフェショナル人材としての関係人口の参画も得たい．

　革新的技術の地域づくりにおける活用を目的とした‘実践コミュニティ’の創出も，地域自治組織の重要な役割である．革新的技術による地域課題の解決に向け，地域を技術のテストベッドとして提供し，事業者，学術機関，市民等から幅広くアイデア，知恵を募るオープン・イノベーションのしくみ構築を図ることが期待される．それにより，リアルタイムのセンサー情報（ビッグデータ）や意思決定支援ツールとしての AI の活用などを積極的に進め，課題解決を図るとともに，地域マネジメント能力・効率の向上を実現したい．

　最後に，地域自治組織に期待されるもう 1 つの役割として挙げたいのが，価値創発の風土づくりに向けた‘創造コミュニティ’の醸成である．すなわち，仮想・現実空間の双方で，ビジネス，アート，暮らしなどさまざまな分野で創造的活動に取り組む人（クリエーター）たちのネットワークの構築が望まれる．その人たちの交流・連携のなかから新たな価値創発・連鎖が起き，やがてはそれが起業・創業や新産業創造，文化発信，地域活性化につながっていく．さらにそれを受けて，新たな関係人口が（仮想・現実の）地域空間に流入し，ネットワークが増殖・拡大していく．この好循環こそが，地域創生の次世代戦略であり，理想でもある．

　なお，地域間のサービス格差が解消に向かう Society5.0 のもとでは，居住地，滞在場所の選択にあたって地域性（Locality）がより重視されるようになるであろう．このため，地域の個性を踏まえ，特定分野（食，環境，福祉，文化・芸術，スポーツ等）での価値創造に特化した，テーマ型創造コミュニティとしての発展を模索することも，地域にとって選択肢の 1 つとなろう．

　創造コミュニティの形成に向けては，今後地域内で増加が見込まれる遊休ストックを有効活用した新たな場づくり（＝プレイス・メイキング）が重要になる［末繁 2020：228］．つくられるのは，テレワーク，起業・創業，創作活動などの

場である．現在はコ・ワーキングスペースなどがその役割を担っているが，いずれは遊休施設のリノベーションにより，まちなかにさまざまな創造の場，拠点が出現し，まち全体がワークプレイスとなることが望ましい［末繁 2020：223］．それらの創造拠点は，クリエーターにとって，自宅でも，職場でもない，まちなかの心地よい居場所，いわゆるサード・プレイスになるであろう．そしてそこは，さまざまなアクターとの出会い，交流の場となるだろう．

3.　シェアリングエコノミーのしくみ構築

シェアリングエコノミー（共有経済）は，一般には「個人等が保有する活用可能な資産等を，インターネットを介して他の個人等も利用可能とする経済活動」と理解されている［検討会議 2019：1］．主にその対象となるのは，空間（住宅，駐車場等）やモノ，移動手段，知識・スキル，お金などである．

シェアリングエコノミーの概念は，民泊，配車サービスの外資系企業（AirBnb, Uber）の進出とともに一般にも広く知られるようになったが，近年では，コミュニティ機能が脆弱化しつつある地域での新たな共助のしくみとしても注目されつつある．その活用による地域課題の解決や地域経済の活性化が期待されている．

国でも『日本再興戦略 2016』等で「シェアリングエコノミーの推進」を謳って以降，制度環境の整備支援等を進め，幅広い分野でその導入を図ろうとしている．地域での普及に向け，自治体等によるモデル事業への支援も行なっている[4]．

地域にとって，シェアリングエコノミーの導入はさまざまな意義を有する．それは，人口減少とともに増加していく遊休資産の有効活用を促すとともに，地域で不足するサービスを補完する役割を担う．また，担い手の確保や人材（元気高齢者等）の有効活用を促進するとともに，兼業・副業，ギグワーカーなど，新しい働き方の普及・定着を図る手段ともなる．さらには，生活コストの低減や資源循環の促進という面でも，効果を期待できる．

地域での先導事例をみると，その大半は自治体がシェア事業者（プラットフォーマー）と連携して実施しているものである．目的（対象）別にみると，就業機会の創出（クラウド・ソーシング），需給逼迫の解消（駐車場等），観光振興（民泊・ガイド），子育て支援（育児・家事代行），地域の足の確保（シェア・ライド等）など

が多数を占める［内閣官房 2020：5］．

このうち，現段階で地域自治組織が直接事業に関与しているのは，足の確保（交通空白地有償運送等）などに限られる．しかし，地域自治組織の活動をみると，空き家や遊休農地等について提供者，利用者間のマッチングにあたっているケースも多々見受けられる．こうした取り組みをベースに，今後，シェアリングエコノミーのモデル的取り組みの推進主体となることが期待されている［検討会議 2019：43］．

シェアリングエコノミーによる関係人口の創出・拡大では，現在，シェア事業者による定額制多拠点コ・リビングサービスが注目されているが，定住人口と関係人口の間でサービスを相互に共有，交換する双方向のしくみづくりはまだ本格化していない．今後，地域自治組織がオーガナイザーとなって，地域発でそのようなしくみの設計，運営にあたることが期待される．関係人口が住居や車を気軽に借り受け，滞在を楽しむ．関係人口から地域が必要とする知識・スキルを随時得ることで，地域づくりが進む．シェアリングエコノミーのしくみ構築によって，そのような Win-Win の関係の構築が期待される．

地域発のシェアリングエコノミーのしくみ構築にあたって検討すべきなのが，トークン（電子地域通貨・ポイント）の活用である．かつて，全国各地で地域通貨が盛んに導入されたが，流通性がないため，やがて消滅してしまった．しかし今日，電子化されることで，その流通性，交換性が確保されるようになっている．トークンでしか入手でないような特別なモノ，コト（体験活動等）を創り出すことで，域内消費の喚起や関係人口との交流拡大が期待される［保田 2019］．

歴史を遡れば，かつて地域では山林，原野，水源などの入会地（コモンズ）や労働力（結）を共有，共用していた．シェアリングエコノミーは，そうした共助のしくみの‘復権’とみることもできる．しかし，それはフラットで，外部に開かれているものであり，異質なアクターの出会い等による新たな価値創造・創発を志向するもの（創造的コモンズ）である点で，伝統的な共助のしくみとは一線を画する［竹之内 2019：64］．地域では将来に向け，仮想コミュニティの展開やシェアリングエコノミーの活用を前提とした，新しいコミュニティのルールをつくっていくことが期待されよう．

お わ り に

　本章で取り上げた関係人口，Society5.0，シェアリングエコノミーは，いずれも，次世代の地域社会が人口減少を克服するための処方箋といえる．関係人口の創出は担い手の確保につながり，Society5.0によるデジタル革新は省力化，無人化を推進し，担い手が減っても成り立つ社会をつくり出す．シェアリングエコノミーは，人材の発掘・有効活用を促進し，担い手不足の解消に寄与する．

　また，多拠点居住を可能とするSociety5.0と，地域での滞在や活動を容易にするシェアリングエコノミーのしくみは，関係人口の創出・拡大をもたらす起爆剤となり得る．地域では，この次世代社会のデジタル革新，しくみ革新の波を主体的，能動的に活用し，人口減少下での担い手確保と活力向上を実現させていくことが期待される．

　そして，その実現を担う地域自治組織にとって，目標（成果指標）は人口減少の抑制よりもむしろ地域活動総量の拡大となろう．地域活動総量とは，現実空間（定住人口＋関係人口）の活動量＋仮想空間の活動量の合計である．総量を増やすには，定住人口の参加率向上（学習コミュニティ形成），関係人口の数・参加頻度向上（実践・創造コミュニティ醸成），仮想領域への活動拡張（仮想コミュニティ構築）が必要となる（人の代替となるロボットやAIの活動も，現実，仮想それぞれの空間の活動量のなかに含められるべきなのかもしれない）．

　この地域活動総量を拡大することで，定住人口は減っても，ヒトの接触・交流頻度（frequency），モノ，カネ，情報の流通・循環速度（velocity）はむしろ高まる社会になる．そして，それにより地域に活力が生まれるとともに，地域総幸福量（GRH：Gross Regional Happiness）が高まっていく．これこそが次世代の地域づくりのベスト・シナリオとなる．

　地域社会はその実現に向け，これまでの地理的コミュニティから，現実・仮想双方の空間に立脚する関係性のコミュニティへと転換していかねばならない．地域自治組織等をハブとして，地理的境界を越え拡がるネットワークの多様性，拡張性が地域力の源泉になる．100人が居住するコミュニティを1万人の関係人口ネットワークが支える．加速するデジタル化の動きをみると，そのようなことが現実となる日は意外と早く来るかもしれない．

注

1）『科学技術イノベーション総合戦略』（2017年6月2日閣議決定）では，Society5.0を次のように定義している．「Society5.0は，サイバー空間とフィジカル空間を高度に融合させることにより，地域，年齢，性別，言語等による格差なく，多様なニーズ，潜在的なニーズにきめ細かに対応したモノやサービスを提供することで経済的発展と社会的課題の解決を両立し，人々が快適で活力に満ちた質の高い生活を送ることのできる，人間中心の社会である」［内閣府 2017：2］．

2）エストニアの外国人を対象にした電子国民制度．登録すると外国に居ながら，エストニアで会社を設立したり，銀行口座を開設したりすることができる．なお，国内では兵庫県が関係人口の創出・拡大を目的に，2019年1月より「ひょうごe－県民制度」（登録者数：約4万5000人（2020年12月現在））を開始し，登録者に電子マネーの配布，アプリでの情報発信等を行なっている．

3）総務省では，地域で子ども・学生，社会人，障がい者，高齢者等がモノづくり，デザイン，ロボット操作，ゲーム，音楽等を楽しく学び合うなかで，プログラミング等のICTに関し，世代を超えて知識・経験を共有するしくみとして，「地域ICTクラブ」の整備を2018年度より支援している．

4）総務省では，シェアリングエコノミー活用推進事業において，都道府県・市区町村が実施するモデル事業（① 地域人材の活用，② 子育てなど女性活躍支援，③ 地域の足の確保，④ 低未利用スペースの活用）に対し支援を実施している（2018〜2020年度で計23件を支援）［総務省 2020b］．

5）例えば，兵庫県養父市では，同市西部旧関宮町・旧大屋町で地域自治組織と市内タクシー事業者，バス事業者，観光関連団体が連携してNPOを設立し，住民，観光客を対象に自家用車の有料運送（「やぶくる」）を始めている．都市部の大阪府池田市伏尾地区でも，住民が設立した（一社）伏尾台コミュニティが，ボランティアの手を借りて地域内送迎サービス（「らくらく送迎」）を実施している．

6）例えば，兵庫県丹波市神楽地区では，空き家情報窓口を自治振興会（地域自治組織）内に設置し，空き家の持ち主に窓口への登録を促すとともに，地区内の施設利用者，イベント参加者に空き家情報を提供している．福井県小浜市宮川地区では，全住民が社員の（一社）宮川グリーンネットワークが，農家と農地所有者（非農家）のマッチングを行い，農地の集積・集約化を推進している．いずれの取り組みとも，ビジネスとして展開されているわけではない．前者は県の事業補助（戦略的移住推進モデル事業），後者は県の農地中間管理機構からの委託料で活動費を賄っている．

7）定額制の全国住み放題サービスを提供しているシェア事業者は複数（ADDress，Hostel Life，HafH等）存在する．拠点のなかには，リモートワークのスペースも確保されている．

8）地域ポイントも，現在Gポイント（国内最大規模のポイント交換サービス）を通じて国内120の各社ポイント（コンビニ，航空会社マイル等）や電子マネー，電子ギフト券

等に交換可能である.

参考文献

検討会議（シェアリングエコノミー検討会議・内閣官房情報通信技術（IT）総合戦略室）
　　［2019］『シェアリングエコノミー検討会議第二次報告書——共助と共創を基調とした
　　イノベーションサイクルの構築に向けて——』.
末繁雄一［2020］「コミュニティ創造による「個人の都市」の実現」, 葉村真樹編『都市 5.0
　　——アーバン・デジタルトランスフォーメーションが日本を再興する——』飛翔社.
竹之内祥子［2019］「コモンズ（共有地）論からみる現代のシェアライフ」『アド・スタデ
　　ィーズ』69.
内閣官房（内閣官房シェアリングエコノミー促進室）［2020］『シェアリングエコノミー活
　　用事例集（令和元年度版）：シェア・ニッポン 100——未来へつなぐ地域の活力——』.
内閣府［2016］『日本再興戦略 2016——第 4 次産業革命に向けて——』.
———［2017］『科学技術イノベーション総合戦略』.
———［2019］『第 2 期まち・ひと・しごと総合戦略』.
保田隆明［2019］『トークンエコノミーと地域活性化（3）——特別なモノ・コトが重要
　　——』日本経済新聞 2019 年 10 月 29 日朝刊.

ウェブサイト

総務省［2020a］「関係人口ポータルサイト」ホームページ（https://www.soumu.go.jp/
　　kankeijinkou/, 2020 年 12 月 20 日閲覧）.
———［2020b］「シェアリングエコノミー活用推進事業」ホームページ（https://www.
　　soumu.go.jp/main_sosiki/jichi_gyousei/c-gyousei/sharing_economy.html, 2020 年 12
　　月 20 日閲覧）.

第19章 近隣政府と地域自治組織 —— 公的組織か私的組織か, 決定機能か実施機能か——

は じ め に

最近までの日本においては，第一線の基礎自治体として3200強の市町村が存在し，その領域内部の住民自治を担う組織として，ながらく自治会町内会などの地縁組織が中心的存在であった．しかし，地縁組織の機能低下，新たな民間非営利法人の制度化と急増（特定非営利活動法人，一般社団，一般財団など），大規模な市町村合併などを経た現在，拡大した基礎自治体の領域内部の自治を担う制度や組織の再設計が重要な問題となっている［後 2006］．

そのなかで，本書が考察対象とするさまざまな形態の地域自治組織（まちづくり協議会，地域運営組織など）が形成されてきた．総務省も地方創生の担い手として重視し，研究や調査を重ねてきており，多くの研究論文も発表されている．

ただ，いくつかの問題点が地域自治組織に関する議論を混乱させてきたと考える．1つは，それが公的（政府）組織なのか私的組織なのかを曖昧にして両者をともに「自治」を担う組織だとする用語法である．もう1つは，「協議」機能に関して，他の組織や住民との話し合い（合意形成を目指すにしろ，拘束力は持ちえない）の機能なのか，地域全体を拘束する（それゆえ民主的正統性に基づく）公的意思決定権も含むものなのかを曖昧にする用語法である（近隣政府と各種の地域自治組織を公私の区別と機能によって分類したものが表 19-1 である）．

その背景には，多くの自治会町内会が，私的組織でありながら全戸自動加入制を前提とし，「公共的」組織として公的意思決定機能と実施機能を合わせて保持しているかのようにふるまい，自治体もそのように扱ってきているという実態がある．

本章では，第27次地方制度調査会以降の「地域自治組織」[1]や「地域運営組織」をめぐる総務省関係の議論をこうした視点から再検討することによって，今後の再設計の方向性について手がかりを得たい．

表 19-1　近隣政府と地域自治組織

	公的意思決定機能	諮問機能・協議機能	実施機能
公的組織	近隣政府（議会＋行政） 近隣政府（議会）	地域自治区	近隣政府（議会＋行政） 支所・出張所
公共的組織		自治会町内会，連合会	
私的組織		まちづくり協議会 地域運営組織 （各種民間非営利組織）	

注）本書における地域自治組織は，地方自治法上の地域自治区，行政が関与しているまちづくり協議会
　　及び地域運営組織を指す（網掛け部分）．総務省関係の文書では，近隣政府と地域自治区を指す．
出所）筆者作成．

1. ｜ 第 27 次地方制度調査会の「地域自治組織」提案

　平成の合併では，1995 年の第 4 次合併特例法以降，市町村数は 3232（1999 年
3 月 31 日）から 1772（2010 年 2 月 1 日）にまで減少した．

　その進行のなかで，第 27 次地方制度調査会は 2003 年 11 月 13 日に最終答申
「今後の地方自治制度のあり方に関する答申」を出したが，その審議過程で，
副会長であった西尾勝の「今後の基礎的自治体のあり方について（私案）」（2002
年 11 月 1 日）の問題提起が大きな注目を集めた．

　その注目は主に，一定の人口規模未満の小規模自治体の「特例的団体」への
移行という提案が町村の強制合併提案と受け取られたためであったが，それと
同時に注目すべきなのは，基礎自治体における住民自治の強化の制度提案がな
されていたことである．

　　「基礎的自治体には，このような自治体経営の観点と並んで住民自治の観
　　点が重要であることはいうまでもない．この点については，一般的に基礎
　　的自治体が規模拡大することを踏まえて，基礎的自治体内部における住民
　　自治を確保する方策として内部団体（法人格を持つものとするかどうかについて
　　は要検討）としての性格を持つ自治組織を基礎的自治体の判断で必要に応
　　じて設置することができるような途を開くことを検討する必要がある．」
　　（西尾 2002）

　これを受けて，最終答申は，「基礎自治体における住民自治充実や行政と住

民の協働推進のための新しい仕組み」として「地域自治組織」（行政区的なタイプまたは特別地方公共団体とするタイプ）の制度化を提案した．

　その後，この提案は，2004 年，2005 年の地方自治法改正，合併特例法改正によって「地域自治区」「合併特例区」として制度化された．ただし，その機関としての地域協議会は市町村長の任命とされ，公的意思決定機能はない諮問機関にとどまった．

　ここで再確認すべきなのは，西尾私案の地域自治組織は，自治会町内会とは原理を異にする公選の議会をもつ近隣政府であったということである［石平 2010：Ch. 2］．

　　「そこ［地域自治組織］で選ばれる新しい代表機関というのは，いわば公職選挙法に準拠して選挙が行われ，きちんとした選挙管理が行われる．そして，そこに就任する代表者は委員であれ，議員であれ，長であれ，公務員なんだと思う．……そういう位置づけがなされた自治組織というのが従来の自治組織［町内会など］と違うところだと思う．」（西尾自身の発言）

　ところが，「公選まで認めるなら，何のために合併したかわからない」という強い反対意見もあり，上のような結論になったという．

　その後の動きとしては，新潟県上越市が，2005 年にいち早く合併特例区制度（2009 年から地域自治区制度）を使い，なおかつ地域協議会の委員を準公選で選ぶという試みを行ったことが注目される．ただし，制度上諮問的権限しか持ちえないので，近隣政府へと展開する見通しは見えない［山崎・宗野 2013］．

　さらに，名古屋市では，河村たかし市長（2009 年当選）のマニフェストに基づいて，小学校区に選挙で選ぶ地域委員会を設置し，そこに 500〜1500 万円の予算編成権を実質的に委譲するという，ほぼ近隣政府といいうる制度が実施された．これは地域委員会の過半数を選挙で選び，それより一名少ない候補者を学区連絡協議会が推薦して信任投票にかけるという選挙方式であった[2]．

　しかし，区政協力委員（ほとんどが町内会長）や市議会の反対が強く，2010 年に 8 学区，2012 年に 7 学区でモデル実施されて中止となった［中田 2020］．

2.　地方創生の文脈での「地域運営組織」の促進

(1) 小さな拠点と地域運営組織

　近隣政府の試みがこのようにして一旦終息したあと，2015年から，国の重点政策としての「地方創生」の担い手として，実施機能に力点のある「地域運営組織」が提唱され，全国的に設置が進むことになる（第3章を参照）．

　「まち・ひと・しごと創生総合戦略（2015改訂版）」（2015年12月24日閣議決定）では，4つの政策パッケージの1つ，「時代に合った地域をつくり，安心なくらしを守るとともに，地域と地域を連携する」のなかの5つの政策の1つとして「『小さな拠点』の形成（集落生活圏の維持）」があげられている．

　その概要は以下のようである．

> 「人口減少や高齢化が著しい中山間地域等においては，一体的な日常生活圏を構成している「集落生活圏」を維持することが重要であり，将来にわたって地域住民が暮らし続けることができるよう，地域住民が主体となって，① 地域住民による集落生活圏の将来像の合意形成，② 地域の課題解決のための持続的な取組体制の確立（地域運営組織の形成），③ 地域で暮らしていける生活サービスの維持・確保，④ 地域における仕事・収入の確保を図る必要がある．」

　この方針は，第2期「まち・ひと・しごと創生総合戦略」（2019年12月20日閣議決定）でもそのまま引き継がれて現在に至っている．

　この地域運営組織に関しては，総務省によって何度かの調査研究が実施されてきたが，事業実施の機能と並んで，合意形成とか協議の機能も重視されていることが議論の不整合をもたらしていると思われる．

　たとえば，総務省地域力創造グループ地域振興室「暮らしを支える地域運営組織に関する調査研究事業報告書」（2016年3月）では，地域運営組織を次のように定義している．

> 「地域の暮らしを守るため，地域で暮らす人々が中心となって形成され，地域内の様々な関係主体が参加する協議組織が定めた地域経営の指針に基づき，地域課題の解決に向けた取組を持続的に実践する組織」．

そのうえで，実態調査の結果，「地域運営組織の組織形態としては，協議機能と実行機能を同一の組織が併せ持つもの（一体型）や，協議機能を持つ組織から実行機能を切り離して別組織を形成しつつ，相互に連携しているもの（分離型）など，地域の実情に応じて様々なものがある」と述べる．

報告書によると，協議とは，「地域を経営する視点に立って地域の将来ビジョンを協議」するという意味であり，自治会町内会に加えて市民団体や NPO 法人なども参加して協議する事例もあれば，全世帯が加入する自治組織を作って協議する事例もあるとされる［総務省 2016］．

ここで問題なのは，この協議の結果が他の団体や住民に対して拘束力を持つのかどうかが曖昧だという点である．

(2) 新たな法人格制度の検討

この問題点を正面から検討したのが，「地域自治組織のあり方に関する研究会報告書（2017 年 7 月）」である［地域自治組織のあり方に関する研究会 2017］．

地域運営組織が都市部も含めて全国に広がり，多様な活動を展開するようになったことを背景に，「新たな法人格制度を要望する声」が高まり，それについて検討したのがこの研究会である．そこで検討された諸論点は，地域運営組織がもともと孕んでいた上記の矛盾点を顕在化させたものといえ，また，その検討のなかで，第 27 次地方制度調査会以来再び，公法人としての地域自治組織が検討対象として浮上したという点でも本章の関心からして興味深い．

研究会報告では，「小規模多機能自治推進ネットワーク会議」（2015 年 2 月 17 日設立）から出された新しい地縁型法人格制度の要望や，エリアマネジメントに取り組む地域運営組織の課題についての委員からの指摘に含まれる，地方自治法における認可地縁団体では不十分であって新しい法人格が必要だという問題提起を受け止めて検討を進めている．既存の法人格では不十分とされたのは以下の理由であった．

- 認可地縁団体は経済活動を伴う事業を想定された制度ではない．
- 地域運営組織は地域の自治を担う組織としての公共的性格を有するため，一般社団法人，特定非営利活動法人とは基本的性格が異なる．
- 自治体では地域運営組織を公共的団体とみなして一定の財源も交付している．

- 地域運営組織の未加入者もいるが，その提供するサービスにはフリーライド可能なものが多い．
- 住民・事業主・地権者等の参加による協議・意思決定（いわば地域自治）と事業運営（地域運営）の体制の両方が確保されていることが必要である．
- フリーライドが生じないよう，ステークホルダーである構成員の範囲を設定して，構成員から賦課金，負担金，分担金等を徴収できる公共組合的な考え方が必要．（第1章第2節）

　これらの検討から，報告書は，地域運営組織の活動には，以下のような「私的組織では目的を十分に果たし得ない活動」が含まれていることを確認する．

① 公共的な施設の整備・管理，防犯・防災サービスなどの活動では，フリーライド（利益は享受する一方費用は負担しないこと）が可能であるので，加入の任意性を前提とする私的組織では費用負担を含めた合意形成が困難である．
② 建築・まちづくりルールの策定は，加入の任意性を前提とする私的組織による取組には困難が伴う．
③ 地域運営組織が何ら「使途が特定されない交付金」を基礎自治体から交付され，その使途の決定を行っている事例があり，財政民主主義の観点から課題が残る．
④ 地域運営組織が地域内の各種非営利組織等の総合調整を行っている事例があるが，別人格である各種非営利組織等に対して総合調整の機能を発揮するためには，地域の住民が十分に参画し，公正性，透明性がより確保された組織において合意形成される方が望ましい．

　報告では，私的組織の各種法人格を検討したうえで，当然のことながら，「私的組織である限りにおいて，特定の法人類型に限って，あるいは認定を受けた法人に限って，地域の住民を代表する性格・要素を有しているとすることは困難である」と結論している．
　また，フリーライド問題についても，地域運営組織が私的組織であることを前提にした解決は困難であると結論している．
　そして，可能な解決策として，報告では，公法人としての「新たな地域自治組織」を提案している．「結社の自由」（憲法第21条）との関係を考慮する必要が

あるため,「当然加入制」をとる団体としては,「公共組合」(特定の公の目的を遂行するために組織される社団法人)という法的構成と「特定目的のために設けられる地方公共団体」という法的構成の 2 つが可能だという.

　意思決定機関としては,公共組合については総会ないし総代会,特別地方公共団体については総会ないし議会を設置するとしている.ただ,後者についても,「できるだけ簡素な組織にする観点から,原則として,議会を設けるのではなく,選挙権を有する者の総会によることが適当である」として,公選制の本格的な近隣政府を除外していることには疑問がある.地域における活動,事業を担う私的組織として,地域運営組織を他の任意組織,特定非営利活動法人,社団法人,財団法人などと並列に位置づけたうえで,それとは別個に公法人としての地域自治組織を構想するのであれば,第 27 次地方制度調査会で検討された近隣政府(公職選挙法に基づいて選出された議会を持つ)をあらためて有力な選択肢として取り上げるべきだからである.

(3) 地域運営組織 (協議・実施組織) と近隣政府の峻別

　とはいえ,この報告書の末尾において,「地域の公共空間において,本来,個人の意思によって加入するものであるにもかかわらず,実態としては,あたかも当然に加入し,構成員となる義務が存在するかのように運営されている団体もある」ことをあえて紹介したうえで,当然加入制の地域自治組織は私的組織ではありえず,「地域の住民や構成員の権利保障について必要なルールを設定」した公法人として設計すべきだと明言していることは重要である.

　地域自治組織,特に以下では協議・実施機能の両方を有するものを地域運営組織とするが,その多くが事実上,自治会町内会を基盤にしていること自体は認識する必要があるし,現状では意味のあることであるとしても,だからこそ,私的組織としての地域運営組織は自治会町内会とは別個の組織としての自律性を確保することが重視されなければならない.それは,地域運営組織が事業性を発揮するうえでも,民主的で自律的な組織運営を確保するうえでも不可欠である.逆に言えば,私的組織である地域運営組織が自治会町内会を基盤としていることを理由に地域代表性や公的意思決定権を持とうとしたり,近隣政府のような意味での「自治組織」を名乗ったりするということが原理的に不可能だということは最終的に確認されなければならない.

　さらにいえば,自治会町内会についても,自治体が「公共的団体」として特

別扱いするのではなく（特定非営利活動法人もまた市民の「公益的活動」を担う），また「あたかも当然に加入し，構成員となる義務が存在するかのように運用されている」ことを許容するのではなく，事実上多くの住民が加入しているにしても私的な任意加入の組織としての性格を徹底させるべき時期にきていると考える．

3. ｜ 地域運営組織の組織形態

(1) 組織形態の実態

以上のような問題関心を前提に，総務省による調査から，「地域運営組織」の組織形態に関わるデータを紹介しておこう［総務省 2019］．

1722 市区町村からのアンケートへの回答によると，組織形態では，任意団体が 62.4%，自治会町内会やその連合組織が 23.8%，NPO 法人（認定含む）が 5.2%，認可地縁団体が 1.7% などとなっている．

機能分類としては，協議組織が 5.5%，実行組織が 12.2%，協議＋実行組織が 82.3% である．

主たる母体組織としては，自治会が母体 24.7%，自治会連合会等が母体 44.3%，公民館活動が母体 18.2%，その他 11.1% である．

このように地縁組織を母体とするものが圧倒的に多いが，それだけに，地域運営組織が事業性を持った組織として発展するうえでは，組織としての自律性が確保されているかどうかが決定的に重要である．端的に言えば，自治会町内会やその連合組織の役員が制度的に理事会（役員会）の多数を占めているのかどうかである．

(2) 町内会自治会との関係

これに関しては，我々が 2020 年 8 月に実施した「基礎的自治体における地域自治組織に関するウェブアンケート調査」の回答が貴重である（本書第 4 章，**表 4-4**）．設問は「地域自治組織の中で，理事会・役員会等の実質的に意思決定を行っている機関の構成メンバーのうち，『自治会等の地縁団体』の割合は平均するとどの程度ですか」である（回答数 329）．

　　　75～100% 程度　　43.5%
　　　50～75% 程度　　18.2%

25〜50%程度　　23.4%

1〜25%程度　　14.9%

　個別の事例に即したさらなる調査が必要だが，総務省の 2016 年調査報告に資料として付された個別団体の紹介の「組織運営」の項目に記載されたものを見る限り，地縁組織の役員がそのまま理事とされているものがほとんどである［総務省 2016］.

　その意味で，第 10 章で紹介された兵庫県明石市の校区まちづくり組織が，個人を構成員とし，「長」の充て職を避けようとしているのは注目すべき事例である.

（3）事務局の確立

　最後に付言しておきたいのは，地域運営組織が事業体として機能するうえで，事務局の確立（特に有給事務職員）が不可欠であることが広く認識されるようになっているということである.

　2019 年のアンケート調査によれば，25.7%の市町村が事務局運営の支援を行っており，支援内容としては，「人件費を含む事務局運営経費を補助している」44.3%，「地方公共団体職員が事務局運営を支援している」30.6%，「人件費を除く事務局運営経費を補助している」12.0%であった.

　また，全体の 36%が指定管理者として施設管理を委託しているが，これは実質的には常勤役員，職員の人件費の支給という意味を持つ.

　以上のように，有給職員を軸に事務局を強化することは事業性を高めるうえで不可欠だというのは，日本における 20 年以上に及ぶ民間非営利組織の経験からも明らかなので，この点をかなりの自治体が認識するようになっていることは注目される［後・坂本 2019：第 2 章］.ただし，自治体職員の派遣などによって組織の自律性を損なうことは避けなければならない.

お わ り に

　以上の検討から，本書の用語法に基づいて，基礎自治体である市町村の内部の自治組織の制度設計に関して暫定的な結論を述べてみたい.

　1 つは，自治会町内会の衰退を前提にすると，また合併によって市町村が地

理的に拡大したことも考慮すると，自治会町内会からの自律性を確保し，事務局を確立した事業組織としての地域自治組織（地域運営組織など）の創出，普及が必要だということである．

　自治会町内会やその連合会が今後も存続することは明らかであるが，その役割では不十分であるがゆえに地域自治組織（特に地域運営組織）を設立するのである以上，その地域自治組織が民主主義的に運営されるためにも，高い事業性を発揮するためにも，町内会自治会の役員たちの同意がなくても自律的な意思決定ができる必要がある．

　もう１つの結論は，私的組織としての地域自治組織が地域の他の諸組織と広く協議することは望ましいとしても，それらの諸組織とは別格の団体としてそれらを総合調整する権限を持つべきだという理解は捨てるべきだということである．あくまで地域にとって有益な活動や事業の展開を通じて，他の組織や地域住民の支持を得ることを目指すべきである．

　他方，地域全体を公式に代表する機能や住民全体を拘束する公的意思決定機能が必要ならば，公選議会を持つ近隣政府を設立するべき（そのための法的整備をすべき）であって，私的組織でありながらそのような機能を持つような法人格を構想するようなことは断念すべきである．

注
1）本書では，「地域自治組織」の用語を地方制度調査会等の定義とは異なって使っている（詳しくは第１章を参照のこと）が，本章の議論では，過去の議論の経緯を示すため，総務省関係の文書の用法に沿って地域自治組織を近隣政府の意味で使用することがある．本章でいう近隣政府とは，市町村の内部に設置された公選の議会を備えた小規模な政府組織であり，議会と公務員組織（行政）を備えたタイプと議会だけを備えたタイプがありうる．行政だけのもの（支所・出張所）は除外する．
2）筆者自身，河村たかしのマニフェストの作成と地域委員会の最初期の設計に関わったことを付記しておく．なお，実施段階には関わっていない．
3）日高昭夫による町内会自治会に関するアンケート調査（2008年，回答自治体数1139）によると，「町内会自治会の直面する問題」として多い順に以下のものがあった［日高 2018：125］．新規転入してきた住民が加入しない（69.9％），役員のなり手不足（66.8％），役員の高齢化や固定化（54.6％），高齢化や過疎化で組織維持が困難（46.0％），活動に全く参加しない（36.1％）．

参考文献

石平春彦［2010］『都市内分権の動態と展望』公人の友社.

後房雄［2006］「多様化する市民活動と自治体の制度設計——地域自治組織における決定と実施の混合——」『市政研究』153.

後房雄・坂本治也編［2019］『現代日本の市民社会』法律文化社.

総務省地域力創造グループ地域振興室［2015］『暮らしを支える地域運営組織に関する調査研究事業報告書』.

————［2019］『地域運営組織の形成及び持続的な運営に関する調査研究事業報告書』.

第 27 次地方制度調査会［2003］『今後の地方自治制度のあり方に関する答申』, 2003 年 11 月 13 日（渡名喜庸安『資料と解説　地方制度調査会「答申」を読む』自治体研究社, 2004 年）.

地域自治組織のあり方に関する研究会［2017］『地域自治組織のあり方に関する研究会報告書』.

地域の課題解決のための地域運営組織に関する有識者会議［2016］『地域の課題解決を目指す地域運営組織——その量的拡大と質的向上に向けて——　最終報告』, 2016 年 12 月 13 日.

中田実［2020］『住民自治と地域共同管理』東信堂.

西尾勝［2002］「今後の基礎的自治体のあり方について（私案）」, 2002 年 11 月 1 日（渡名喜庸安『資料と解説　地方制度調査会「答申」を読む』自治体研究社, 2004 年所収）.

日高昭夫［2018］『基礎的自治体と町内会自治会』春風社.

山崎仁朗, 宗野隆俊［2013］『地域自治の最前線——新潟県上越市の挑戦——』ナカニシヤ出版.

第**20**章 コミュニティ政策のこれから

は じ め に

　この章では，本書の最終章として，本書全体の議論を省みながら，コミュニティ政策について改めて考えてみる．コミュニティ政策とはそもそも何か．コミュニティに基づく／基盤とする，あるいは志向する政策の存在意義とは何か．そして，日本のコミュニティ政策のこれまでの目的と特質を振り返りながら，高齢化とコロナウィルス感染症との戦いを迫られる中，その姿は明瞭に見通せないものの，2020年以降のコミュニティ政策で留意しなければならない点を展望する．

1. コミュニティ政策とは何か

　コミュニティ政策とはそもそも何か．「コミュニティ」自体が曖昧な言葉でもある．これが目指すべき規範概念なのか，実際あるものとしての実態概念なのかということも研究者たちは議論を重ねてきた．概ねコミュニティとは，一定の地理的範囲，メンバー相互の交流，共通目標や関心事などの絆，という要素を示す言葉として使われる（例えば，Hillery［1955］ほか）．SNS上の集まりをコミュニティと呼ぶことも多くなっているが，ここでは，コミュニティを基礎自治体の区域の中の一定の地理的区画として，現実世界のものとして考える．その地理的区画を政府が公共政策の中で何らかの目的実現のために活用するということがコミュニティ政策である．そこでは，通常地理区分に住む住民の何らかの取り組みが求められることになる．その意味で，コミュニティ政策は行政と住民との関係の持ち方に関する政策（の体系）だという理解も成り立つ［玉野 2011］.

　公共政策を通じて政府が一定地理区分（の居住者）を通じて実現する目標とは何か．それはその時代や社会によってさまざまだろう．通底することは，市民

参加を通じて経費の無駄を省くことや作業の効率化，また有効な問題解決を実現することで，自治体統治のパフォーマンス最大化させるという要素だろう．そして，その目標達成のために用いられる手段が種々存在する．法的な強制あるいは規制，報酬や補助金を与えること，情報を公開すること，また組織を作ること，などである［Howlett and Ramesh 2003］．これらは単一で用いられるだけでなく，複合的な用いられ方の場合もある．

2. これまでのコミュニティ政策――その理念と現実――

(1) 1990 年代まで

　第 1 節の理解によれば，1940 年の内務省による部落会町内会整備を経た国による戦時期の諸施策はまさにコミュニティ政策である．部落会町内会を通じた国民の資源動員体制，行政末端機構を構築したからである［横道 2009：玉野 2011］．戦争遂行が目下，国策的目標だったのである．

　しかし，終戦後に部落会町内会は GHQ の指示のもと内閣の政令をもって解散することになった．その後 1952 年のサンフランシスコ講和条約締結以降，各自治体が各々の自治会町内会との関係構築を模索することになる［高木 2005］．実はこの時期に，登場するのが公民館構想である．この原点になったのが 1946 年に出された文部次官通牒「公民館の設置運営について」である．各地の戦禍復興からの郷土づくりを全国に広めるとともに，地域振興と国民の自己形成，また民主主義確立を狙った構想だった［牧野 2018］．そこでは，「各部落に適当な建物を見つけて分館を設ける」とも言及され，解散をせざるを得なかった部落会町内会の代替組織を各地が求めていたこともあって，コミュニティ組織として公民館が作られた地域もあった［森 2018］．

　そして，コミュニティという用語が直接用いられるのは，国民生活審議会による『コミュニティ』構想だった．この構想は「生活の場において，市民としての自主性と責任を自覚した個人および家庭を構成主体として，地域性と各種の共通目標をもった，開放的でしかも構成員相互に信頼感のある集団」と，廃れゆく封建社会的な伝統的地域社会を刷新するため，新しい目標としてコミュニティを位置付けた．ただ，結果として，その後の自治省などの施策を通じて各地にコミュニティセンターなどの整備が行われつつも，伝統的な地域社会を刷新することにはつながらなかった．また，それらは公益的な問題解決系の自

治活動よりむしろ親睦活動，文化・レクリエーションイベント活動や趣味グループといった生涯学習型の活動に重きが置かれる傾向が強かった［日本都市センター 2001：314-335；名和田 2004：143-144］.

(2) 20世紀末から

　さて，20世紀末から21世紀初めに入るとその様子は違ったものとなった．経済事情の悪化と市町村合併はまさに新しいコミュニティ政策を誘発した．この大規模な環境変化にあって，コミュニティ政策は，住民と行政との協働関係の形成を目標とするものとして位置付けられるようになっていく［玉野 2011］.それは，総務省「地域協働体構想」(2005年)，または「まち・ひと・しごと創生総合戦略」の地域運営組織の検討 (2010年〜) に現れているが［分権型社会に対応した地方行政組織運営の刷新に関する研究会 2005；内閣府 2015］，各地の自治体で，独自の構想と制度化が図られた．その主力となるのが「地域自治組織」である．この最大の特徴は，公民館や前出のコミュニティ政策で重きを置かなかった，自治活動の面と自治体の政策や計画策定への参加の面に焦点を当てたことである．これらの面を象徴する言葉が「自治体内分権」である．法律型の地域自治区，自治体条例等に基づくタイプの組織も，意思決定・合意調達ないし公共サービスの実施という自治の営みをある一定の地理的範囲の居住者に委ねるという政策だった［玉野 2011］.ここには，財政逼迫の中で，アウトソーシングを通じて行政効率化を図りつつ，実に地域民主主義の規範も追い求めるという政策目標が孕まれていると理解することができる．また，組織編成と交付金等の資金提供が主要な手段として用いられた.

　兎にも角にも，歴史を見渡すと明らかな共通点がある．それは自治会町内会である．国・自治体は自治会町内会に陰に陽にさまざまな期待をかけてきた．とりわけ，協議・実施両機能を重点化する自治体内分権で，地域自治組織が成り立つのは自治会町内会というコミュニティの基盤組織がある程度稼働しているからに他ならない.

3. これからのコミュニティ政策で考えるべきこと

(1) 自治会町内会の取り扱い

　コミュニティ政策はこれからどうなっていくのだろうか．「コミュニティ政

策」という名前を使うかどうかは別として，コミュニティを活用して何らかの目的と価値を実現しようとする公共政策はこれからも存在し続けるだろう．とはいえ，これほどまでに変転が激しく急激な現代社会において，コミュニティ政策に限らずあらゆることについて今後のあり方を検討するのは容易ではない．しかし，いくつか現時点でも考えておくべき論点がある．まず1つ目は，自治会町内会の取り扱いである．1969 年の時点では「コミュニティ」は，自治会町内会とは別物の人々の新しいまとまりとして構想された．その後，その政策実施の中で結果的に自治会町内会がコミュニティのための資源調達を担うことになる．現在でも，地域自治組織の世界でも，自治会町内会は主要な担い手として常にノミネートされ，活躍しているところである．

　自治会町内会は全国的に見て弱体化していると言わざるをえない．もちろん，多くの地域では自治会町内会が自治と行政のシステムの中にしっかり組み込まれており，自治体との密接な関係を保持しているのだが，その一方で自治会町内会の加入率はだんだんと低下し，翻って言えば住民からの正統性を失いつつある傾向が散見されることは確かである．さらにこの事態が悪化した時，自治会町内会の組織と活動のあり方，自治体との関係の取り方は多かれ少なかれ清算して行かざるを得ないだろう．それは，例えば，完全に自治会町内会とのこれまでの関係を清算してしまい，それに代わる新しい組織を建設する（刷新代替型），他の種類の諸組織とのコラボと調整の中で自治会町内会を運営していくか（伝統・刷新並立型），あるいは新たな制度枠組みで，自治会町内会と多種類の団体とを統合していく（伝統・刷新統合型）のパターンを構想することができる［日高 2011：19］．

(2) 何を追求するか

　さて，自治会町内会との関係を再生産あるいは清算するとして，何を求めるのかがこれからのコミュニティ政策では重要である．例え「協議会」等の地域自治組織を作るとしても，それが何をどこまで担うのかが課題となる．

　まずは地域の事柄に関する意思決定で自治体との公的な関係を持つか否かは，重大な論点である．第 19 章に示した近隣政府の建設は，まさにこの部分と直接関わる．前出のとおり公的意思決定権限を持つ近隣政府の形式を採用するなら地域自治組織と自治会町内会との関係は大きく変化する．近隣政府の機構においては，自治会町内会は多くの団体の1つにすぎなくなるし，もはや直接の

関係は必要なくなる．もちろんこれは法改正を必要とするのですぐさま実現できるものではない．多くの自治体では，自治会町内会が一定に稼働する状況の中で，現行型地域自治組織を維持強化する方針が十分に現実的である．ただし，この場合は本来的な矛盾を孕むことに常に留意が必要である．より一層，民主性・公平性，透明性を高く保つ工夫が求められる［森 2012］．

　公共サービス供給という面は，これまでのコミュニティ政策の主眼だったし，住民の問題解決を自主的に進めるということ自体は，日本のこれからのコミュニティ政策の主要ポイントであり続けるだろう．ただ，そこでは往々にして自治会町内会という一種の実働部隊がその供給を担うことが期待されるのであって［名和田 2011］，上記した通り自治会町内会が力を失った時，どうするかは本当に真剣に検討する必要がある．これからは，1つの自治体に同じような〇〇協議会を全地区に一律に整備するというアイデアは地域の現実からして不都合な場合もあるだろう．例えば，本書の議論で対象としたNPO法人などによるソーシャルビジネスのほか，これまでに「コミュニティ政策」とは純粋にみなされなかった領域のしくみや制度を検討することもあって良いだろう．例えば，大阪市が進めるような，都心部のビジネス地区まちづくりを計画的に進めるエリアマネジメント制度で地権者などによって設立される都市再生推進法人がある．この法人は，市長の指定を受け，地区運営計画の作成とその実施，またカフェなどの収益事業も担うことができる．また，兵庫県神戸市とまちづくり協定を締結する，都市計画法に基づくまちづくり協議会に注力する可能性も想定できる．実施機能を一般・一律に広げるのではなく，特定分野にシフトしていく組織改編は重要だろう．

　他方で，自治体との公式な関係とも公共サービス供給とも直接連動しないというあり方も地域によっては重要であるし，コミュニティ政策として十分な正当性を持つ．純粋に地域のまとまりを作る，人間関係を新たにし，交流や学習を通じた自己実現を達成するということが主眼だろう．例えば，第10章の明石市の事例と同じく，男性世帯主中心の地域を変え，女性や若者を含めて地域を「自分ごと」として感じる主体形成を行うという目標だけでも重要である．文部科学省が進めてきた総合型地域スポーツクラブ等，特定のコンテンツを切り口に地域のあり方を刷新し改善していくというような方策もあり得るだろう．それがまた将来公共サービス供給などの局面に広がる基礎となるかもしれない．

　いわば，何を変え，何を目指すのか，それが地域の人々の幸せにつながるも

のなのか，その適切な手段を熟議することが重要なのである．

(3) 国と都道府県との関係

　本来，地域自治に関するコミュニティ政策は，市区町村がそれぞれの地域特性にあったしくみを独自に構想し実践するものである．もはや，一定の共通した枠組みを全国に適応するという状況ではない．目下，地域運営組織づくりをKPI の１つとする方向づけを行った地方創生政策が大半の自治体で進められているが，ただ単に交付金というインセンティブだけで事業の数を増やしていくということは避けなければならない．本来，数値目標はこの世界にふさわしくない．各地域にとって何が使いやすいか，利用しがいがあるか，本当に採用しようとする方策が地域の人々の幸せにつながるのかを主体的に地域側から考えるべきである．今後，国の省庁ごとに各種のコミュニティを単位とする政策枠組みが登場すれば，それを自治体ごとに取捨選択し，有機的に結びつける着想が肝要である．

　また，第３章では都道府県がこの分野であまり登場していないことに言及したが，都道府県は，国の方針と市区町村の取り組み実態を踏まえて，「自治体」としてコミュニティのあり方を指し示し，各地域に支援を行うことがあっても良い．例えば，三重県の美し国事業（第13章），兵庫県の県民交流広場（第8．10章），地域再生大作戦（第12章）といった方針と事業は重要な存在である．

　ここで言いたいことは，何よりも「思考停止」だけは回避すべきだということである．

(4) 人材育成支援の要素

　これまでのコミュニティ政策は，主として，自治体がコミュニティの拠点整備（コミセンや公民館）と地区の組織づくりを行い，当該組織の事業に対する資金援助を行うということ，時には地区担当職員を配置するといったことが津々浦々見られる一般的なパッケージである．

　しかし，本書が示した通り，中間支援組織との関係は日増しに重要になっているといえる．第15章及び16章によると，それぞれ，そもそもNPO などのボランティア有志団体の能力開発を主眼としていた中間支援組織が，地域自治組織などの地域コミュニティ団体向けにプログラムを開発し始めている．住民組織にとっては，健全な経営を行い，企画力，組織力，事業力，財務管理能力

などの専門性，そして透明性や公開性の確保などは不可欠になってきている［今川・山口・新川 2008］．事務局機能はその根幹を支えるための必須条件と言えよう．とはいえ，こうした組織を専門的に支える人材はそうはたくさん出てこない．そこで直接間接にコミュニティ組織の専門人材を意識的に開発することが重要となっている．そこで活躍するのが数々のNPOを支援してきたノウハウを持つ中間支援組織であり，また自治体が直接派遣するサポートスタッフである．後者は本書では登場しないが，例えば京都府京都市の「まちづくりアドバイザー」，愛知県名古屋市の「地域コミュニティ活性化支援員（コミュニティ・サポーター）」である．京都では十数名のアドバイザーが各行政区に配置され，まちづくりに関するワークショップの企画運営，区民の企画するイベントへのアドバイスなどを実施している．名古屋市では，福祉や環境，多文化共生などの専門性を有するサポーターが4名配置されており，地域自治組織（学区連絡協議会）等の要請を受けてさまざまな支援を行っている．多くの自治体で地域担当職員制度が実践されてきたが，そうしたしくみとは異なる専門性をもとにした技術的支援は大いに意味があるといえる［三浦 2020］．

　中間支援組織のみならず，大学などの教育機関がそこに関与する余地もあるだろう．加えて，18章に登場する関係人口とシェアリングエコノミーの概念はコミュニティ組織にとっては有能な人材を得るための着想として検討していくべきだろう．地域に住んでいなくても，兼業・副業の一環としてプロボノ人材として活躍しようという人々は決して少なくないのである．人材育成と供給発掘を多元的に発想していくことが今後は重要なのだろう．

(5) 高齢者の暮らしを支えるために

　日本のコミュニティ政策は，実を言えば過去の取り組みを見直し清算することなく，次々に新しい組織を立ち上げては地域に新規活動を期待してきた傾向がある．ある意味，本書中の地域自治組織はこの典型例であろう．既存団体をそのままに新組織を立ち上げる方式だからである．しかし，ほとんどの地域の高齢化は進み過ぎてしまった．元気な高齢者が多いとはいえ，体力が有り余った担い手はあふれ出てこない．であれば，これまで膨張に膨張を重ねてきた各種事業を，圧縮あるいは必要な部分をさらに再編，いわば断捨離していく必要がある．

　一例として，福祉の取り組みを考えてみよう．現在，厚労省が進める介護予

防や高齢者の生活支援のための生活支援体制整備事業では，中学校区などに地区社会福祉協議会や自治会町内会などによる「協議体」を設置することを求めている［厚生労働省老健局 2019］．とは言え，この協議体が既存のコミュニティ組織とは別にまた立ち上がるということになれば，高齢化で担い手がいない地域にとっては負担以外の何者でもなくなる．本書にも登場する島根県雲南市や三重県名張市［全国コミュニティライフサポートセンター 2018］などのように，地域自治組織の一環として連動させる工夫が不可欠だし，場合によっては地域自治組織の活動をもっとそこに集中させていく方向も十分にあり得る．

　地域自治組織の仕事自体が拡大傾向にあると言わざるをえないし，我々の実施したアンケート調査にもあった通り，高齢化とマンネリ化は最大の課題である．コミュニティの業務棚卸を提唱する川北秀人氏の言葉を借りると，もはや「昭和のままに行事を続けるのは，困難」になってしまったと理解すべき時代に私たちは生きている［川北 2020］．

おわりに

　コミュニティ政策はこの数十年間に，その形と目的を変えながら継承されてきた．コミュニティ政策が，社会のあり方，問題解決の様式を刷新していく手段だとすれば，これからもよりその存在意義は高まることはあっても低まることはないだろう．その中で，自治会町内会の今後，自治体の支援の方法，主体形成の仕方，また事業の断捨離など幾つかの今後の政策のあり方を考える上での論点を示した．最大のプロットの分かれ道は，自治会町内会との付き合い方である．まだまだべったり付き合うか，それともつかず離れずでいくか，もしくは別れるか．地域の英知を結集すべき時代を迎えているといえよう．

参考文献

今川晃・山口道昭・新川達郎［2005］『地域力を高めるこれからの協働——ファシリテータ育成テキスト——』第一法規．

川北秀人［2020］「弘前で「小規模多機能自治研修会入門編」＆青森で「小規模多機能自治のしくみづくり研修」でした！」川北秀人 on 人・組織・地球（https://blog.canpan.info/dede/archive/1454, 2020 年 12 月 23 日閲覧）．

厚生労働省老健局［2019］「「これからの地域づくり戦略」の送付について」『介護保険最新情報』715.

全国コミュニティライフサポートセンター［2018］『「地域づくりにおける生活支援体制整備事業と地域づくりに関する各種事業との連携に関する調査研究事業」報告書』.

総務省［2010］『まち・ひと・しごと創生総合戦略』.

高木昭作［2005］『町内会廃止と新生活共同体の結成』東京大学出版会.

玉野和志［2011］「わが国のコミュニティ政策の流れ」，中川幾朗編『コミュニティ再生のための地域自治のしくみと実践』学芸出版社.

内閣府［2015］『まち・ひと・しごと創生総合戦略（2015 改訂版）』.

名和田是彦［2004］「協働型社会と「地域自治組織」」，日本都市センター編『近隣自治の仕組みと近隣政府』.

──── ［2011］「「コミュニティ・ニーズ」充足のための「コミュニティの制度化」の日本的類型について」『法社会学』74.

日本都市センター［2001］『自治的コミュニティの構築と近隣政府の選択』.

日高昭夫［2011］「自治体コミュニティ政策の流儀」『地方自治職員研修』622.

分権型社会に対応した地方行政組織運営の刷新に関する研究会［2005］『分権型社会における自治体経営の刷新戦略──新しい公共空間の形成を目指して──』.

牧野篤［2018］『公民館はどう語られてきたのか』東京大学出版会.

三浦哲司［2020］「多元化するコミュニティ政策──補助金配分型コミュニティ政策を超えて──」日本公共政策学会 2020 年大会報告ペーパー.

森裕亮［2012］「地域自治組織と自治体」，真山達志編『ローカル・ガバメント論──地方行政のルネサンス──』ミネルヴァ書房.

──── ［2018］「自治公民館と地域の担い手形成における課題──これまで，いま，そしてこれから──」『都市問題』109(10).

横道清孝［2009］「日本における最近のコミュニティ政策」『アップ・ツー・デートな自治関係の動きに関する資料』（自治体国際化協会），5.

Hillery, G. A.［1955］"Definition of community," *Rural sociology*, 20.

Howlett, M. and Ramesh, M.［2003］*Studying Public Policy: Policy Cycles and Policy Subsystems*, 2nd ed., Don Mills, Ont.: Oxford University Press.

あ と が き

　コミュニティ政策，コミュニティづくり，そしてとりわけ地域自治組織建設
はすでに自治体の取り組みとして実に浸透しているし，必要なものという認識
も広がっている．「地域運営組織」も地方創生事業で注目されるようになった．
さまざまな報告書や学術研究が膨大に蓄積されてきたことはご関心がある読者
なら周知のことである．ただ，そうしたコミュニティづくりや地域自治組織形
成は，長く見ても数十年，平成の合併から始めた取り組みにしても 10 年以上
にわたって継承されてきているが，それでも未だに課題含みである．高齢化に
よる担い手不足といった声は，どの地域に行っても見聞される共通話題となっ
ているが，諸課題は日に日に深刻になり増えているようにも思える．これまで
にも，さまざまな調査研究が繰り返し実践されてきた一方で，どうしてもそれ
らの多くは専門的な議論になりがちだった．私たちは，2018 年から日本学術振
興会科学研究費補助金を受けて，「RMO（Regional Management Organization）研究
会」を立ち上げ，地域運営組織を含めて地域自治組織のあり方に関して議論を
重ねてきた．その中で，コミュニティづくりと地域自治組織形成に取り組む意
味，コミュニティづくりの現場でおこっていること，問題の克服方法を地道か
つ緻密に量と質の両面から議論を行うような著書，しかも一般読者を含めて，
実務家も，また専門家も，研究者にも幅広く手にとってもらえるものが必要で
はないかと考えるようになった．本書は，先達の成果に依拠しながら，この約
20 年間に現場で起こったことをしっかりまとめようとしたものである．もち
ろん，本書がこの目的を十分果たし得ているか否かは，読者の評価に委ねよう．
　1 つ，十分に検討できていない点があるとすれば，新型コロナウィルス感染
症との関連である．コロナウィルスは，今までの常識を一変した．まずもって，
人々が積極的に集まることをできなくさせてしまった．三密を防げばなんとか
なるといっても，季節ごとの会食や大規模なイベントをことごとく地域社会か
ら奪った．地域清掃活動さえも大きな制約を受けた．とはいえ，本書はこの事
態に十分言及できていない．というのも，各章の多くは，2020 年までに行った
調査研究のデータを基にしており，この 1 年間は残念ながら大規模なインテン
シブな調査作業は不可能だった．こうした事情は含み置きいただきたいが，コ

ロナウィルス蔓延という一大危機の中で，コミュニティづくり活動をいかに進めていくべきなのか，その究明については，問題意識を私たちは共有しているものの，次なる課題としておくほかない．

　本書は，現場で日々コミュニティ政策の立案や実施に尽力している自治体職員の方々や，自治会町内会をはじめとして各種団体でコミュニティづくりに奔走しておられる住民の方々への，何度にもわたる聞き取り調査やアンケート調査で収集できた膨大なデータに基づいている．したがって，本書は，言うまでもないことだが，こうした現場の方々の存在なくして決して完成しなかった．お一人お一人の名前をここに書きしるすことはかなわないが，とりわけ，長らくインタビュー調査や各種情報収集にご協力いただいた自治体行政職員の方々，地域自治組織やNPO等の役員の方々また，8月の全国アンケート調査についてはコロナウィルス惨禍の中，各自治体担当部局の方々よりご回答を得た．また，研究会を通じてさまざまな助言をいただいた専門家の方々に深くお礼を申し上げたい．

　そして，大変に出版事情の厳しい中，いわば持ち込み企画である本書の意図を汲んでいただき，出版を快諾頂いた晃洋書房の丸井清泰氏には深く感謝を申し上げたい．

　　2021年3月

　　　　　　　　　　　　　　　　　　　　　　　森　　裕　亮

【巻末付表】
地域自治組織の現状
——全国アンケート調査結果——

◆調査概要

調査対象	全国の市区町村
調査期間	令和2年8月7日〜10月15日
配布・回収	各市区町村の地域自治組織担当課宛に案内文及び調査票サンプルを郵送にて送付 Webアンケートを通じて回答を回収
送付・回収数	送付数：1,741市区町村 回収数：939件 有効回答率：53.9%（指定都市80.0%，中核市80.0%，特例市84.0%，一般市65.2%，町45.1%，村33.3%，特別区（東京都23区）43.5%）

　本付表では，地域自治組織に直接関連する設問項目の結果を中心に掲載している．掲載していないQ19は「地域自治組織の1組織当たり平均年間収入額」を問うものであったが，一貫した金額単位の回答が得られなかったため，掲載していない．なお，アンケートの後半は自治体等の地縁団体に関する設問になっており，基本的な事項（自治会等の有無，課題など）のみ掲載した．

◆地域自治組織の現状：集計結果のまとめ

Q1：地域自治組織の設置有無（n＝939）	回答数	比率
設置している	372	39.6%
設置していない	567	60.4%
合計	939	100.0%

都市分類別	回答数	地域自治組織あり	比率	人口規模別	回答数	地域自治組織あり	比率
指定都市	16	10	62.5%	50万以上	25	13	52.0%
中核市	48	32	66.7%	20万以上50万未満	69	44	63.8%
特例市	21	14	66.7%	5万以上20万未満	280	132	47.1%
一般市	448	205	45.8%	5万未満	565	183	32.4%
町	335	96	28.7%	合計	939	372	
村	61	12	19.7%	平成の大合併	回答数	地域自治組織あり	比率
特別区（東京都23区）	10	3	30.0%	合併あり	378	191	50.5%
合計	939	372		合併なし	561	181	32.3%

Q2：地域自治組織の機能（n=372，「その他」を含む）	回答数	比率
協議・実施両方の機能	307	82.5%
協議機能のみ	18	4.8%
実施機能のみ	33	8.9%
協議機能・実施機能をそれぞれ設置，両者の連携を想定	5	1.3%

Q2：地域自治組織の機能「その他」
任意団体ではなく，市の懇談会として地域まちづくり推進協議会を全地域に設置しており，地域課題を共有し，地域特性を生かしたまちづくりを推進している 一部の地域で協議と実施の両方の機能を合わせもつ組織を自主的に設置 自治活動の推進や市政の広報広聴に関すること等を任務とする組織を設置 複合組織であり上記選択肢では分類できず，地域によっても異なる 実施機能を持つ組織と，協議と実施の両方を併せ持つ組織が存在 自治体ではなく地域で自主的に設置している，協議と実施の機能を持っている

Q3：地域自治組織の設置単位(n=372，「その他」を含む)	回答数	比率	Q4：地域自治組織の存在する区域（n=372，「その他」を含む）	回答数	比率
小学校区未満の集落	67	18.0%	全ての区域に存在	215	57.8%
小学校区（統合後の小学校区を含む）	171	46.0%	ほぼ全ての区域に存在	67	18.0%
中学校区（統合後の中学校区を含む）	31	8.3%	半分程度の区域に存在	25	6.7%
平成の合併前の旧自治体単位	22	5.9%	一部の区域に存在	58	15.6%

Q4：地域自治組織の存在する区域（n=372，「その他」を含む）	回答数	比率
1．全ての区域に存在	215	57.8%
2．ほぼ全ての区域に存在	67	18.0%
3．半分程度の区域に存在	25	6.7%
4．一部の区域に存在	58	15.6%

Q5：地域自治組織の設置根拠（複数回答，n＝372）	回答数	比率
条例	129	35%
要綱	86	23%
総合計画で位置づけ	74	20%
予算措置で位置づけ	57	15%
規則	53	14%
その他	47	13%
方針・指針	42	11%
地方自治法	20	5%
協定	7	2%

Q6：地域自治組織の年度別設立数の推移（2000〜2020年度）

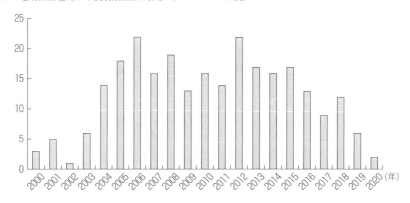

Q7：地域自治組織の設置目的（n＝372）

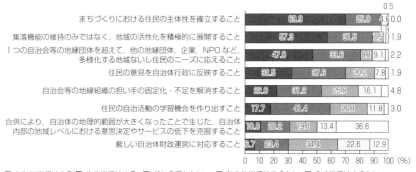

Q7：地域自治組織の設置目的「その他」
市区政に係る情報を住民に伝達するため
行政の健全な発展と円滑な運営を図るため
市町村合併後の各地域の住民意見を吸い上げるため
都市内分権の取り組みの一環として
市民と行政の協働によるまちづくり（地域の課題を地域で考え，地域で解決する）
市民・市・議会による協働のまちづくり
新たな協働の担い手として機能する組織とするため
複雑・多様化する地域課題へ対応するため
交流事業の実施のため
地域別計画を推進するため
地域が自ら行うまちづくり活動を補助するため
自治機能の維持を含め，持続可能な地域づくりを推進するため
住民自治の機能を高め，住民自らの手で安心して暮らせる地域をつくること
『小さな拠点』の形成を進め，持続可能な地域づくりの在り方を住民主体で考え，実行してもらい，住み慣れた土地で安心して楽しく暮らせるしくみを作ってもらうため
地区内に所在する自治会や各種団体の顔の見える関係性の構築
地域で活動するさまざまな人材・団体の連絡・相互協力・連携・組織化の調整役等
各自治会の運営について，相互に意見の交換と親睦を図り，各自治会の発展に資し，併せて町発展のため超行政の円滑な推進に協力し，住民福祉の向上を図ること
人口減少，少子高齢化とともに弱体化しつつある集落機能を再生するため
地域のコミュニティ形成
次世代の担い手を育てる
昭和時代，国体開催を契機に小学校区を単位にコミュニティ組織を発足した
自治体設置ではなく，地域によって自発的に設置された

Q8：地域自治組織設置の直接のきっかけ（n=372）

	かなり当てはまる	やや当てはまる	どちらでもない	あまり当てはまらない	全く当てはまらない
他の先進自治体の動向の影響を受けたから	6.2	28.8	31.7	15.3	18.0
総合計画で規定されていたから	12.4	17.2	30.9	13.7	25.8
自治体内の一部の地域で地域自治組織があり，自治体の取り組みとしてそれをモデルに他の地域でも設置を広げていきたかったから	9.7	16.4	21.8	18.3	33.9
国の地方創生政策で促進されていたから	4.6	18.3	36.6	14.0	26.6
公民館が既に行っていたまちづくり活動を強化する必要が生じたから	8.6	14.2	26.1	19.1	32.0
首長の公約だったから	9.7	12.4	35.5	14.5	28.0
公民館等の公共施設のサービスの運営単位と合わせる必要が生じたから	3.8	10.5	26.6	21.8	37.4
自治会等の地縁団体や地域住民から組織の再編，統合，新設の要望があったから	3.8	10.2	28.2	25.8	32.0

■ かなり当てはまる　■ やや当てはまる　■ どちらでもない　□ あまり当てはまらない　□ 全く当てはまらない

Q8：地域自治組織設置の直接のきっかけ「その他」

平成の合併，（平成の合併に伴う）市制施行，地方分権一括法，合併協議会
区長制度の廃止
県の補助事業（県民交流広場事業）
市長の方針
まちづくり検討委員会，市民検討会議の提案，審議会（市の附属機関）の提言
市行財政改善計画，行政改革実施計画，市まちづくり計画
「コミュニティ審議会」に諮問し，答申の中で提言された
市のまちづくりの基本理念に基づいて設置
財政非常事態宣言，非合併単独市制，市政一新プログラムに基づく市民主体のまちづくりの推進
自治基本条例の策定に際し，地域自治組織の必要性について市民会議及び行政内部で検討した
各地域において設置されていた自治組織の地域計画を自治体総合計画に位置付け，組織の定義やあり方を条例にて定めた

地域まちづくりセンターの指定管理
対象地域の小学校統廃合，小学校跡地の検討から
国体の開催
リーマンショック後の財政難に対して持続可能なまちづくりの必要性が高まったため
人口減少対策のため
人口急増に対して，都市基盤の整備が追いつかず，さまざまな環境問題が生じ，行政だけでなく，住民や事業者が一体となった対策を総合的に進めようと設置
県の「コミュニティ推進地区」として自治体内に小学校区が設定されたこと

すでに存在していた集落に地域内の課題や改善を集約する機能を付すとともに，行政からの情報伝達をより効率化するために公的に位置づけた
町内会単位や市全体では実施できないまちづくり事業を展開するため
単位自治会等よりも広域的な地域課題の解決に向けた協議の場として設置
旧体制での地域コミュニティへの帰属意識の希薄化が進んだため，小学校区を単位とした自治公民館制度へ再編
地域内の人材の固定化不足，各種団体の取り組みの重複は地域の体力を奪っていくとの行政の認識から．
地域の自己決定と自己解決の意識が低下していたため，住民自治を取り戻し，住民と行政が一体となって課題解決にあたることが求められたから

Q9：地域自治組織の構成員の選出方法（複数回答，n＝372，「その他」を含む）	回答数	比率
特に定めていない	232	62%
規則や要綱で構成員の選出方法を定めている	55	15%
条例で構成員の選出方法を定めている	27	7%
ガイドライン等の方針・指針で構成員の選出方法を示している	23	6%

Q10：地域自治組織の構成員・構成団体（複数回答，n＝372）	回答数	比率		回答数	比率
自治会等の地縁団体（連合組織を含む）	329	88%	NPO 法人	120	32%
地域民生委員・児童委員協議会または民生委員・児童委員	232	62%	募住民	87	23%
老人クラブ	218	59%	地元企業	84	23%
PTA	217	58%	農協・漁協等の農林水産業団体	81	22%
地域婦人会・女性会等の女性団体	199	53%	商工会・商工会議所・青年会議所	80	22%
消防団	193	52%	貴自治体議会議員	76	20%
青少年育成協会等の青少年健全育成関係団体	175	47%	地元商店会	74	20%
地区社会福祉協議会，校区福祉委員会等の社会福祉協議会の地域別組織	163	44%	現職の自治体公務員	73	20%
学校長・副校長等の学校関係者	152	41%	元職の自治体公務員	48	13%
ボランティア団体	142	38%	学識経験を持つ専門家	47	13%
交通安全協会	131	35%	その他	66	18%

SQ10：実質的な意思決定機関の構成メンバーのうち「自治会等の地縁団体」の割合（n＝329）	回答数	比率
75-100%程度	143	43.5%
50-75%程度	60	18.2%
25-50%程度	77	23.4%
1-25%程度	49	14.9%
合　計	329	100.0%

Q11：地域自治組織の法人格取得（n＝372）	回答数	比率
全ての組織が取得している	2	0.5%
ほぼ全ての組織が取得している	3	0.8%
半分程度の組織が取得している	10	2.7%
一部の組織が取得している	88	23.7%
法人格を取得している組織はない	269	72.3%

Q12：地域自治組織の法人格（複数回答，n＝103，「その他」を含む）	回答数	比率
認可地縁団体	68	66%
NPO 法人	29	28%
一般社団法人	12	12%
協同組合	4	4%
株式会社	3	3%
公益社団法人	1	1%
公共法人	0	0%
合同会社	0	0%

Q13：地域自治組織内に部会制を採用（n＝372，「その他」を含む）	回答数	比率
全ての組織が部会制を採用している	130	34.9%
ほぼ全ての組織が部会制を採用している	80	21.5%
半分程度の組織が部会制を採用している	22	5.9%
一部の組織が部会制を採用している	72	19.4%
全く採用していない	56	15.1%

Q14：地域自治組織や部会が母体となった活動団体・グループ（n＝372）	回答数	比率
1．全ての組織で設立されている	34	9.1%
2．ほぼ全ての組織で設立されている	32	8.6%
3．半分程度の組織で設立されている	6	1.6%
4．一部の組織で設立されている	103	27.7%
5．どの組織にも設立されていない	197	53.0%

Q15：活動団体・グループの法人格（複数回答，n=175）	回答数	比率
1. 認可地縁団体	12	6.9%
2. NPO法人	16	9.1%
3. 一般社団法人	3	1.7%
4. 公益社団法人	1	0.6%
5. 株式会社	3	1.7%
6. 公共法人	0	0.0%
7. 合同会社	2	1.1%
8. 協同組合	1	0.6%
9. 社会福祉法人	1	0.6%
10. 農事組合法人	1	0.6%
11. その他	9	5.1%
12. 法人格を取得している組織はない	133	76.0%

Q16-1：地域自治組織の活動内容（協議機能）（複数回答，n=339）

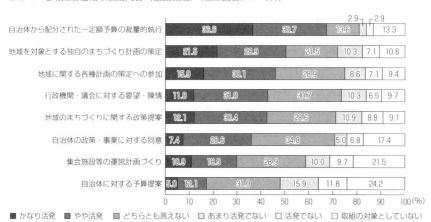

Q16-2：地域自治組織の活動内容（実施機能）（複数回答，n＝354）

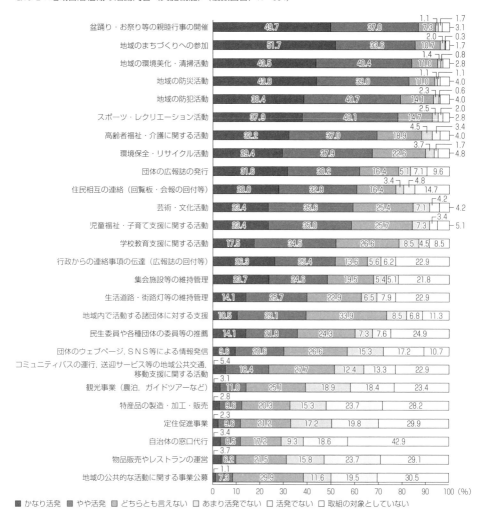

	かなり活発	やや活発	どちらとも言えない	あまり活発でない	活発でない	取組の対象としていない

Q17：地域自治組織の活動は，設置してから活発になってきているか 　（n＝372，「その他」を含む）	回答数	比率
活動が全体的に活発になってきている	90	24.2%
活動が全体的に低調になってきている	46	12.4%
活動が活発になっている地域と低調になっている地域が混在している	179	48.1%
活動に特に変化はない	55	14.8%

Q18：地域自治組織の収入源（複数回等，n＝372，「その他」を含む）	回答数	比率
貴自治体からの助成金・一括交付金等	326	87.6%
会費収入	195	52.4%
構成団体からの分担金	101	27.2%
寄附金収入	99	26.6%
貴自治体からの業務委託収入	78	21.0%
上記以外の独自の事業（コミュニティビジネス等）からの収入	67	18.0%
指定管理者としての委託料の収入	60	16.1%
都道府県からの助成金等	42	11.3%
指定管理者としての利用料金等の収入	39	10.5%
民間財団からの助成金	29	7.8%
都道府県からの業務委託収入	14	3.8%

Q21：地域自治組織の拠点施設の有無（n＝372，「その他」を含む）	回答数	比率
組織ごとにある	248	66.7%
複数の組織が共同で使用する施設がある	36	9.7%
特定の施設はない	55	14.8%

Q22：拠点施設の管理方法（複数回答，n=372，「その他」を含む）	回答数	比率
自治体による直営	198	53.2%
自治体による委嘱員が管理	27	7.3%
指定管理者制度	111	29.8%
そもそも，地域自治組織の所有である	72	19.4%

Q23：地域自治組織に対する行政からの人的支援（複数回答，n=372，「その他」を含む）	回答数	比率
地区担当職員によって支援している	199	53.5%
地域外の人材活用（地域おこし協力隊等）を行っている	40	10.8%
集落支援員による支援を行っている	67	18.0%
特にない	94	25.3%

Q24：地域自治組織の運営事務局の設置（n=372）	回答数	比率
全ての組織で設置されている	239	64.2%
ほぼ全ての組織で設置されている	35	9.4%
半分程度の組織で設置されている	8	2.2%
一部の組織で設置されている	35	9.4%
どの組織にも設置されていない	55	14.8%

Q25：運営事務局の設置場所（複数回答，n=317，「その他」を含む）	回答数	比率
公民館，コミュニティセンター等	234	73.8%
本庁内	56	17.7%
支所・出張所内	56	17.7%

Q26：地域自治組織への一括交付金の設置（n＝372，「その他」を含む）	回答数	比率
設置している	181	48.7%
設置していない	179	48.1%

Q27：一括交付金を設けた理由（複数回答，n＝181，「その他」を含む）	回答数	比率
各区域の事情に柔軟に対応するため	171	94.5%
地域内の話し合いにより，今まで取り組まれなかった課題に取り組むため	102	56.4%
縦割りの補助金をまとめて地域内の類似の活動をスリム化するため	50	27.6%
歳出削減を行うため	8	4.4%

Q27：地域自治組織への一括交付金を設けた理由「その他」
学校区内の活動を維持するため
自主的な活動による地域の活性化を支援するため，地域の課題を地域自らが考え解決するため
事務手続きの簡素化，行政の事務負担の軽減
経常的な活動経費として
広報・広聴活動の推進を図るため
各地域集会施設及び街灯維持費を助成

Q28：一括交付金の財源の出所（n＝181，「その他」を含む）	回答数	比率
各種補助金を統合したのみ	20	11.0%
各種補助金を統合し，追加的に裁量が効く予算を上乗せした	33	18.2%
各種補助金を廃止して，新たな算定基準を設けて設定した	30	16.6%
新たに一般予算を組んで交付した	82	45.3%

Q28：地域自治組織への一括交付金の財源「その他」
一般会計（一般財源）からの支出，基金を設置（地域振興基金など）
一般会計と基金設置の組み合わせ
各種補助金を統合したものと予算を上乗せしたものが両方ある
各種補助金を一本化し，各事業間で流用を可能とした
廃止した補助金も含まれるが，ふるさと納税による寄付金を地域づくり交付金に充当している
自治会連合会助成金の中に組み入れた
既存の補助金を交付

SQ28：旧各種補助金の事業に充当する予算額決定基準の設置の有無 （n＝83，「その他」を含む）	回答数	比率
1. はい	38	45.8%
2. いいえ	44	53.0%

SQ28：旧各種補助金の事業に充当する予算額決定基準の設置の有無「その他」
人口，世帯数，面積，資源ごみ回収量，自治会数（の組み合わせ） 行政区・世帯割と均等割の併用 均等割り，役員報酬，会議費等 運営費（人件費など）は定額，活動費は均等割り及び人口割 市内後期高齢者率比および合併時人口割合により，人口に乗じて補正人口を算出し，総交付金額を補正後人口割合で案分し，補正措置を行う 役場への補助金申請 地域まちづくりビジョンの策定や自治活動の促進に対する内容等 旧各種補助金の算定基準を適用 一括交付金に統合した既存補助金等の額と同等 地域づくり事業算定分はほかの事業に充当できない（ほかの事業費を地域づくり事業に充当することはできる） 福祉事業費等について流用制限を設けている

Q29：一括交付金の課題（複数回答，n＝181，「その他」を含む）	回答数	比率
イベントの開催など，マンネリ化した使い方になる傾向がある	117	64.6%
公金の使途に関する透明性の確保が難しい	32	17.7%
多額の繰越金が発生する	28	15.5%
一部の役員で決めてしまうなどの民主性・公平性の担保が難しい	27	14.9%
交付額が少ないため，独自事業の実現が難しい	18	9.9%
特に課題はない	35	19.3%

Q29：地域自治組織への一括交付金の課題「その他」
一括交付金を原資に地域で職員を直接雇用している．財源は大半が過疎債であり，将来的な継続性に不安がある
行政区・世帯割の割合が大きく，地域によって交付金額の差が大きい
事務費に多くの費用がかかり活動費が不足している地域がある
監査体制の構築が必要
財政当局からは一括交付金であるがゆえに，使途や積算方法が明確でないとの指摘あり
使途を明確化したオプション式の部分と，各地域の裁量部分からなる構成にしたい
地域で使途を決めて実施できるが，重要課題へ重点的に配分するといったところまでには至っておらず，概ね既存の各種補助金の配分割合のままとなっている
旧各種補助金の算出基礎どおりに配分し，従来通りの事業となる傾向がある
地域によって財政規模が違うため，一律の額が適正かどうかについて検討が必要
地域ビジョン策定から年数が経過した際の形骸化が懸念される
交付金の交付期限後の自主財源の確保
収入の9割が交付金となっており，自主財源の確保になかなか踏み出せない

Q30：地域自治組織が存在しない理由（複数回答，n＝567，「その他」を含む）	回答数	比率
行政と自治会等の地縁団体の関係が円滑だから	293	51.7%
自治会等の地縁団体の活動が充実しているから	281	49.6%
自治体の人口規模が小さいため，設置の必要がないから	135	23.8%
現状では設置に向けての合意形成が困難だから	107	18.9%
人口減少によって設置が困難だから	35	6.2%
自治体として他に優先すべき課題があるから	32	5.6%

Q31：自治会等の地縁団体の有無（n＝939）	回答数	比率
全ての区域に存在	544	57.9%
ほぼ全ての区域に存在	302	32.2%
半分程度の区域に存在	12	1.3%
一部の区域に存在	69	7.3%
存在しない	12	1.3%

Q20：地域自治組織の課題（複数回答，n＝372）

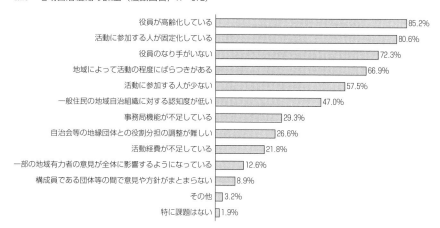

項目	割合
役員が高齢化している	85.2%
活動に参加する人が固定化している	80.6%
役員のなり手がいない	72.3%
地域によって活動の程度にばらつきがある	66.9%
活動に参加する人が少ない	57.5%
一般住民の地域自治組織に対する認知度が低い	47.0%
事務局機能が不足している	29.3%
自治会等の地縁団体との役割分担の調整が難しい	26.6%
活動経費が不足している	21.8%
一部の地域有力者の意見が全体に影響するようになっている	12.6%
構成員である団体等の間で意見や方針がまとまらない	8.9%
その他	3.2%
特に課題はない	1.9%

Q42：単位自治会等の課題（複数回答，n＝972）

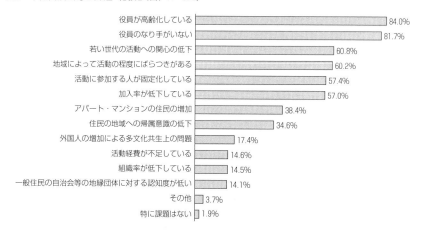

項目	割合
役員が高齢化している	84.0%
役員のなり手がいない	81.7%
若い世代の活動への関心の低下	60.8%
地域によって活動の程度にばらつきがある	60.2%
活動に参加する人が固定化している	57.4%
加入率が低下している	57.0%
アパート・マンションの住民の増加	38.4%
住民の地域への帰属意識の低下	34.6%
外国人の増加による多文化共生上の問題	17.4%
活動経費が不足している	14.6%
組織率が低下している	14.5%
一般住民の自治会等の地縁団体に対する認知度が低い	14.1%
その他	3.7%
特に課題はない	1.9%

【自由回答】地域自治組織に対する感想

① ポジティブな意見
〈地域自治組織の導入および既存組織の再生を検討している〉

- 持続可能な地域活動のため，小学校区単位での地域自治組織の形成と支援を検討．地区によっては，同様の組織があるが，地区連合自治会の活動が活発であり，地域の代表として，市が支援するのは地区連合自治会を通して行うことが一般的となっている．今後の方向性については模索しているところである．
- 少子・高齢化や人口減少などに地域活動の継続が懸念されるなど，地域課題に対して有効な主体として地域自治組織の設立を考えている．全 28 地区公民館区で地域自治組織の設立を目指し，今年度から 6 地区において試行的な取り組みを進めている．

〈地域自治組織に期待される役割〉

- 今後は，地域自治組織の存在や役割はますます重要になると思われる．行政が各地区の個別のニーズを深堀することができる財政的・人的な余裕がなくなってきており，各地区のニーズや課題の発見については，各地区の地域自治組織が中心となり，地域と行政との協働によるまちづくりを行っていく必要があると考える．
- 地域自治組織が誕生したことにより，地域の宝である子ども達を地域で育てようという気運が高まった．地域の施設であるコミュニティセンターを「地区住民のための施設」として位置付けた事で，自分たちの施設を大切にし，自分たちで工夫しながら活用しようという意識が生まれ，受動的行動から主体的行動へと変化してきている．
- 子どもの安全対策や青少年の健全育成，高齢者の介護予防などの課題解決に向け，主体的に取り組みを進めている地域自治組織の重要性はますます高まっており，より良いまちづくりの推進における協働のパートナーとして位置付けている．

② ネガティブな意見
〈現時点では地域自治組織の導入を進めていない〉

- 既存組織と併設される形での「併設型」，既存組織を包摂する形で新たに設置する「包摂型」，既存の地縁団体より広い単位で自治組織または連絡会議的なものを設置する「階層型」などのパターンが考えられるが，地域の実情に沿った地域自治組織として設置していかないと，地元の負担がかえって増加してしまうことが考えられるので，慎重に検討していきたい．
- 必要性はあると感じているが，自治会等の地縁団体を弱体化するような補完をするのであれば，いずれ双方が弱体化する可能性が高い．自治会等の地縁団体が行うべき住民自治の整理を行いながら，より身近な地域の基盤作りが重要になると考える．
- 地域自治組織のしくみを導入するにあたっては，役場職員を含めた住民全体の意識の大幅改革が必要であると感じるが，その改革に必要なきっかけや自治体職員のノウハウ不足，マンパワー不足を痛感している．他力本願のように聞こえてしまうが，役場と住民（御用聞きと役場頼み）の構造を抜け出すためには中間支援組織のような仲立ちが欲しい．
- 当市は，地域自治組織の形をとっていないが，仮にとったとしても，現状と大きく変わらないものと認識している．ある程度の縛りをつけたところで強制にはならず，強制感は，そこからの解放を抱かせてしまう．全体の意識の変革と一からの組織の構築が必要であると思う．
- 導入について検討しているが，既存団体との協議や庁内調整，交付金制度の検討など作業工程が多く，専任職員の配置等の体制整備が十分に行われなければ実現は困難．

③ 地域自治組織を設置している自治体の課題

- 「自治」組織であることから，つかず離れずの立場での対応が必要と理解しているが，関与・支援の濃淡や手法，そのための庁内他課との連携方法に模索を続けている．

- 行政の指定管理料及び交付金ありきで活動しているが，自らが収入を得て活動することの意識が希薄．

- 行政主導の運営になっている懸念があり，住民の士気を高め，住民自らが高い意識を持ち，地域自治組織を行ってもらうことが必要であると考える．そのために行政として適切なサポートを行うことが必要と考える．

- 地域自治組織に対する支援職員制度を条例で定めているが，運営に関しての悩み相談や事業の提案への要望はほとんどなく，単なる作業員的な役割となっているため，支援職員を希望する職員がいなくなってしまい，現在は一部の同じ職員が（辞められず）担っている状況．地域自治組織についても，行政では手の届かない，届きにくい分野を中心に自分たちの地域を少しでも暮らしやすくしていこうと役員さんを中心に頑張ってはいるが，住民の中には「本来は行政（役場）がやるべき仕事を地域に丸投げしている」といった誤解がいまだに見られることが残念．

- 当初，「自立した地域として創意と工夫により，地域づくりを主体的に実践する」ことを目的として設立したが，地域自治組織のほとんどが，市からの交付金に頼りきった運営となっており，いまだに行政依存の傾向が強い．

索　引

《編著者紹介》

金 川 幸 司（かながわ　こうじ）[まえがき，第 1 章，第 4 章，第 6 章，第 7 章，第 8 章，第 11 章，第 17 章]
1956 年生まれ．
埼玉大学大学院政策科学研究科博士前期課程修了，博士（政策科学）．
現在，静岡県立大学客員教授，名誉教授．
主要業績
『協働型ガバナンスと NPO——イギリスのパートナーシップ政策を事例として——』晃洋書房，2008 年．
「海外におけるソーシャルビジネスへの公的支援——ソーシャルビジネスの効果的成果創出に向けて
　　——」『日本のソーシャルビジネス』同友館，2015 年．
『公共ガバナンス論——サードセクター・住民自治・コミュニティ——』（共著），晃洋書房，2018 年．

後　　房 雄（うしろ　ふさお）[第 19 章]
1954 年生まれ．
京都大学法学部卒業．名古屋大学大学院法学研究科博士後期課程単位取得退学．
現在，愛知大学地域政策学部教授，名古屋大学名誉教授．
主要業績
『NPO は公共サービスを担えるか——次の 10 年への課題と戦略——』法律文化社，2009 年．
『稼ぐ NPO——利益をあげて社会的使命へ突き進む——』（共著），カナリアコミュニケーションズ，
　　2016 年．
『現代日本の市民社会——サードセクター調査による実証分析——』（共編著），法律文化社，2019 年．

森　　裕 亮（もり　ひろあき）[第 2 章，第 4 章，第 5 章，第 9 章，第 20 章，あとがき]
1976 年生まれ．
同志社大学大学院総合政策科学研究科博士後期課程修了，博士（政策科学）．
現在，北九州市立大学法学部准教授．
主要業績
『ローカルガバナンスと現代行財政』（共著），ミネルヴァ書房，2008 年．
『地方政府と自治会間のパートナーシップ形成における課題——「行政委嘱員制度」がもたらす影響
　　——』渓水社，2014 年．
『公共ガバナンス論——サードセクター・住民自治・コミュニティ——』（共著），晃洋書房，2018 年．

洪　　性 旭（ほん　そんうく）[第 4 章，第 6 章，第 13 章，第 15 章]
1982 年生まれ．
東京外国語大学大学院総合国際学研究科博士後期課程満期退学，博士（学術）．
現在，三重大学人文学部法律経済学科准教授．
主要業績
「日本におけるソーシャルビジネス理念型の構築に向けて——国際的な議論の現状と日本における含意
　　——」『国際関係論叢』6(2)，2017 年．
「韓国の社会的経済の動向と公共調達について——城南市民企業の優先購買の事例を中心として——」
　　（共著）『経営情報イノベーション研究』7，2018 年．

《執筆者紹介》（執筆順）

山 中 雄 次（やまなか　ゆうじ）[第3章]
1976年生まれ.
静岡県立大学大学院経営情報イノベーション研究科博士後期課程修了，博士（学術）.
現在，沖縄国際大学法学部講師.
主要業績
「都道府県における行政評価の運用に関する研究」（共著）『評価クォータリー』(51)，2019年.
「都道府県における NPM 手法を背景とした“協働”の概念に関する研究——行政経営計画の分析を中
　　心に——」（共著）『日本都市学会年報』(53)，2020年.
「NPM の部分的導入とハイブリディティに関する一考察——欧州の先行研究と都道府県の運用事例を
　　踏まえて——」『経営情報イノベーション研究』9，2020年.

柏 木 登 起（かしわぎ　とき）[第10章]
1980年生まれ.
神戸大学大学院経済学研究科修士課程修了.
現在，一般財団法人明石コミュニティ創造協会常務理事兼事務局長，NPO 法人シミンズシーズ代表
　　理事.

今 井 良 広（いまい　よしひろ）[第12章，第18章]
1962年生まれ.
大阪市立大学大学院創造都市研究科都市政策専攻博士後期課程修了，博士（都市創造）.
現在，兵庫県丹波県民局長.
主要業績
『ボランティアの今を考える——主体的なかかわりとつながりを目指して——』（共著），ミネルヴァ書
　　房，2013年.
『経営診断の新展開』（日本経営診断学会叢書　第3巻）（共著），同友館，2015年.
『公共ガバナンス論——サードセクター・住民自治・コミュニティ——』（共著），晃洋書房，2018年.

坪 井 秀 次（つぼい　しゅうじ）[第14章]
1971年生まれ.
静岡県立大学大学院経営情報イノベーション研究科博士後期課程修了，博士（学術）.
現在，浜松学院大学現代コミュニケーション学部講師.
主要業績
「日本のソーシャルビジネスと公共調達制度に関する研究」（共著）『日本都市学会年報』51，2018年.
「韓国の社会的経済の動向と公共調達について——城南市民企業の優先購買の事例を中心として——」
　　（共著）『経営情報イノベーション研究』7，2018年.
「国際的視点から見た社会的企業と公的事業制資金の制度設計に関する研究——日本の労働統合型非営
　　利組織等における制度の有効性と再設計の可能性をめぐって——」，静岡県立大学大学院学位論文,
　　2020年.

東 郷　　寛（とうごう　ひろし）[第16章]

1973 年生まれ.

大阪市立大学大学院経営学研究科後期博士課程修了，博士（経営学）.

現在，近畿大学経営学部准教授.

主要業績

『公民パートナーシップの政策とマネジメント』（共著），ひつじ書房，2006 年.

Entrepreneurship and Cluster Dynamics（共著），Routledge, 2016 年.

「戦後日本伝統産業地域の組織変革──有田焼産地における企業者活動の歴史分析──」（近畿大学経
　　営学部研究叢書　第 1 集）（共著），2019 年.

協働と参加
──コミュニティづくりのしくみと実践──

2021年9月20日　初版第1刷発行　　＊定価はカバーに
　　　　　　　　　　　　　　　　　　表示してあります

編著者　　金川幸司
　　　　　後　房雄　　Ⓒ
　　　　　森　裕亮
　　　　　洪　性旭
発行者　　萩原淳平
印刷者　　田中雅博

発行所　株式会社　晃洋書房
〒615-0026　京都市右京区西院北矢掛町7番地
電話　075 (312) 0788番㈹
振替口座　01040-6-32280

装丁　もろずみ　としよ　　印刷・製本　創栄図書印刷㈱
ISBN978-4-7710-3504-1

金川幸司 編著　　　　　　　　　　　　　　A 5判 288 頁
公 共 ガ バ ナ ン ス 論　　　定価 3,190 円（税込）
──サードセクター・住民自治・コミュニティ──

山谷清志 監、源　由理子・大島　巌 編著　　A 5判 260 頁
プログラム評価ハンドブック　　　定価 2,860 円（税込）
──社会課題に向けた評価方法の基礎・応用──

岩崎達也・高田朝子 著　　　　　　　　　　A 5判 136 頁
本 気 で、地 域 を 変 え る　　　定価 1,650 円（税込）
──地域づくり3.0の発想とマネジメント──

足立基浩 著　　　　　　　　　　　　　　　A 5判 160 頁
新 型 コ ロ ナ と ま ち づ く り　　　定価 2,090 円（税込）
──リスク管理型エリアマネジメント戦略──

池田　潔・前田啓一・文能照之・和田聡子 編著　A 5判 240 頁
地域活性化のデザインとマネジメント　　　定価 2,970 円（税込）
──ヒトの想い・行動の描写と専門分析──

池田葉月 著　　　　　　　　　　　　　　　A 5判 234 頁
自治体評価における実用重視評価の可能性　　定価 3,080 円（税込）
──評価結果の報告方法と評価への参加に着目して──

竹内裕二 著　　　　　　　　　　　　　　　四六判 240 頁
地 域 メ ン テ ナ ン ス 論　　　定価 2,640 円（税込）
──不確実な時代のコミュニティ現場からの動き──

杉山友城 著　　　　　　　　　　　　　　　A 5判 240 頁
地 域 創 生 と 文 化 創 造　　　定価 3,850 円（税込）
──人口減少時代に求められる地域経営──

田中　宏 編著　　　　　　　　　　　　　　A 5判 260 頁
協 働 す る 地 域　　　定価 3,190 円（税込）

小山弘美 著　　　　　　　　　　　　　　　A 5判 272 頁
自治と協働からみた現代コミュニティ論　　定価 3,190 円（税込）
──世田谷区まちづくり活動の軌跡──

晃 洋 書 房